中共思想理念
在乡村的传播与实践

基于晋陕苏乡村民间文献的考察

吴家虎　著

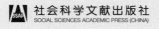
社会科学文献出版社
SOCIAL SCIENCES ACADEMIC PRESS (CHINA)

本书为国家社科基金项目"当代中共党史乡村民间史料的收集、整理与研究"（项目号：14CDJ008）成果

目　录

CONTENTS

前言　乡村日常生活视阈下的中共思想理念运作研究

　　中共党史研究虽然具有较强的政治学科特点和"资政育人"的作用，但同时必须坚持马克思主义"实事求是"的认识论，以史实为基础进行历史规律的揭示与政治信仰的阐释，具有历史学科的基本性质。因此，中共党史研究的创新与发展，很有必要增强与相关学科群的对话交流，拓展研究视野和路径。

　　近年来，中共党史研究与历史学、社会学等相关学科群的对话交流明显增强，中共党史研究的"学术化、学理化"转型趋势引人瞩目。在这一研究转型的过程中，有三个方面的转变值得重视。第一，更加注重以坚实的史料为基础展开研究，在党史资料的整理和编纂上有长足的进步。[①] 习近平同志曾就深入开展中国人民抗日战争史研究指出，必须坚持正确的历史观，坚持用唯物史观来认识和记述历史，加强史料收集和整理这一基础性工作，让历史说话，用史实发言，把历史结论建立在翔实准确的史料支撑和深入细致的研究分析的基础之上。[②] 这一唯物史观的研究立场和

---

① 韩钢：《近三十年来党史资料的整理、编纂和利用》，《中共党史研究》2010年第7期。

② 习近平：《让历史说话用史实发言　深入开展中国人民抗日战争研究》，新华网，http://news.xinhuanet.com/politics/2015－07/31/c_1116107416.htm，2015年7月31日。

方法对把握党史研究的正确方向和原则同样具有重大指导意义。第二，将中共党史研究与整体的社会历史联系起来进行考察，以社会史为基础深化党史研究。① 第三，突破传统革命史的唯一解释体系，注重借鉴吸收多学科的研究理论视角，逐步建立能够有效阐释中共党史丰富内容的"解释体系"。社会史、新政治史、新文化史等的研究视角逐步融入中共党史研究，取得了很多推陈出新的重要学术成果，中共革命史研究也借此实现了由边缘化到趋向复兴的重大转变。本研究即是在中共党史研究的这些新探索、新趋向的学术背景下展开尝试的。

　　就中国共产党本身的特质而言，中国共产党是一个始终高扬主义、思想、理论、信仰的政党，并通过历史经验、政党文化和制度探索，将其主义与信仰积淀、贯穿于党的建设这一"伟大工程"之中。就中国共产党的主义、思想、理论、信仰的建构、传播、塑造、实践这一重要历史现象的研究而言，笔者目前所能找到的最恰当的表达概念就是"中共思想理念"研究。②

　　黄道炫是中共党史研究中政党意识形态领域最具代表性的学者之一。在关于这一领域研究的一篇理论思考总结性论文中，他鲜明地提出，中共"是一个具有强烈意识形态取向的政治力量"。然而，20 世纪 80 年代以来，"意识形态的观察在中共党史研究中常常有意无意地'被'缺位"。为了真正逼近中共这一研究对象的内核，进而体察中共的运作机制及其背后逻辑，意识形态领域的研究需要重视和加强。文中他同时使用了"中共意识形态""中共政治文化"两个概念，并认为"中共独特的意识形态和行为机制

---

① 张静如：《以社会史为基础深化党史研究》，《历史研究》1991 年第 1 期；吴汉全、王炳林：《以社会史为基础深化中共党史研究的再思考》，《中共党史研究》2014 年第 9 期。
② 中国共产党在理论创新过程中，经常用"新思想、新理念、新观点"来进行理论宣传和表达。

造就了不一样的政治文化"。① 笔者认为，当我们使用"政治文化"这一概念时，会窄化中共从局部执政党到全国性执政党其主义、思想、理论、信仰所包含的指导治国理政的广泛内容，使这一研究领域受到限制。

学界也有学者广泛使用"中共意识形态"概念来开展研究。耿化敏等系统回顾了改革开放以来学界的"中共意识形态"研究，并提出中共意识形态因其课题之重大、历程之复杂、经验之丰富，足以建构"中共意识形态学"这一新兴交叉学科。② 台湾学者吴安家所著《中共意识形态的变迁与持续》，是笔者所见以"中共意识形态"为研究主题的专著。③ 李冉从中苏关系与中共意识形态互动的视角分析了"中共意识形态"变迁的脉络、动力和机制。④ 刘学申基于政党意识形态和国家意识形态关系的分析，探讨了改革开放以来"中共意识形态"包容性建设的逻辑、动力和成果。⑤ 从学界相关研究来看，"中共意识形态"概念被较为广泛地使用，有潜力成为一个重要的新兴交叉研究领域和学术增长点。然而，意识形态概念有极为复杂的发展史。厘清中共思想理论创新中全面涵盖政治、经济、社会、文化、生态领域的思想、理论、观点、信仰体系中意识形态性和非意识形态性的内容，也是一件复杂的事情。基于此，本书使用更具包容性的"中共思想理念"概念展开研究。

在近几十年的社会史、新文化史研究中，研究目光下沉，关注基层社会，关注普通民众，使用"自下而上"的视角看历史成

---

① 黄道炫：《政治文化视野下的心灵史》，《中共党史研究》2018 年第 11 期。
② 耿化敏、房颖：《中国共产党意识形态研究的议程、热点与趋向》，《教学与研究》2019 年第 4 期。
③ 吴安家：《中共意识形态的变迁与持续》，台北，"国史馆"，2006。
④ 李冉：《中苏关系的调整与中共意识形态的变迁———项中共意识形态变迁的历史考察》，《甘肃社会科学》2008 年第 5 期。
⑤ 刘学申：《改革开放以来中国共产党意识形态的包容性建设》，《甘肃理论学刊》2016 年第 1 期。

为一个学术潮流，日常生活史研究也成为学界关注的新兴研究领域。[①] 因此，在与相关学科研究的对话交流中，中共思想理念研究的深化可以下沉基层社会，关注基层党员干部和农民群众，回到历史现场，回到日常生活场域，回到鲜活实践之中，发掘与研究基层档案及基层党员干部的日记、笔记等民间文献资料，在"中共思想理念—历史主体（实践中的人）—生活与实践"互动的研究框架下，通过"田野党史学"即民间文献解读与田野调查理解相结合的研究路径，打通中共思想理念塑造人的心灵和塑造日常生活实践的联结，研究中共思想理念在乡村日常生活中的传播、学习、运作与实践，描述和解释中共思想理念塑造下普通党员、干部群体及农民群众的心灵史、思想史、生活史、实践史，及其对乡村社会变革的深刻影响。生活的观点、实践的观点，是唯物史观的基本观点。生活和实践的主体是现实的实践的人。中共思想理念研究应该将"中共思想理念—历史主体（实践中的人）—生活与实践"作为一个紧密联系的社会整体来考察。这就是本书研究中共思想理念的学术取向与路径。

究竟什么是"中共思想理念"？它是指中国共产党各级组织学习、创造、共享、贯彻、实践的主义、思想、理论、观念、信仰、价值体系。政治性是政党的首要属性。政党思想理念的核心是政治文化。而随着1949年后中国共产党成为全国性的执政党，中国共产党治理国家、教育引导党员干部和人民群众的思想理论体系逐步涵盖经济、政治、文化、社会、生态"五位一体"布局的方方面面，中共思想理念体系也越来越具有丰富性、包容性、总体性，体现出无产阶级政党领导一切的鲜明特征。

中共思想理念的发展动力和生命力在于其源于广大人民群众的生活实践需求，融入并指引广大人民群众的生活实践。乡村日

---

① 常建华：《日常生活的历史学：中国社会史研究三探》，北京师范大学出版社，2021。

常生活理应成为我们观察和分析中共思想理念学习、传播、运作与实践的重要场域。笔者希望通过基于基层社会、民间文献与田野调查相结合的研究路径实践，与学界共同推动中共思想理念研究新理念、新视野、新取向的学术探索。

　　总结党和人民事业成功发展的历史经验，习近平同志在围绕学习的一篇重要讲话中指出："中国共产党人依靠学习走到今天，也必然要依靠学习走向未来。我们的干部要上进，我们的党要上进，我们的国家要上进，我们的民族要上进，就必须大兴学习之风，坚持学习、学习、再学习，坚持实践、实践、再实践。"① 从农村基层社会视角，在"中共思想理念—历史主体（实践中的人）—生活与实践"互动的分析框架下研究中共思想理念，研究农村党员干部群体对中共思想理念的学习、实践及其影响，对党的执政基础，对农民农村的命运，对国家现代化的命运，具有十分重要的学术价值和现实意义。

---

① 习近平：《依靠学习走向未来》（2013 年 3 月 1 日），《习近平谈治国理政》第1 卷，外文出版社，2018，第 407 页。

第一章 中共思想理念的塑造引领与乡村变革

　　近代以来，国家权力的扩张、下沉及对乡村社会的重新整合，既是乡村社会变革的重要内容，又是乡村社会变革的重要推动力。现代国家政权建设成为学界叙述与解释这一历史现象和变革趋向的重要理论范式。中国共产党成为一个成功的革命政党，与其意识形态、路线政策、方针策略和组织形态更能有效动员与整合工农大众，实现国家政权建设目标关系密切。

　　政党思想理念的创新、教育、贯彻、实践在中共领导的革命、建设和改革事业中具有十分重要的历史作用。马克思指出："理论一经掌握群众，也会变成物质力量。"① 毛泽东指出："代表先进阶级的正确思想，一旦被群众掌握，就会变成改造社会、改造世界的物质力量。"② 中国共产党是一个在马克思主义指导下，根据列宁主义政党组织原则建立起来的新型政党。中共所遵循的主义与组织原则对本土的广大农民来说是比较陌生的。中共要扎根乡村，赢得革命、建设、改革事业的不断胜利，离不开对文化素质、受教育水平相对低下的基层党员干部和农民群众的广泛深入的政党思想

---

① 马克思：《〈黑格尔法哲学批判〉导言》（1943 年 10—12 月），《马克思恩格斯选集》第 1 卷，人民出版社，2012，第 9 页。

② 《人的正确思想是从哪里来的？》（1963 年 5 月），中共中央文献研究室编《毛泽东文集》第 8 卷，人民出版社，1999，第 320 页。

理念教育与动员，并使之转化为引领乡村社会变革的巨大物质力量。中共对广大基层党员干部和农民的政党思想理念教育、动员、组织与整合，与广大基层党员干部和农民对中共思想理念的认识、接纳及实践之间，必然存在一个相互磨合和调适的艰难过程。因此，应在"中共思想理念与乡村社会互动"的理论框架下，考察政党思想理念引领乡村社会变革的历史进程、二者的相互关系及其深刻影响。

下文结合本书研究的历史时段，从1949年新中国成立后起，简要叙述中共思想理念深入、扎根乡村社会的历史进程、路径方式、时代内容及对乡村社会变革的深刻影响。这是本书考察中共思想理念在乡村日常生活中传播与实践的宏大历史场景。

一 集体化时代中共思想理念的塑造引领与乡村变革

中国农村经历的集体化时代①萌芽于抗日战争时期根据地建立互助组，上承近代中国民主革命的历史遗产，下启改革开放新时期，是中国农村发生重大改造与变革的时代，对社会主义发展而言影响深远。

集体化时代乡村的变革，主要是中共社会理想与国家发展战略塑造和改造的结果。对于政社合一的人民公社体制的维系与巩固，中共思想理念的灌输与教育也发挥了重要作用。简言之，考察集体化时代的乡村变革，思想理念的作用不可或缺。

1. 过渡时期政党思想理念的塑造引领

在新民主主义社会向社会主义社会过渡的历史发展阶段，中

---

① 学术界对"集体化时代"这一概念的理解和界定存在一些争论，参见李金铮《问题意识：集体化时代中国农村社会的历史解释》，《晋阳学刊》2011年第1期。笔者认为，可以将新中国成立后中国农村发展历史简要划分为集体化时代和改革开放时代两个阶段。不必过于细究，将农业合作化改造之前短暂的过渡阶段，再划分出一个历史发展阶段。

国共产党推动乡村变革的主要工作是完成土地改革、健全巩固基层政权、在有条件的地区适时引导农民走互助合作的社会主义道路。中共思想理念的宣传教育也围绕这些推动乡村变革的主要工作展开。

土地改革运动中，党强调必须坚定依靠农民的政治觉悟和组织力量打倒地主，完成土地改革，使农民不仅在经济上翻身解放，而且在政治上实现当家作主。土改工作队广泛发动群众，对农民尤其是贫雇农进行划分阶级的教育，在中农中宣传"劳动致富光荣"思想，打消他们发展生产的顾虑，吸收土改积极分子加入农民协会，有力地推动了土地改革运动的胜利完成。土地改革完成后，党和政府还在农村普遍开展文化扫盲运动，利用冬学，积极组织农民破除迷信愚昧，学习政治，提高文化，推动了中共思想理念在农村的传播与农村社会的全面变革和进步。

妇女解放和阶级解放一样，在中共领导的革命事业中具有重要地位。1950 年 5 月 1 日，《中华人民共和国婚姻法》开始施行。这是新中国成立后制定的第一部基本法律。《婚姻法》废除旧中国盛行的包办婚姻、男尊女卑、干涉婚姻自由的封建主义婚姻制度，实行婚姻自由、男女权利平等、保护妇女和子女合法权益的新婚姻制度。党和人民政府非常重视《婚姻法》的宣传和贯彻执行，多次组织群众性的宣传学习活动，促进了农村的婚姻道德观念的变革，推动了婚姻自由、男女平等等新社会观念的形成。①

农村土地改革完成后，党和政府十分重视积极引导个体农业走互助合作的集体化道路。1951 年 12 月，《中共中央关于农业生产互助合作的决议（草案）》正式印发各级党委试行。农业生产互助合作运动很快在全国范围内开展起来，农业社会主义改造的初步工作已经开始进行，农民的小农经济观念开始动摇，"组织起

---

① 中共中央党史研究室编《中国共产党历史》第 2 卷（上），中共党史出版社，2011，第 105—108 页。

来"的觉悟与积极性得到引导和加强。① 1953 年 12 月，党在过渡时期的总路线的完整表述最终确定，并载入中共中央宣传部制发的总路线学习和宣传提纲。② 此后，全国农村普遍开展学习和宣传总路线的活动，农村掀起了互助合作的热潮。学习和宣传过渡时期总路线，是新中国成立后在全党、全国人民中间普及社会主义观念的一次规模空前的学习活动，切实地解决了由新民主主义逐步过渡到社会主义的思想转变问题，对农村发展道路和社会主义意识形态在农村的建立产生了深远的影响。③ "入社光荣、单干没出路"成为农村家喻户晓的宣传口号和行动指南。

在全国执政的条件下，1951 年 3 月 28 日至 4 月 9 日，中国共产党第一次全国组织工作会议在北京召开。根据中共中央批准的会议各项决议，历时三年多的整党运动有步骤地在全党展开。经过整党，共有 32.8 万人离开了党组织。广大党员主要围绕关于共产党员标准的八项条件，接受了一次深刻的党性教育，对新中国成立后的整党整风运动和党的执政能力建设，产生了深远影响。④

2. 社会主义建设曲折探索时期政党思想理念的塑造引领

农业社会主义改造和人民公社化运动之后，农村政社合一的集体所有制经济组织和基层政权组织建立起来。为了巩固这一超越社会主义初级阶段生产力发展水平的集体所有集体经营形式，在意识形态领域，党和政府不断强化以"两条道路斗争"为核心的社会主义意识形态教育。

在整风运动中，由于当时农村一些地方出现了闹社、退社风潮，1957 年 8 月，中共中央发出《关于向全体农村人口进行一次

---

① 中共中央党史研究室编《中国共产党历史》第 2 卷（上），第 134 页。
② 《为动员一切力量把我国建设成为一个伟大的社会主义国家而斗争——关于党在过渡时期总路线的学习和宣传提纲》（1953 年 12 月），中共中央文献研究室编《建国以来重要文献选编》第 4 册，中央文献出版社，2011，第 602 页。
③ 中共中央党史研究室编《中国共产党历史》第 2 卷（上），第 196 页。
④ 中共中央党史研究室编《中国共产党历史》第 2 卷（上），第 172 页。

大规模的社会主义教育的指示》。指示认为，在目前的农村中，有必要进行一次大规模的社会主义教育。教育的中心题目是：第一，合作社优越性问题；第二，粮食和其他农产品统购统销问题；第三，工农关系问题；等等。要在全体农村人口中就这些中心题目举行大辩论，提问题，提意见，摆事实，讲道理，回忆、对比解放前后和合作化前后农民生活的变化。对于这些问题的辩论，实质上是关于社会主义和资本主义两条道路的辩论。通过辩论，有力地批判富裕中农的资本主义思想，帮助广大农民群众和乡社干部进一步弄清国家和农村中的大是大非，认识资本主义道路只能使极少数人发财，使大多数人贫困和破产，社会主义才是劳动农民共同发展和共同富裕的唯一出路。[1] 此后，在整个农业集体化时代，社会主义和资本主义两条道路斗争的意识形态教育贯穿始终，农村集体制运行中存在的现实困境和问题并未真正得到解决。

1958 年 2 月，中共中央下发《关于下放干部进行劳动锻炼的指示》。指示指出，经过整风运动，许多单位已经下放干部到基层主要是农村中参加生产，全国总数已超过一百万人。一个全国规模的上山、下乡实行劳动锻炼的群众运动正在发展中。在和平环境中，通过下放干部进行劳动锻炼，是政治战线、思想战线上的社会主义革命的一个重要组成部分，也是贯彻执行党的干部工作路线的一项重要制度。干部下放的主要方向是农村。一部分适合农村工作的下放干部将长期转入农业，在农村中真正找到用武之地。[2] 下放农村劳动锻炼的干部，尤其是一部分长期转入农村工作

---

①　《中共中央关于向全体农村人口进行一次大规模的社会主义教育的指示》（1957年8月8日），中共中央文献研究室编《建国以来重要文献选编》第10册，中央文献出版社，2011，第466—467页。

②　《中共中央关于下放干部进行劳动锻炼的指示》（1958年2月28日），中共中央文献研究室编《建国以来重要文献选编》第11册，中央文献出版社，2011，第168页。

的下放干部，在艰苦的农业生产劳动中经受了锻炼和世界观的教育，能够与农民群众同甘共苦，提高了永葆劳动人本色的思想觉悟，培养了密切联系群众的优良作风，是和平环境下培养锻炼年轻干部的制度性探索。这一探索在"文化大革命"时期延续并进一步发展为知识青年上山下乡运动和干部下放农村或"五七"干校劳动教育运动。

在对国内外阶级斗争形势估计越来越严重的情况下，在总结湖南省、河北省社会主义教育运动典型经验的基础上，1963年2月到1966年春，全国大约有三分之一的农村重点开展了社会主义教育运动（后来简称"四清"运动）。① 社教运动中对农村的阶级斗争形势估计进一步尖锐化，提出运动的根本性质是社会主义和资本主义的斗争，要"以阶级斗争为纲"，运动的重点是"整党内那些走资本主义道路的当权派"。这样，在意识形态领域巩固社会主义的教育，就逐步发展为以尖锐的阶级斗争反对猖狂进攻企图复辟的资本主义势力和封建势力的政治运动。

在十年"文化大革命"期间，在意识形态领域，农村普遍开展了红卫兵破"四旧"② 运动，学习"老三篇"、毛主席语录等毛泽东著作运动，以"斗私批修"、消除资产阶级影响、树立无产阶级的新风尚和新思想等为目的的"斗、批、改"运动，对基层干部和农民思想观念的塑造产生了重要影响。

总之，在集体化时代，集体所有制与基层政权的迅速建立和巩固，受到政党思想理念塑造的深刻影响。然而，这种影响也是两面的。随着中共对阶级斗争形势的估计越来越严重，意识形态领域越来越激进地批判所谓"资本主义倾向"，大力宣扬超越社会发展阶段的共产主义意识形态，强势掩盖了农村集体制运行中

---

① 卢先福、龚永爱主编《农村基层党建历程》，湖南师范大学出版社，2011，第236—239页。

② 破"四旧"，指破除"剥削阶级"的旧思想、旧文化、旧风俗、旧习惯。

存在的现实困境和问题，对农村社会变革和进步产生了较为严重的影响。

二　改革开放时代中共思想理念的塑造引领与乡村变革

改革开放时代，中国共产党果断放弃了以阶级分析和阶级斗争为核心的革命意识形态，建设以经济建设为中心，坚持和发展中国特色社会主义的政党意识形态，推动了乡村变革。

1. 创新党在农村的意识形态工作，加强农村精神文明建设

改革开放后，在注重发展生产力、实现工作重心转移的过程中，中国共产党提出了加强社会主义精神文明建设的重要命题。1979 年 10 月，邓小平同志提出，我们的国家已经进入社会主义现代化建设的新时期。我们要在大幅度提高社会生产力、建设高度物质文明的同时，建设高度的社会主义精神文明。[①] 1980 年 12 月，邓小平在中共中央工作会议上进一步对社会主义精神文明的内涵作出了深入阐释。他指出："我们要建设的社会主义国家，不但要有高度的物质文明，而且要有高度的精神文明。所谓精神文明，不但是指教育、科学、文化（这是完全必要的），而且是指共产主义的思想、理想、信念、道德、纪律，革命的立场和原则，人与人的同志式关系，等等。学习和培养这些革命精神，并不需要多么好的物质条件，也不需要多么高的教育程度。""没有这种精神文明，没有共产主义思想，没有共产主义道德，怎么能建设社会主义？"[②] 可见，在社会主义现代化建设新时期提出的加强社会主义精神文明建设的重要命题，其内容更为广泛，更具包容性，但

---

① 《在中国文学艺术工作者第四次代表大会上的祝词》（1979 年 10 月 30 日），《邓小平文选》第 2 卷，人民出版社，1994，第 208 页。

② 《贯彻调整方针，保证安定团结》（1980 年 12 月 25 日），《邓小平文选》第 2 卷，第 367 页。

核心是无产阶级革命精神，是社会主义意识形态。改革开放新时期，仍然要加强对全体人民和农民群众的社会主义意识形态引领。

1982 年，农村开始兴起群众性的文明村镇建设活动。1983 年，中共中央对这一新生事物给予高度评价，赞扬是"继联产承包责任制之后，我国农民的又一伟大创造"。① 文明村镇建设活动是在新的历史条件下，加强和改进党的农村意识形态工作的一个新发展，是农村基层建设社会主义精神文明的有效载体。因此，一经诞生便有了旺盛的生命力，创建活动持续深入开展，和各个历史阶段农村改革发展工作相结合，贯穿于改革开放的伟大历程。例如，2018 年 11 月，四川省召开全省文明村镇创建工作现场会，总结、交流文明村镇创建经验，以加快推进文明村镇建设，助力新时代乡村振兴。②

政社合一的人民公社体制解体后，一些农村地区逐步探索组织了村民委员会这一基层群众自治组织。1987 年 11 月，第六届全国人大常委会第二十三次会议通过了《中华人民共和国村民委员会组织法（试行）》，确立了村民委员会的法律地位。该组织法规定，"村民委员会是村民自我管理、自我教育、自我服务的基层群众性自治组织"。在村民自我教育方面，村民委员会应当开展多种形式的社会主义精神文明建设活动。③ 村民委员会普遍建立后，在村党支部领导下，成为对农民群众经常性开展思想理念和社会主义意识形态引导教育的基层组织依托。

---

① 黄道霞等主编《激荡中国农村的变革：纪念十一届三中全会十周年》，光明日报出版社，1988，第 169 页。
② 《开展文明村镇创建工作　推动农村精神文明建设落地生根——四川省文明村镇创建现场推进会参会代表发言选登》，四川文明网，http://sc. wenming. cn/yw/201811/t20181114_4895927. shtml，2018 年 11 月 14 日。
③ 《中华人民共和国村民委员会组织法（试行）》（1987 年 11 月 24 日），国务院法制办公室《中华人民共和国法规汇编》第 8 卷，中国法制出版社，2014，第 9 页。

2. 加强农村基层党组织建设，创新农村基层党员干部学习教育

面对新的历史任务，中国共产党历来重视从严治党、整党整风，加强党的建设。1982 年 9 月，邓小平同志在党的十二大开幕词中强调："在认真学习新党章的基础上，整顿党的作风和组织。这是我们坚持社会主义道路，集中力量进行现代化建设的最重要的保证。"① 按照党的十二大的部署，1983 年 10 月，党的十二届二中全会作出了《中共中央关于整党的决定》，号召全体党员积极参加整党，统一思想、整顿作风、加强纪律、纯洁组织。全面整党期间，1985 年 12 月，全国农村党的基层组织建设工作座谈会召开。农村基层组织建设与整党相结合，是农村全面整党工作的重要环节。1987 年 5 月，全国整党工作基本结束。通过整党，党内存在的思想、作风和组织严重不纯的问题有了很大的改变，提高了全党的思想政治水平和工作水平，更加密切了党和人民群众的关系，使党成为中国特色社会主义事业的坚强领导核心，促进了农村经济体制改革和两个文明建设事业。这次整党是中国进入改革开放新的历史时期后一次较大规模的全面整党，在党的历史上有着深远的影响，为集中力量推进社会主义现代化建设新时期党内开展集中教育活动提供了新的历史经验。②

1990 年 8 月，中共中央组织部、中央政策研究室、民政部、团中央、全国妇联联合在山东省莱西县召开全国村级组织建设工作座谈会（简称"莱西会议"）。会议着眼于加强和改善党对农村工作的领导，把村党支部建设成为坚强的、充满活力的领导核心，密切党同农民群众的联系，带领农民群众深化农村改革、发展经济、坚定地走共同富裕的社会主义道路，同时要加强精神文明建

---

① 《中国共产党第十二次全国代表大会开幕词》（1982 年 9 月 1 日），《邓小平文选》第 3 卷，人民出版社，1993，第 3 页。

② 中共中央组织部办公厅编《改革开放 30 年组织工作大事资料摘编》，党建读物出版社，2009，第 66—68、88 页。

设，坚持对农民进行社会主义、爱国主义、集体主义教育。[1] 莱西会议为改革开放后新形势下加强农村基层组织建设、引领农村改革发展指明了方向，具有重要历史意义。

为深入贯彻落实党的十六大精神，推进全面建设小康社会进程，全面提升农村基层党组织的战斗力，加强和改进党对农村工作的领导，2003 年 9 月，中共中央下发《关于深入开展农村党的建设"三级联创"活动的意见》，即在县、乡镇、村三级创建"五个好"村党组织、"六个好"乡镇党委和农村基层党组织建设先进县，对于与时俱进提升农村基层党组织建设，推进"三个代表"重要思想深入贯彻落实到农村基层，发挥了重要历史作用。

习近平同志指出："群众路线是我们党的生命线和根本工作路线，是我们党永葆青春活力和战斗力的重要传家宝。不论过去、现在和将来，我们都要坚持一切为了群众，一切依靠群众，从群众中来，到群众中去，把党的正确主张变为群众的自觉行动，把群众路线贯彻到治国理政全部活动之中。"[2] 正因为坚持群众路线，始终保持党同人民群众的血肉联系对执政党如此重要，中国共产党历来重视持续加强对党员干部的群众路线教育。1990 年 3 月，中共十三届六中全会通过《中共中央关于加强党同人民群众联系的决定》，部署在党内普遍深入地进行马克思主义群众观点和党的群众路线的再教育。以党的文件的形式对群众路线教育专门作出决定，这在党的群众路线思想史上是第一次，[3] 充分反映了改革开放新的历史条件下党对加强群众路线再教育的高度重视。

人心向背关系党的生死存亡。中国共产党的最大政治优势是密切联系群众，党执政后的最大危险是脱离群众。中共十八大以

---

[1]　中共中央组织部办公厅编《改革开放 30 年组织工作大事资料摘编》，第 143—144 页。

[2]　习近平：《在纪念毛泽东同志诞辰 120 周年座谈会上的讲话》，人民出版社，2013，第 17、19 页。

[3]　罗平汉主编《中国共产党群众路线思想史》，人民出版社，2013，第 309 页。

来，为了进一步密切党同人民群众的血肉联系，带领全国人民努力实现党的十八大确定的奋斗目标，实现中华民族伟大复兴的"中国梦"，中共中央在全党深入开展了以"为民务实清廉"为主要内容的党的群众路线教育活动，集中整治群众反映强烈的形式主义、官僚主义、享乐主义和奢靡之风这"四风"问题，对党内作风之弊、行为之垢进行大排查、大检修、大扫除。2013 年 6 月 18 日，党的群众路线教育实践活动工作会议在北京召开，习近平总书记出席会议并发表重要讲话，对全党开展教育实践活动进行部署。2014 年 10 月 8 日，党的群众路线教育实践活动总结大会在北京召开，习近平总书记在会议上发表重要讲话。他指出，教育实践活动使党在群众中的威信和形象进一步树立，党心民心进一步凝聚，形成了推动改革发展的强大正能量。实践证明，党的十八大作出的在全党深入开展党的群众路线教育实践活动的战略决策是完全正确的，党中央关于这次活动的一系列部署是完全正确的。这次活动为我们进行具有许多新的历史特点的伟大斗争作了思想上、组织上、作风上的重要准备，其重大意义必将随着时间的推移不断显现出来。①

"中国共产党是一个在学习中产生、在学习中前进、在学习中不断发展壮大的马克思主义政党。"② 没有对马克思主义的学习、传播与实践，就没有中国共产党。注重学习，注重弘扬优良学风，注重通过学习推动党和人民事业大发展，是中国共产党的优良传统、宝贵品质和显著特征。2004 年 9 月，中共十六届四中全会召开。会议通过的《中共中央关于加强党的执政能力建设的决定》，第一次以党的中央全会决定的方式提出"努力建设学习型政党"的要求。2012 年 11 月，中共十八大召开，大会报告首次提出"建

---

① 习近平：《在党的群众路线教育实践活动总结大会上的讲话》，新华网，http://news. xinhuanet. com/politics/2014－10/08/c_1112740503. htm，2014 年 10 月 8 日。

② 何祥林等：《建设马克思主义学习型政党研究》，人民出版社，2015，"前言"，第 1 页。

设学习型、服务型、创新型的马克思主义执政党"，学习型政党建设更为系统，更加深化。2013 年 3 月，习近平总书记在中共中央党校建校 80 周年庆祝大会上，专门就全党学习发表重要讲话，号召"全党同志一定要善于学习，善于重新学习"。他强调："中国共产党人依靠学习走到今天，也必然要依靠学习走向未来。我们的干部要上进，我们的党要上进，我们的国家要上进，我们的民族要上进，就必须大兴学习之风，坚持学习、学习、再学习，坚持实践、实践、再实践。"[1] 马克思主义学习型政党建设对中国共产党与时俱进地增强执政能力，确保党始终成为中国特色社会主义事业的坚强领导核心具有十分重大的意义。党的十六届四中全会以来，学习型党组织建设在农村基层持续深入地开展，对乡村发展振兴产生了十分重要的影响。只要农村基层党组织善于与时俱进地加强学习，善于因地制宜地创新实践，就能够顺利地领导和推进乡村振兴与乡村治理现代化。

三　乡村变革关键要靠党组织

胡锦涛同志深刻总结中共领导下中国革命、建设、改革事业取得的伟大成就和历史经验，他指出："回顾九十年中国的发展进步，可以得出一个基本结论：办好中国的事情，关键在党。"[2] 回顾新中国成立后乡村社会的变革，这一论断不仅是历史经验的总结，对乡村发展振兴也具有重大现实指导意义。习近平同志在农村考察时也多次强调："一个村子建设得好，关键要有一个好党支部。"[3]

---

① 习近平：《依靠学习走向未来》（2013 年 3 月 1 日），《习近平谈治国理政》第 1 卷，407 页。

② 《在庆祝中国共产党成立九十周年大会上的讲话》（2011 年 7 月 1 日），《胡锦涛文选》第 3 卷，人民出版社，2016，第 527 页。

③ 习近平：《缅怀先烈、不忘初心，走好新的长征路》，新华网，http://news. xin-huanet. com/politics/2016 – 07/19/c_1119239676. htm，2016 年 7 月 19 日。

"打赢脱贫攻坚战，特别要建强基层党支部。"① 回顾近代以来乡村变革与中国巨变的相互作用的波澜壮阔历史，更能使我们深刻认识农村基层党组织建设的重大现实意义。

近代以来，一盘散沙的小农阶级在资本主义世界体系和本国封建主义的盘剥下，不仅很难改变自己陷入贫困破产的悲惨命运，也使中国集聚着社会动乱的巨大矛盾。沿海和交通沿线少数城市的畸形繁荣，不可能引领中国成功走向现代化道路。只有中国共产党将强有力的党组织深入农村基层，扎根农村干革命，通过深入细致的群众工作，艰难地将被政权、族权、神权、夫权压迫的小农阶级凝聚为推翻旧制度的阶级斗争的巨大依靠力量，实现了土地制度革命的伟大胜利，阶段性地消弭了农村社会孕育的巨大社会矛盾，为大规模现代化的开展奠定了根本的历史前提。

中华人民共和国成立后，中共又借农民在土地制度改革胜利后对共产党的感恩之情浓厚的历史时机，通过党组织强有力的动员组织，引导农民建立农业集体经济，实现了废除土地私有制的巨大社会变革，消除了引起农村社会分化的根本性制度根源，建立了社会主义集体经济，为国家快速工业化战略的实施和初步发展奠定了稳固的社会根基，作出了历史性贡献。

改革开放新时期，在农户自由经营体制和发展社会主义市场经济的时代条件下，农村基层党组织在乡村治理与建设中的凝聚力、领导力发生了很大的转型，农民在解决了温饱问题之后进一步实现农村现代化和共同富裕的道路与发展目标上，遇到了前所未有的挑战，这也是继土地制度改革、农业集体化之后，中国共产党领导农民实现第三次农村历史巨变的重大契机。在乡村振兴和建成社会主义现代化国家的战略目标下，如何创新制度机制和发展道路，建设坚强的基层党组织，领导组织农民实现农村现代

①　习近平：《打赢脱贫攻坚战，特别要建强基层党支部》，新华网，http://www.xin-huanet.com/politics/leaders/2018-02/12/c_1122404670.htm，2018 年 2 月 12 日。

化和共同富裕的第三次历史性巨变，是一个重大的时代课题。历史经验表明，中国的变革关键要以乡村为稳固根基，中国乡村的变革关键要靠党的坚强组织引领。

中国共产党作为一个先进知识分子学习马克思主义理论与俄国社会主义革命道路而在大都市上海成立的新型革命政党，却能深深扎根农村，凝聚起新型农民革命的巨大力量，最终解决了近代中国向何处去的历史难题，这是一个巨大的历史奇迹。共产党通过土地制度改革摧毁乡村旧的政治秩序之后，党的基层组织经历了在农村建立、强化、整顿、冲击、重建、调适等历史发展阶段，在农村社会巨大的改造和变革中持续发挥关键的政治动员力与领导力。中国乡村变革关键要靠党组织，这是一个基本历史结论。改革开放以来，农村社会发生着继土地制度改革、农业集体化改造后的第三次巨大历史变革，农村基层党组织的组织状态和功能发挥也发生着巨大的时代转型，面临新的挑战与再创辉煌历史的契机。

由于中国的特殊国情，中国一直在社会主义道路上探索适合自身的独特现代化道路。当前，在中国实现现代化强国建设目标的关键历史发展阶段，乡村现代化和共同富裕是最大的挑战与难题，也是中国共产党领导农民再创辉煌历史变革史诗的重大契机。如何创新基层党组织建设的制度机制和发展路径，与时俱进地加强学习型、服务型、创新型党组织建设，依靠党组织的学习与创新能力走向未来，在党组织的坚强领导下实现继土地制度改革、农业集体化之后的第三次农村历史性巨变，是一个重大的理论与现实问题。无论乡村变革还是中国独特国情下现代化强国建设目标的实现，根本上要靠党的正确领导和农村基层党组织强有力的动员力、凝聚力与创新执行力。

第二章　集体化时代农村基层党员干部学习毛泽东著作[*]

　　学习毛泽东著作运动是 20 世纪 50—70 年代席卷全国的一场群众性的政治思想教育运动，对社会主义中国的意识形态建构产生了深远的影响。对于这场影响重大的政治运动，目前国内学术界的研究总体来看视角还比较单一，对运动的丰富内涵与复杂面相的研究还不够深入。这些研究主要从以下视角展开：从全国或某些省份的宏观视角来叙述和分析运动的发展过程、特点及影响，总结其经验教训；从共青团等组织系统的角度叙述这一运动的开展；从重要政治人物的角度叙述和分析其提倡学毛泽东著作（以下简称"毛著"）的动机、思想和主张。[①] 这些成果主要从政治事件、组织系统、重要政治人物的角度叙述和分析这一运动，在研

* 本章主要内容以《学"毛著"运动中的乡村基层政治精英》为题，刊于《党史研究与教学》2014 年第 1 期。

① 代表性研究成果有许新年《20 世纪 50—70 年代我国学习毛泽东著作热潮述评》，《河南社会科学》2005 年第 1 期；杨建：《一段难以忘却的历史——当年广东开展的学"毛著"运动》，《广东党史》2008 年第 6 期；李相久、李英等主编《当代中国青年运动史》，吉林文史出版社，1990，第 138—146 页；杨林生：《论罗荣桓关于学习毛泽东著作与林彪的分歧与斗争》，《南华大学学报》（社科版）2003 年第 4 期；黄瑶：《林彪提倡学习毛泽东著作所为何事》，《党史博览》2009 年第 12 期。

究视角和内容上属于"自上而下"的传统政治史范式，其成果有助于我们从宏观上把握这一运动的开展。但是，作为一场声势浩大的群众性政治思想教育运动，这一研究视角很难彰显"群众"在运动中的独特心态、行为逻辑和精神风貌，并从中透视民众心态与国家意识形态的互动关系，揭示运动的复杂面相和丰富内涵。

近年来，国外学者对学"毛著"运动的研究在叙事视角与研究方法上更加贴近基层社会和普通民众，显示出新的研究动向。① 笔者认为，用"自下而上"的社会史视角和区域史的研究方法，充分发掘、利用基层档案资料和调查访谈的口述资料，对学"毛著"运动中基层党员干部、普通民众的心态与行为进行深入考察，不仅可以深化学"毛著"运动的研究，对那个时代大众心态史的研究，也具有重要的学术价值。

笔者近年来在华北乡村调查研究中新发现的山西省阳城县 K 大队档案，为从"自下而上"的视角开展这项研究提供了十分宝贵的资料基础。② 这批档案中有大量反映阳城县基层组织、党员干部群体和群众学"毛著"运动开展细节的资料，在目前学"毛著"运动的研究中从未被利用。这也很好地解释了为什么当年声势、

---

① 〔美〕李怀印：《乡村中国纪事：集体化和改革的微观历程》，法律出版社，2010，第 127—135 页。

② 2009 年夏，笔者在阳城县开展新中国成立后乡村基层档案文献资料的调查工作时，于 K 村发现了保存完好的丰富且珍贵的档案文献资料。这批资料按存所大体上可分为两大部分：村委会档案室所存档案文书和保管室所存 1980 年以前的档案。档案室所存档案已系统整理并归档，分为"党"字（党支部档案）、"政"字（主要是革委会档案，包括此前的管委会档案）、"专"字（"文革"期间"清理阶级队伍"专案组档案）、"资"字（上级文件资料）四类档案。保管室所存档案封存于 5 口大木箱，未经整理，且保存条件堪忧。南开大学中国社会史研究中心与 K 村于 2009 年 9 月达成协议，将这批资料运抵该中心进行整理和数字化保存，整理完成后原档案归还 K 村。整理后的保管室档案按大写英文字母分为 A 至 J 共 10 大类，本书所用的 E、F 类主要包括大队干部的工作日记、会议记录，以及"四清"运动的资料。文中凡未注明藏所的未刊资料，均出自 K 大队档案，不再一一注明。

规模与社会影响颇大的运动，今天却没有得到学术界的充分关注和深入研究——资料发掘不足使然。笔者将利用这批档案，从基层社会和普通民众的视角切入，对学"毛著"运动中的农民心态与行为逻辑展开深入的研究。文化人类学的理论认为，文化是共享的，但文化内部又具有差异性，其原因在于特定文化中必定存在诸如性别、年龄、亚群体等文化变量。① 从这一文化研究的基本观点来看，我们在研究乡村文化时，不应简单地将其视为同质性的整体加以描述，而应同时关注其共享性与差异性，深入考察乡村文化内部存在的各种文化变量，力图更加细致地分析乡村文化内部存在的差异性，以展现其复杂面貌，更加接近真实的农民生活世界。基于这一研究思路，笔者以政治身份为标准，将学"毛著"运动中的农民划分为基层党员干部和普通农民两大群体，从亚群体的角度对农民心态与行为展开叙述和分析。② 限于篇幅，本章聚焦于基层党员干部群体在学"毛著"运动中的种种心态与行为，从中透视国家意识形态下移背景下基层党员干部群体的种种因应策略与逻辑。

对于这一学习运动，原始文献中有不同的提法，或称之为"活学活用毛主席著作群众运动"，或称之为"活学活用毛泽东思想群众运动"。依笔者之见，目前通用的毛泽东思想这一概念是一个经过重新界定的科学范畴，而当年这一运动的学习内容非常广泛，并不限于后来界定的毛泽东思想的科学理论体系。为避免概念混淆，研究中称其为"学习毛泽东著作运动"更为合适。资料所见，阳城县农村从 1962 年开始学"毛著"，直至 1977 年，这场

---

① William A. Haviland, *Cultural Anthropology*, 10th ed., Fort Worth：Harcourt College，2002，pp. 34 – 35.

② 改革开放前的中国社会是高度政治化的，笔者以政治身份标准划分农民群体即是基于此种考虑。本书使用的乡村基层概念指人民公社以下的生产大队、生产队一级，乡村基层党员干部群体指由生产大队、生产队一级各类权力组织中的党员、干部构成的群体。

群众性政治思想学习运动走过了 15 个春秋。①通过这场规模空前而又历时弥久的政治运动向乡村社会进行国家意识形态输入，会有怎样的遭遇？基层党员干部群体是如何理解与因应的，其心态与行为会发生怎样的复杂变化，有何时代特征？从基层实践逻辑看，这一政治思想教育运动究竟是如何展开与运作的？下面笔者将主要利用基层档案对这些问题展开深入探讨。

一　学用在先：干部带头的动员与示范

基层党员、干部群体是农村权力结构的凝聚核心。在以政治为中心的时代，他们的思想与行为对群众有巨大的影响和示范作用。学"毛著"运动开展的初期动员阶段，主要是靠基层党员、干部的示范带动；运动能够长期深入开展，也离不开基层党员、干部身体力行的引领。

1963 年冬，阳城县北留公社大树大队党支部根据县委指示，开始组织全体党员学习毛主席著作，并逐步建立健全了学习制度。同时，党员要以自己活学活用毛主席著作的榜样和精神去影响群众、教育群众，帮助群众活学活用毛主席著作，推动学"毛著"运动由党内学向群众学发展深入。例如，在化肥十分短缺的时代，农家肥对庄稼长势十分重要。第一生产队队长张某一次和社员担着茅粪往地里送，路上碰到一堆稀牛粪，他并不嫌脏，放下担子，用手把粪抓到粪桶里往地里送。社员们看到他这种行为议论说："某

①　西沟公社北任大队民兵连指导员田某：《是毛泽东思想照亮了我连民兵的心》，《阳城县民兵学习毛主席著作积极分子代表会议材料》（1966 年 11 月），"资"字 1966 - 1 - 6，第 48 页；中共町店公社委员会：《关于坚决贯彻执行〈中共中央关于学习《毛泽东选集》第五卷的决定〉，迅速掀起学习毛主席著作新高潮的通知》（1977 年 4 月 18 日），"党"字 1977 - 1 - 23（此编号指党支部档案 1977 年第 1 号项下第 23 号，以下 K 村档案室所存四类档案注释体例同），第 1 页。

某比过去给自己种地还下劲！"他就借身边这件事教育群众说："现在的地也是给自己种。为革命就得下个劲，这个劲是学习毛主席著作（学）出来的，大家要有我这个劲，也得好好地学'毛著'。"①作为阳城县学"毛著"运动中民兵系统的先进单位之一，西沟公社北任大队民兵连的经验之一就是"连排干部带头学，带头讲，带头用，开门革命"。民兵连指导员田某汇报说，1966 年 5 月、8 月两次开门革命，全连民兵给 16 个连排干部提了 200 多条批评意见，仅给他就提了 36 条。民兵张某的批评最尖锐，他说："田某是马列主义口朝外，手电筒照人不照己。作风生硬，个人意见第一，真是个自由主义。"② 这种干部带头，将干部置于群众批评监督之下的开展运动的方法，无疑使运动更具说服力与号召力。

1968 年 7 月底，阳城县组织了县、社、队三级领导和县驻点上③毛泽东思想宣传队负责人参观、学习、研究会议，集中研究和讨论了大办毛泽东思想学习班、活学活用毛泽东思想的领导问题，也就是各级领导班子的革命化问题。会议在总结经验的基础上进一步指出了领导班子革命化的重要性，强调：

> 我们在工作实践中深深体会到：领导本身不革命化，一切难说话；领导本身不过硬，一切难行动。我们县群众有句俗话叫做：村看村，户看户，社员看的是干部，这也说明领

---

① 北留公社大树大队党支部书记李□山：《三项制度是法宝，三大作风离不了》，《阳城小报》1966 年 3 月 23 日，第 3 版，F－17，未编页码。
② 西沟公社北任大队民兵连指导员田某：《是毛泽东思想照亮了我连民兵的心》，《阳城县民兵学习毛主席著作积极分子代表会议材料》（1966 年 11 月），"资"字 1966－1－6，第 48 页。
③ 蹲点取经验，培养典型，以点带面，是当时普遍倡导与实践的一种领导方法。指导农村社教运动的"二十三条"总结道："蹲点，解剖麻雀，是一种很重要的领导方法。领导干部必须有选择、有计划地继续蹲点，深入基层，深入群众，在运动和斗争中，取得比较系统的经验。"参见《农村社会主义教育运动中目前提出的一些问题》（1965 年 1 月 14 日），中共中央文献研究室编《建国以来重要文献选编》第 20 册，中央文献出版社，2011，第 22 页。

导班子革命化的重要性。最近，学"毛著"办公室对几个公社办学习班的情况进行了一次调查，发现有百分之二十左右的院、户学习班办得不好，流于形式，问题就在于领导班子不革命化，干部不能以身作则带头办好自己院、户的学习班。因此我们说，解决领导班子革命化的问题，已经成为深入开展"活学活用毛泽东思想运动"的当务之急，成了非解决不可的问题了。怎样实现领导班子革命化呢？会议综合这次参观学习先进单位的经验，提出以下几点意见：第一，各级领导要以身作则，带头学，带头用，带头干。如果领导班子学不好，就没有办法，也没有资格领导群众学好毛主席著作。第二，要发扬党的紧密联系群众的作风，走精兵简政的道路，实现组织革命化。孔池大队认真落实毛主席精兵简政的指示，密切联系群众的作风大有改善。大队干部经常和群众一起参加劳动，一起斗私批修，不仅取消了补贴工分，密切了干群关系，而且还大大加强了领导班子革命化。①

町店公社中玉大队参观了秦庄、孔池等先进单位之后，立即组织大小队干部和党团员共八十余人进行了深入讨论，作出了领导干部"七带头"的决定，即"活学活用毛主席著作带头""斗私批修带头""革命大批判带头""忆苦思甜带头""干重活带头""干脏活带头""干关键活带头"。"大队革委会副主任白某遵照毛主席关于必须坚持干部参加集体劳动的制度这一教导，在生产劳动中和群众同甘共苦，特别是在'三抢'运动中做到了担不离膀。有一天，三队在石井圪埌点种。这地原来每晌只能担 10 趟水，天已中

---

① 《狠抓领导班子革命化，把大办毛泽东思想学习班的伟大群众运动进一步推向新高潮——李维彬同志八月一日在全县大办毛泽东思想学习班参观、学习、研究会议上的总结报告（摘要）》，中共阳城县核心小组学习毛主席著作办公室：《活学活用毛泽东思想情况简报》第 23 期，1968 年 8 月 6 日，"资"字 1968 - 3 - 11，第 131—132 页。

午了，趟数也担够了，但还有五分地的种未点起。为了争取玉米下种时间，他带领社员学习了毛主席'发扬勇敢战斗，不怕牺牲，不怕疲劳和连续作战的作风'这一教导，给群众带来了精神食粮。队长白某唱着'下定决心，不怕牺牲……'的歌担上水就走。在他的带领下，社员每人又担了7趟水，胜利完成了抢种任务。由于干部参加了集体劳动，抓住了生产一线的活思想，三队8天就完成了玉米点种任务，给全大队树立了榜样，使全大队300亩茬玉米点种任务保质按量及时完成了。"①

　　1969年8月22日，阳城县召开为期8天的全县活学活用毛泽东思想积极分子代表大会。会议总结认为，"'领导带头，学用在先'是我县活学活用毛泽东思想的伟大群众运动进入了一个新阶段，出现了一个新局面的显著特点之一。由于领导带头，学用在先，这就使我县过去长期存在的领导落后于群众的局面，已经或正在开始改变。许多领导同志深有体会地说：'只有学在前，用在前，才能取得领导权。'"人参埌大队贫协主任王某、苏村大队革委主任侯某、南梁大队生产队队长阎某等都登上了讲台，带头讲用，被评为"活学活用毛泽东思想积极分子"。②

　　干部带头的动员与示范，既是学"毛著"运动在乡村基层社会长期深入开展的显著特征之一，也是其关键所在。赖此，通过学"毛著"运动向基层社会输入的社会主义意识形态和价值观，不再是一套抽象的观念体系和空洞的说教，而是在基层党员、干部群体身上直观、形象、富有说服力地展现了出来。这更有利于有效地动员普通农民认识、接纳、实践新的社会主义意识形态。

---

① 町店公社中玉大队革委会：《毛泽东思想学习班越办越好，干群的思想革命化越来越高》（1968年10月21日），"党"字1966－1－8，第44—45页。

② 阳城县革委会副主任孙文龙：《高举"九大"团结胜利的旗帜，进一步开展活学活用毛泽东思想的伟大群众运动，把无产阶级专政下的革命进行到底》，《阳城县活学活用毛泽东思想积极分子代表大会文件》（1969年8月29日），"政"字1969－1－7，第18页。

二 "公""私"之间：个人理性与国家
意识形态的内在冲突

学"毛著"运动最核心的内容之一，就是要塑造一种具有完全彻底的"公"的意识形态和价值观的社会主义新人。因此，"大公有私论""公私溶化论"作为"中国赫鲁晓夫"的流毒被大加批判，成为每个人在灵魂深处狠斗"私"字的重要内容。但是，这一超越历史发展条件的意识形态领域的彻底"革命"，不可避免地陷入了与民众个人利益理性深刻的内在冲突。在乡村基层党员干部这一特定群体身上，这种冲突可以说无处不在。根据冲突表现的剧烈程度，可以将其划分为两种类型。

其一，个人利益理性的自我检讨与规训。这种冲突表现得比较温和。在运动中，乡村基层党员干部能够自我检讨与批判不符合国家意识形态的思想和行为，并努力去迎合与超越。1963年冬，北留公社大树大队党支部就开始组织全体党员学"毛著"。党员张某经过学习《为人民服务》，检查自己的思想和工作说："过去我领导全队的副业生产，不是按毛主席教导的'我们的革命队伍完全是为解放人民的，是彻底为人民利益工作的'这个观点出发，而是搞副业对自己活便些，出力不大工分不少，所以工作责任心不强。去年两个月油坊加工七千多斤油籽，因操作得不好，少出油68斤。今后一定要听毛主席的话，按毛主席的指示办事，一切要从人民的利益出发。"从此他的思想变了，干劲也大了。过去说得多，现在干得多。从1965年11月开始，他从早到晚和副业人员一块劳动、一块工作，多种经营的收入有了显著增加。①

1968年9月8日，町店公社K大队召开了有革委委员、队务

---

① 北留公社大树大队党支部书记李□山：《三项制度是法宝，三大作风离不了》，《阳城小报》1966年3月23日，第3版，F-17，未编页码。

委员、民兵排长、党小组等共 35 人参加的学"毛著"讲用会。以下是会上的一些讲用发言，从中可以看出这一冲突在基层党员干部群体身上的种种表现及其自我规训：

> 张某讲：当了三年队务委员，思想不好，原因是不如副业上，能仗 [挣] 点钱，光想多挣工分。不关心群众生活，把洋谷捂了。学了斗私批修以后，感到不合理，要为人民服务，干一辈子革命。通过学习，一定要听党的话，指到哪里干到哪里。
>
> 张某（女）讲：有一次在生产队劳动，在地拔了一堆草，准备拿回去喂猪。后来想起毛主席的教导，把自己的草给队里的牲口吃了。又有好几次，快到晌午了，社员都想回。我想起了毛主席的教导，又带头把社员领上锄，总想多劳动点，这都是学"毛著"后的感想。①

　　其二，个人利益理性的消极反抗与规训。乡村基层干部在当时是一个极为特殊的社会群体。他们虽然与普通群众相比拥有引以为豪的政治身份和荣耀，但经济条件并没有特别的优越地位。恰恰相反，他们在实际工作中还需要更多的无偿付出，承担更大的责任和政治风险。从"四清"到"文革"这一系列愈益猛烈的政治运动，针对的重要问题之一就是干部的特殊化、官僚化。在那个时代的政治理想中，社会主义革命和建设时期，党和国家的干部应该保持普通劳动者的本色，而不是骑在人民头上当老爷，并将之视为"社会主义制度下一件带根本性的大事"。② 因此，从

---

① 《大队召开讲用会》（1968 年 9 月 8 日），《"老三篇"笔记本：K 大队革委会会议纪要》，E - 8，第 6—8 页。

② 《人民日报》编辑部、《红旗》杂志编辑部：《关于赫鲁晓夫的假共产主义及其在世界历史上的教训——九评苏共中央的公开信》，《红旗》1964 年第 13 期，第 31 页。

利益理性出发，不少基层干部自然产生了"当干部吃亏"的思想。当时阳城县流传着"当干部不够本，六多五少是结论"的说法。所谓的"六多"指"误工多、熬眼多、跑腿多、受气多、受累多、运动来了挨整多"，"五少"指"送工少、收入少、分粮少、关心家务少、亲戚门上走得少"。[①] 这种"当干部吃亏"的思想表现在行动上，就是消极反抗，躺倒不干，不愿当干部。河北公社南梁大队阎某细致地讲述了自己不愿当队长的心理：

> 1966年2月，大队分配我到水利队当队长。当时我想，过去我也干过一段生产队长，知道当队长的难处。当队长有"四多一少"（开会多、吃苦多、惹人多、误工多、挣工少）。因此不愿当队长，只想找个单人独业、自由自便、不受任何拘束的工作去干。恰好有一天，我听说大队要从各生产队往水利队抽调牲口。这时我想，喂牲口这生活倒不错，一是除能自由自便，还能不受别人的气；二是不管天阴下雨都有工分；三是自己使用方便；再说多吃些饲料，旁人也不会知道，大有便宜可讨。于是我就向大队干部主动提出想去喂牲口的要求。经过大队集体研究，批准了我。目的达到了，我心里真是高兴极了。[②]

1968年1月，中共町店公社核心小组、町店公社革委会发出通知，要求坚持用毛泽东思想斗私批修、破私立公，用毛泽东思想促

---

① 芹池公社阳陵大队革委会副主任郭某：《我们大队领导班子是如何带领群众办好各种类型毛泽东思想学习班的》，中共阳城县核心小组学习毛主席著作办公室：《活学活用毛泽东思想情况简报》第30期，1968年9月19日，"资"字1968－3－11，第139页。

② 《"老三篇"照红我的心，为革命当好饲养员——河北公社南梁大队饲养员阎某在全县活学活用毛泽东思想积极分子经验交流大会上的书面发言》，中共阳城县核心小组学习毛主席著作办公室：《活学活用毛泽东思想情况简报》第16期，1968年7月12日，"资"字1968－3－11，第115页。

进干部、社员的思想革命化。干部、社员在学习班上要以"老三篇"为武器，以"斗私批修"为纲，猛攻自己头脑里的私有观念，坚决摧垮头脑里"私"字的根基，筑起"公"字的长城。不少干部存在"当干部吃亏"的思想，在学习班上，就带着"当干部是不是吃亏"的问题学习"老三篇"。干部、社员要以白求恩同志毫不利己专门利人的精神，以老愚公下定决心不怕牺牲、排除万难去争取胜利的决心，作为镜子检查批判自己的私心杂念，树立起"为革命种田"和"为人民服务"的观点。①

乡村基层党员干部群体中"当干部吃亏"的思想和消极反抗是比较普遍的。町店公社中玉大队 18 个大队干部有 10 个不安心工作，8 个要求换班；55 个小队干部有 38 个躺倒不干，17 个要求换班。面对干部中存在的种种思想问题，大队首先举办了干部学习班。学习班上大家就带着"当干部吃亏"论的活思想，重温了《纪念白求恩》等文章，狠批了"中国赫鲁晓夫"的物质刺激、"公私融合论"的流毒。大队会计刘某说，由于"中刘少奇流毒过深"，自己认为当会计是赚工少，得钱少，开会多，花钱多；当民办教员是赚工多，有补贴钱，少费心，少熬眼。所以坚决不当会计，一心想当教员。因此学习班不参加，三个月不办公，公社通知开会拒绝去。遵照毛主席"要斗私批修"的伟大教导，经过学习《纪念白求恩》，"我认识到自己错了"。毛主席教导我们"要毫无自私自利之心"，自己却满脑子自私自利，"这是刘少奇给我的毒害，要对照白求恩，当一辈子会计，干一辈子革命"。当天他立即表示干会计，并帮助两个新任小队会计建了账，带动两个原来不干小队会计的也干了起来。经过办学习班，大小队干部人人担起了革命重担。② 在芹池公社阳陵大队，全大队 11 个生产队中，就

---

① 中共町店公社核心小组、町店公社革委会：《关于认真办好毛泽东思想学习班的通知》（1968 年 1 月 8 日），"党"字 1969－1－9，第 60 页。

② 町店公社中玉大队革委会：《毛泽东思想学习班越办越好，干群的思想革命化越来越高》（1968 年 10 月 21 日），"党"字 1966－1－8，第 41—45 页。

有 7 个队长、5 个会计申请不干。大队只得连续举办毛泽东思想干部学习班,彻底批判"当干部吃亏论"这一"资产阶级错误思想",树立一切为人民、一切为革命、永远忠于毛主席、紧跟毛主席干一辈子革命的共产主义思想。"通过办学习班,斗私批修,不仅原来躺倒不干的干部都干起来了,工作不力的都积极地挑起了革命重担,而且大、小队两级干部都表示不要补贴工分了,并积极参加集体生产劳动,密切联系群众,改善了干群关系。大队党支部书记李某在抗旱中和群众在一起劳动,带头下水挖渠,中午不休息坚持干,扩大了保浇面积。大队民兵教导员李某带领三十多个民兵在后河开一条水渠。原计划 3 天完成任务,在他以身作则带头实干下,经过一天一夜奋战就胜利完成了任务。"①

　　基层党员干部在学"毛著"运动中处处带头的表率要求与其现实生活处境的巨大反差,构成了个人利益理性与国家意识形态之间深刻的内在紧张和冲突。学"毛著"运动就是在化解和克服这一冲突的过程中艰难维持与推进的。这一冲突决定了学"毛著"运动及凭借这一运动自上而下输入乡村的新的国家意识形态在耗尽其政治动员声势与热情之后的命运。

三　忆苦思甜与阶级情感:政治热情的激发

　　在土地制度改革运动的实践中,中共发明了"访贫问苦""倒苦水""挖穷根"等办法,以激发农民的痛苦回忆,发现痛苦根源,从而将农民的个体疾苦上升为阶级苦、阶级仇,强化革命意

---

① 芹池公社阳陵大队革委会副主任郭某:《我们大队领导班子是如何带领群众办好各种类型毛泽东思想学习班的》,中共阳城县核心小组学习毛主席著作办公室:《活学活用毛泽东思想情况简报》第 30 期,1968 年 9 月 19 日,"资"字 1968 – 3 – 11,第 139 页。

识形态，掀起革命的风暴。① 在学"毛著"运动中，中共承袭了这一政治动员方式与资源。忆苦思甜，怀着深厚的阶级感情学，成为学"毛著"运动成功开展的重要经验之一。这一助燃运动的政治热情与阶级情感可以分为两种类型。

第一，忆苦思甜激发的感恩心态与政治热情。

一些基层党员干部在中共主导的社会变革中成为受益者，因此，对比今夕的处境，忆苦思甜，他们常怀着自发的感恩心态，积极响应党的各项号召，包括学"毛著"这样的运动。例如，润城公社河头大队的大队长张某，解放前父母从河南乞讨流浪到此，上无片瓦，下无寸土，全家6口人，身居沁河岸边的寒窑，以扛长工度日。解放后他经济上翻了身，政治上入了党，当上了干部，深知共产党、毛主席是自己的"救命恩人"。党号召学习"毛选"，他首先积极响应。自己一字不识，就想办法，除积极要求支部组织学，坚持集体学习外，还让女儿给他读，进行自学。经过努力，他共学习了11篇毛主席著作，学会了深入实际调查研究的工作方法，懂得了如何为人民服务，怎样关心群众生活，发现并解决了社员在生产和生活中的困难，很受群众爱戴，成为群众的"贴心人"。②

第二，翻身忘本与忆苦思甜的阶级教育。

一些乡村基层党员干部在中共主导的社会变革中翻了身，却开始沉迷于较过去更为优越的生活，不愿继续响应党的号召，走在革命的前列。学"毛著"运动中，党通过忆苦思甜对其进行阶级教育，使其重新燃起革命热情。町店公社中玉大队，在政治运动的冲击下，一些老干部不愿继续挑革命的重担。大队在举办的干部学习班上，就带着不懂得掌权用权的活思想，进行忆苦思甜

---

① 李金铮：《土地改革中的农民心态：以1937—1949年的华北乡村为中心》，《近代史研究》2006年第4期。

② 中共阳城县委：《关于突出政治大学毛主席著作河头现场会议总结报告》（中共阳城县委文件〔65〕49号，1965年6月5日），"党"字1965－1－6，第6—7页。

的阶级情感教育。革委主任赵某忆苦说："在旧社会，我几岁就给地主扛长工，吃的是剩米饭，睡的是牛棚，穿的是破烂衣，做的是牛马活，全家少吃无穿。在那黑暗的旧社会，我吃尽了苦头，受尽了折磨。解放后，搞了土地改革，党使我家翻了身。在党和毛主席的领导下，我又入了党。家庭生活富裕了，我的思想也变了，怕吃苦，怕挨整，一心当个好好人，就借口年纪大没文化不干革命。所以在'三结合'班子分工时，我一直不担第一把手的重担。毛主席教导我们说：'革命的根本问题是政权问题。'现在我想通了。我是贫下中农的后代，要忠于毛主席，掌好无产阶级的印把子，干一辈子革命。"经过学习，"他挑起了革委主任这副重担，当了群众的好领班"。①

　　芹池公社阳陵大队在举办的毛泽东思想干部学习班里，针对一些青年干部不懂得掌权重要性的活思想，进行了忆民族压迫苦，忆封建剥削苦的教育。学习班请解放时期的老支部书记、苦大仇深的老贫农李某忆苦，给青年干部上了一堂生动的政治课，深刻地教育了他们。李某说："在旧社会，咱们穷人都是一根藤上的苦瓜，家家有苦难史，人人有血泪仇。我老家是河南的，因狗地主逼得活不下去，一家6口人以乞讨为生，也不知流浪了多少省城和乡村，最后才流落到阳陵村梁庄下了户。天下乌鸦一般黑，地主都是黑心肠。到了阳陵，我父亲给富农当长工，一天去给人家驮煤，驴被日本兵抢走，父亲被日本兵残害了。我哥哥给地主当长工，被国民党反动派杀害了。姐姐卖给了人家，弟弟被活活饿死。一家6口人，死的死，散的散，只剩下我和母亲两口人。我从6岁那年起就给地主放牛、当长工，一直活受了18年罪。解放后，我在经济上彻底翻了身，政治上入了党，当上了干部。穷人过去为啥穷呢？还不是因为刀把子掌在地主恶霸手中，咱没权的过（方言，指原

① 町店公社中玉大队革委会：《毛泽东思想学习班越办越好，干群的思想革命化越来越高》（1968年10月21日），"党"字1966–1–8，第42页。

因、过错①）吗？可我忘了血泪斑斑的旧社会，大家选我在大队负责是对我的信任，我却不愿干，主要原因是怕犯错误，私字作怪。毛主席教导我们说：'世界上一切革命斗争都是为着夺取政权，巩固政权。'毛主席的话使我懂得了掌权的重要，失权的危险。"民兵排长李某（他的大儿子）说："大家选我当队长，我死活不干。听了我爸爸的忆苦，才知道自己是翻身忘了本，忘记了阶级斗争。我一定要把贫下中农交给自己的权掌好用好。"②

忆苦思甜和阶级情感教育固然可以激发起乡村基层党员干部的一些政治热情，但这一苦根甜源的切身记忆并不具有遗传性。随着时间的推移，对党最忠诚的土改一代农民渐次退出历史舞台，由"老贫农"向"青年干部"的代际忆苦思甜，自然与历史变革当事人的忆苦思甜有质的区别。时过境迁，这一政治动员方式与资源正慢慢耗尽其效力。

四　政治思想挂帅："有形"与"无形"之间

学"毛著"运动兴起并成为群众广泛参与、历时弥久的政治运动，最根本的动因在于毛泽东时代政治挂帅、思想领先的治国方略与社会主义模式。但是，当政治挂帅、毛泽东思想挂帅的国家意识形态向乡村社会推行时，不可避免地会遇到各种误解与阻力。

传统的小农是现实的。他们易于接受的是土改那样能给他们带来实实在在的看得见的利益的政治运动。像大学"毛著"、政治思想挂帅这样的运动，他们会感到隔膜。学"毛著"运动开展初期，一些农村干部就认为，生产是"硬头货"，完不成难过关；政

---

① 括号内对方言的注解为笔者所加，下同。
② 芹池公社阳陵大队革委会副主任郭某：《我们大队领导班子是如何带领群众办好各种类型毛泽东思想学习班的》，中共阳城县核心小组学习毛主席著作办公室：《活学活用毛泽东思想情况简报》第 30 期，1968 年 9 月 19 日，"资"字 1968 - 3 - 11，第 139 页。

治是"无形的东西",既不能斗量,又不能秤称,搞好搞坏"都有含糊"。"政治不产粮食,思想不能当饭吃。""只要粮食打得多,何愁他们不来总结经验。""突出政治"就是"突击政治",像突击生产一样大搞一下。面对这些思想,深刻认识突出政治、大学"毛著"的重大意义,摆正政治、生产和其他工作的位置和关系,真正认识到政治工作是统帅、是灵魂,把思想政治工作放在首位,使思想政治工作能够经常、系统地在百分之百的时间里起作用,便成为党推动学"毛著"运动在乡村基层社会深入开展首先要着力解决的重要思想认识问题,尤其针对领导运动的基层党员干部。1965 年 5 月底,中共阳城县委在润城公社河头大队召开了突出政治、大学"毛著"现场会议,由县委副书记郭藏柱主持,首先讨论解决的就是这一问题。①

　　笔者在原町店公社 K 大队调查访谈时,当年的民兵营长讲述了他对"政治思想挂帅"的记忆与认识。从中可以看出,还是"有形的东西"让人们记忆更加深刻:

　　　　民兵学"毛著"后头(后来)就没有。咱这是过了事就忘了,过了事就不考虑这些。那会间(那时候)开会前先唱《大海航行靠舵手》,唱完才坐下开会,开完会还要唱这歌,唱完散会。那会间民兵主要是抓了个比武、打靶,旁的(别的)看不见。比武打靶,奖励子弹,煞(那)是现实的,这一样你就圪戳(哄骗)不过。除此之外就是抓生产,塞沟垫地,那时候光这塞沟垫地就把人努(累)死了。②

---

① 中共阳城县委:《关于突出政治大学毛主席著作河头现场会议总结报告》(中共阳城县委文件〔65〕49 号,1965 年 6 月 5 日),"党"字 1965 - 1 - 6,第 5—6 页。

② 访谈记录,JBT 2012 - 18。访谈资料的编号,大写英文字母代表访谈对象的姓名缩写,其后的数字分别代表访谈年份和该年的访谈记录整理编号,下同。

　　这种政治思想挂帅、大学"毛著"，搞人的思想革命化的农村政治思想工作模式在实际工作中并非毫无成效。处在海拔千米的高寒山区、全年无霜期只有 150 天的润城公社大安头大队，1966 年棉花亩产 102 斤，1967 年的计划指标是 120 斤。对于这个增产幅度，有人怀疑，有人畏惧，说"低产地区可以大幅度增产，高产地区就不能够大幅度增产。咱这高寒山区，亩产 102 斤就顶天了，还想一下增产 20%，简直是做梦也碰不到这样的好事"。但是，不论有多大的议论和怀疑，大队"三结合"领导班子的思想毫不动摇。他们坚信毛泽东思想的强大威力，首先组织大、小队干部和革命派领袖反复学习、钻研毛主席"在生产斗争和科学实验范围内，人类总是不断发展的，自然界也总是不断发展的，永远不会停止在一个水平上。因此，人类总得不断地总结经验，有所发现，有所发明，有所创造，有所前进"的伟大教导，并组织干部和政治工作员深入群众，积极热情地宣传这一最高指示。在这个基础上，联系实际总结了第一生产队 1966 年 3 亩棉花亩产 170 斤的经验。"这样，他们以毛主席最高指示为纲，放手发动群众，让群众自己总结经验，自己教育自己，有效地解决了'停止的论点，悲观的论点，无所作为和骄傲自满的论点'，干部和社员中树立了誓夺棉花高产的坚定信心。人们的抵触思想解决后，他们又把学'毛著'先进分子选进棉花专业队。这支专业队坚持以'老三篇'为座右铭，实行上地'四带'（带宝书、带毛主席语录牌、带毛主席像、带红旗）、'三到田'（学习毛主席著作到田、开讲用会到田、表扬好人好事到田），把第一队 3 亩棉田的增产措施用到大田，时时、事事以'完全、彻底'、'两个极端'和'精益求精'这三把尺子严格操作，最终夺得了大丰收。"[①] 1967 年大安头大队棉花亩产 140 多斤，远超过原计划 120 斤的指标。1968 年

①　《用战无不胜的毛泽东思想统帅棉花生产，阳城县一九六七年棉花空前大丰收》（1968 年 2 月 22 日），"资"字 1968 - 2 - 10，第 1—2 页。

在大旱的情况下也达到了110斤，仍是全县第一。阳城县革委为了使全县棉花生产战线摆正思想与技术这种统帅和被统帅的关系，几次共组织2300余人到大安头参观。参观后大家说那里是："红太阳照亮了可乐山，毛泽东思想金光闪；白土料江土质差，海拔千米气候寒；只因思想革命化，棉花六年翻七番。"县革委认为，大安头棉花高产的原因就是一条，活学活用毛泽东思想，实现了人的思想革命化。"凡是去大安头参观了的人都承认这个事实。因此，我们把思想放在第一位，技术放在第二位，主要是搞人的思想革命化，以思想统帅技术。"① 四十余年后的今天，大安头村一些老人还记得，他们在老支书李引宽的带领下，生产搞得红红火火，"棉花结得白又大，粮食堆得比山高"。而老支书两次受到周恩来总理接见，更是大安头村人引以为豪的美谈。②

毛泽东思想挂帅的国家意识形态，本质上延续着传统儒家道德圣化治世的理想。如果超越特定的历史发展阶段，终究也只能是一种共产主义道德的乌托邦，难以得到普遍的实现和持久的维系。因为，不管政治运动的声势有多么浩大，国家权力的动员能力有多么强大，领袖的权威和魅力有多大，要使多数农民具有共产主义道德，时时、处处、事事以"完全、彻底"、"两个极端"和"精益求精"的精神奉献社会主义事业，结果仍只能是一种革命理想燃尽后的退潮，共产主义道德理想的破灭。

五　社会主义意识形态下移基层与党员干部接纳素质的困境

学"毛著"运动开展初期一些人就认为，毛主席著作只能机

---

① 阳城县革委会：《坚决执行毛主席的革命路线就是胜利——阳城县一九六八年棉花生产总结》（1969年1月18日），"资"字1968－2－10，第12页。
② 郭建光：《沉陷的村庄》，《中国青年报》2007年5月16日，中青在线，http://zqb.cyol.com/content/2007－05/16/content_1760886.htm。

关于部学，农民不能学；只能有文化的人学，不识字的人不能学；只能青年人学，老年人不能学；只能农闲时学，农忙时不能学。这种观点在乡村基层党员干部中也存在。因为，新中国成立后在基层权力结构中兴起的新政治精英，大多出身贫下中农，文化素养普遍较低。由他们带领群众学"毛著"，不免有心理上的障碍与实际的困难。当时的国家意识形态力图通过一些典型经验使人们相信："毛主席著作谁都可以学习，同时一学就灵，一抓就见效。"①

1966 年 7 月，町店公社 K 大队党支部书记苏某在一篇汇报材料中叙述了自己学"毛著"抓思想改进工作的经历，鲜明地反映了学"毛著"给一个文化低、资历浅的年轻干部的思想和工作带来的影响：

> 1966 年元月，因工作需要，我担任了大队党支部书记，看来这是一件好事情。但初接工作后，思想里产生了种种顾虑，总感到自己的文化太低，还不及个初小程度，看信看报还得请人。……于是就想打个退堂鼓，请示领导自己不干了。虽经过公社李书记的说服教育，但实际思想问题并没有解决。他告诉我干革命要经过思想斗争，要多读毛主席著作。后来我听了他的话。回忆自己出身贫农家庭，党亲手把自己培养成人，在学了《为人民服务》、《纪念白求恩》、《愚公移山》、《反对自由主义》等文章后，真对自己来说有所提高、有所帮助。回想白求恩同志是一个外国人，人家能来到中国全心全意为人民服务，何况自己是个青年，遇到困难就退缩，怎能谈得到为人民服务！毛主席又说："一个人能力有大小，但只要有这点精神，就是一个高尚的人，一个纯粹的人，一个有

---

① 中共阳城县委：《关于突出政治大学毛主席著作河头现场会议总结报告》（中共阳城县委文件〔65〕49 号，1965 年 6 月 5 日），"党"字 1965 – 1 – 6，第 7 页。

道德的人，一个脱离了低级趣味的人，一个有益于人民的人。"于是自己就下定决心，鼓起勇气干工作，见（只要）遇到困难就学习毛主席著作。①

　　学"毛著"运动初期主要是学"语录"和"老三篇"，尚比较简单，后来则进一步发展为学哲学。1971 年 8 月底，阳城县召开了全县各条战线活学活用毛泽东思想讲用会。会议认为，阳城县活学活用毛泽东思想伟大群众运动出现了新局面、新水平，其主要特点之一是，广大干部和革命群众积极响应九届二中全会发出的伟大号召，努力活学活用毛主席的光辉哲学思想，掀起了工农兵学哲学用哲学运动，使哲学变成了群众手里的尖锐武器，促进了思想革命化和科学化。白桑大队决定从 3 里外的西玉沟引一股每分钟只有 65 市斤流量的小水来浇地。有些人认为引这股水油水不大，说"一颗芝麻榨不出多少油，一滴水成不了大气候"。"大队党支部就引导大家反复学习毛主席关于对立统一规律的论述，认识到一切事物都是对立统一的，小和大，多和少，都是可以互相转化的，小是大的前提，大是小的集中，积少可以成多，滴水可以成河。只要把一滴水平时蓄起来，认真管起来，充分用起来，小水能成大气候，一滴水能做出大文章。就这样，他们靠毛主席的光辉哲学思想，用一滴水发展了三百多亩水浇地。去年，粮棉一跃双上'纲'，今年可望过'黄河'，成为山西省山区发展小型水利的先进典型。"②

　　从学"语录"到学哲学，乡村基层党员干部是如何理解和接受的呢？在 K 村调查访谈时，当年的大队老主任给笔者讲述了这场运动在农村开展的情形：

---

① K 大队党支部书记苏某：《用毛泽东思想统帅一切搞工作——谈我学"毛著"抓思想改进工作的几点做法》（1966 年 7 月 21 日），F - 11，第 1—2 页。

② 中共阳城县委：《关于召开各条战线活学活用毛泽东思想讲用会的情况报告》（中共阳城县委文件阳发〔1971〕第 62 号，1971 年 9 月 12 日），"党"字 1971 - 1 - 12，第 6—10 页。

开始就是学毛主席语录，语录办了（完了、过后）著作就开始了，毛主席熬（那）四卷就有了。学习"老三篇"熬（那）时候，每天是学"老三篇"了。有的就能学进，有的也学不进。你有多少精力去学习这，可是你也得学呀！学习的就学习起四卷来了，你说那么厚几本，你说你能学习要甚（到什么程度），只能说过来形势。咱也没有详细地看的学，只不过人家熬（那）形势就让你像那么学了，你不学行！一开始学语录，他就不敢有问题。学习毛主席语录那会间，到我间（我们）开动这支部会，哪一人去得迟了，先给背语录。背不下来，重背！会上就批评你了——背不下来，你为什么背不下来，叫你学了，学了怎么背不下来！这家伙也是在会上弄得加使（厉害）的了。赶后来我们开这个支部会的时候，可整齐的了，他间（他们）谁也不敢去得迟了，去得迟了背不下语录来嘛。普通老百姓熬（那）他也学，只能说没有咱这支部跟这行政干部间学得多些，人家是统一布置了嘛，统一学了嘛。统一学了，可是你这支部跟这班子间你就得学多些嘛，这是非学不可。学了以后是说，哎呀，人家主席说的这一段话是不错，都说主席说得好，可是你得办了呀，办你也得办了嘛，你办不好是你办不好，你办不好也得办了呀。哪一人敢不听！只要说是主席给你讲的那事间，你说你哪一敢不听！[1]

学"毛著"运动是在"三十字学习方针"的指导下开展的。这一方针强调"活学活用""在'用'字上狠下功夫"，更突出践行而不是对理论本身的学习。[2] 这一实践性既是学"毛著"运动在

---

[1]　访谈记录，HZG 2010 - 03。

[2]　林彪：《〈毛主席语录〉再版前言》（1966 年 12 月 16 日），《红旗》1967 年第 1 期，第 3 页。

基层社会开展的显著特征之一，也部分地弥补了基层党员干部接纳素质的困境。学"毛著"运动既是在政治运动威势的场景中展开的，又成为文化层次普遍较低的乡村基层党员干部获取工作勇气、工作方法和人生价值观的源泉。

美国学者杜赞奇在其 20 世纪前半期的华北农村研究中深刻地揭示了"国家政权建设"与"文化网络"之间的密切关系。① 在笔者看来，20 世纪 50—70 年代的华北乡村，清晰地延续与展现了这一历史发展脉络。这一时期，国家通过"政治权力"对乡村社会的治理获得了巨大的成功，转而逐步将其彻底变革乡村社会的努力推进到"思想理念"这一深层社会空间。学"毛著"作为一场声势浩大而又持续弥久的政治运动，即是这一努力的典型体现。这实质是一场国家动员的有广大农民广泛参与的思想理念重塑与转型。

国家"文化权力"的治理功效如何呢？本章通过对基层党员干部这一乡村社会核心群体的心态与行为的深入考察，从实践逻辑看出这一"文化权力"的治理机制既取得了一些成效，又面临诸多深刻的内在困境。国家"文化权力"的治理本质上延续着传统儒家式道德圣化治世的理想，它的成功既需要对人情人性某种程度的超越，又需要因人情人性之势，在两者之间求得一种微妙的平衡。然而，在那个时代的实践中这种政治思想学习教育承载的共产主义道德理想过于曲高和寡，终究陷入了与个人利益理性之间深刻的内在冲突，而从根本上注定了其最终的命运。乡村基层政治精英代际结构的嬗递和接纳素质的困境，以及现实的农民干部对政治思想挂帅这一社会主义模式的隔膜，也是影响国家"文化权力"治理功效的重要因素。在诸多的困境与张力中，政治运动的威势和干部带头的动员与示范，成为国家"文化权力"的

---

① 〔美〕杜赞奇：《文化、权力与国家：1900—1942 年的华北农村》，王福明译，江苏人民出版社，1996。

治理机制得以在较长时间内维系的关键所在。本书所揭示的社会主义乡村在文化重塑与转型过程中国家"文化权力"治理之机制、功效及面临的困境，不仅可以解释改革开放后毛泽东时代的社会主义意识形态在基层社会迅速崩解的深层根源，对今天总结其深刻的历史经验教训，更好地推进社会主义核心价值观培育的大众化、实践化，亦具有一定的现实意义。

第三章 集体化时代下放农村女干部对中共革命文化的学习与实践[*]

20世纪是革命风起云涌的世纪，旧的社会制度与思想观念持续受到革命狂飙的冲击和改造。新中国成立后的前30年，社会主义革命在经济、政治、社会、思想文化等领域广泛深入地影响着人们的生活。在新中国革命改造的历史情境下，妇女被广泛地动员参与新的社会改造实践。从女性视角审视中国革命，她们并非完全被解放、被动员、被塑造的历史客体，而是有鲜活生命体验与个体情感、理性的历史行动主体。两者交织互动，描绘出女性参与中国革命的生动历史画卷。

然而，女性参与了历史创造，却常常被历史遗忘，尤其是那些社会下层的普通妇女，"她们的故事既不为世人熟知，也没有留下多少文字记录"。[①] 一般来说，借以重构新中国成立后普通女性历史的资料，主要是官方的档案文献、宣传报道资料和学者的口述访谈材料，女性个人或群体的自发性原始历史记录出于种种原

---

  * 本章主要内容以《响应与挣扎：下放农村劳动锻炼女干部的心灵世界》为题，刊于杨凤城主编《中共历史与理论研究》第8辑，社会科学文献出版社，2020。

  ① 〔美〕贺萧：《记忆的性别：农村妇女和中国集体化历史》，张赟译，人民出版社，2017，第1页。

因较难通过文献记载留存下来。这就给发掘女性自主的历史声音造成了一定的困难。

要了解新中国成立后社会主义革命年代的女性历史，不仅要了解党和政府如何动员、推进社会改造，也要探究女性如何认知、应对这些改造，以及两者的密切互动关系。在此意义上，"国家—社会/个人互动关系"仍然是中共革命史研究中有效的理论分析框架。当然，这一理论框架的应用，应更多地观照中国的历史情境。正如一些学者所指出的："国家与社会的互动关系，不是西方学术视野中国家与社会的二元对立，而是指来自政府的自上而下的权力与来自社会的自下而上的力量之间的相互作用。"这种相互作用过程是比较复杂的，二者之间既存在对立与冲突，也存在呼应与融合，二者的冲突在政党的社会动员努力下，也会发生消解、转换与融合，最终形成中共革命极为复杂的历史。这一分析框架有助于突破传统革命史研究中的"政策—效果"式的"两头模式"，更加关注"革命过程"，揭示出传统革命史遮蔽掉的中共革命的"艰难性、曲折性、复杂性"，从而真正理解中共革命成果的来之不易。①

在新中国成立后继续推进社会主义革命的历史进程中，1957—1960 年出现了干部大批下放农村和厂矿（农村为主）参加体力劳动锻炼的重大事件，称"百万干部下放劳动"。中共中央希望通过分批下放干部，探索执政条件下克服官僚主义，保持党密切联系群众的优良传统，全面锻炼和改造干部队伍，并巩固国家机构的制度。然而目前的研究中，从社会史、心态史的视角对下放妇女干部群体展开考察的成果很少。②

---

① 李金铮：《再议"新革命史"的理念与方法》，《中共党史研究》2016 年第 11 期。

② 就笔者所见，目前并未有研究下放干部群体的专著，专题论文也很少。目前的出版物主要是 1958—1960 年官方的宣传、动员、经验总结资料。王永华对干部下放制度的形成和下放劳动情况作了初步的总结，参见《百万干部下放劳动始末》，《党史纵横》2009 年第 12 期。

寻找广大普通下放女干部的自主历史声音，也是比较困难的。官方档案和报纸在多大程度上保存了女性自己的声音？口述访谈中，研究者访谈的问题意识通常嵌入知识精英的学术脉络与语境之中，这样的口述访谈多大程度上激活了"民间女性话语"？哪些女性历史记忆能够被讲述，哪些记忆仍然被掩埋在历史深处或被遗忘？她们投身革命改造的经历和认知，她们在经历革命时的心灵世界究竟是怎样的？她们能够讲述自己的历史吗？这些都是笔者关心的问题。笔者希望在"眼光向下"发掘基层档案和口述访谈资料的同时，通过发掘稀有的女性民间史料，特别是更能体现女性主体在历史原情境下书写的充满细腻思想情感叙事的珍贵私人日记，复原新中国社会主义革命改造中女性的心灵世界，并从中透视革命意识形态与女性主体情感、理性互动的复杂历史面相及其对一代人精神世界的塑造，进而反思国家意识形态、社会整合与妇女解放内在需求的契合及出路。

本章的主要资料基础是下放农村劳动干部锦女士的私人日记，兼以一些官方宣传出版物为历史场景的参证。锦女士 1958 年 5 月 2 日正式从苏北滨海县国营农场下放到该县头甲农社劳动锻炼，1959 年 4 月底锻炼结束调回农场工作。日记中"下放干部"指称一种单位制下的社会身份，与农民身份相对应。下放前她是国营农场的普通职工，但也被视为下放干部。日记所记即是她在下放期间融入农社劳动锻炼的日常生活经历和细腻的思想情感世界，这在官方档案与宣传出版物中是经常被遮蔽和过滤的。本章所呈现的下放农村女干部的鲜活历史故事，有助于丰富社会主义革命年代女性历史的整体图景。

一 在劳动中锻炼和改造：一场深刻的思想革命

革命成功改造了近代中国，革命作为一个重要的历史传统，也必将塑造新中国的历史。在中共的革命传统中，工人阶级及其政党要实现广泛的革命动员，必然要求革命干部、革命知识分子和工农群众相结合，融入劳动人民培养阶级感情，树立阶级观点、劳动观点、群众观点，从而实现革命动员和社会改造。新中国成立后，中国革命由新民主主义革命进一步深入推进到生产资料的社会主义革命、政治上和思想上的社会主义革命。革命干部、革命知识分子和工农群众相结合的革命动员机制，在新的时代条件下传承演化为机关单位干部下放劳动的制度化探索，被称为"又红又专的革命道路"。新政权希望借此破解执政条件下干部队伍脱离群众、向官僚化蜕变的治理难题，保持人民政权的性质。德高望重的老一辈革命家谢觉哉在致下放干部的公开信中谈到，社会主义改造只是在改变生产资料的私人所有制上取得了社会主义革命的胜利，并不是在人们的意识形态上取得了社会主义革命的胜利。必须在政治上、思想上实行伟大的社会主义革命，才能使残存在人们中间的旧社会的坏思想、坏习惯无法复活，才能使国内外反动派、阴谋破坏人民事业的敌人无机可乘，才能使社会主义建设事业一日千里地前进。机关干部和知识分子是这个革命中的重要环节，他们是改造人的人，首先自己要得到改造；他们是教育人的，首先自己要受到教育；怎样得到改造和怎样受教育，不是只靠书本子，而是必须到劳动中去锻炼。[①]

机关干部大规模下放劳动锻炼始于 1957 年。这一年，随着各地宣传贯彻中共八届三中全会精神和整风运动的深入开展，为了克服脱离实际、脱离群众的官僚主义和主观主义工作作风，锻造和建立一支经得起风险考验的坚定为共产主义事业奋斗的干部队伍，干部下放的热潮在全国兴起。当时，"到劳动战线去，到基层去，锻炼自己，提高自己"，成为得到各级机关干部积极响应的党的伟大号召。"抽调大批干部加强基层、加强劳动战线，是改进工

---

① 谢觉哉：《元旦致下放干部》（1958 年 1 月 1 日），湖北人民出版社编《致下放干部》，湖北人民出版社，1958，第 1—2 页。

作、锻炼和培养干部的一项革命措施，也是一个深刻的思想革命。"至 11 月 17 日，全国下放干部已达 80 万人，反映出当时人们建设强大社会主义国家的蓬勃热情和党强大的政治动员能力。① 中共中央十分重视干部下放工作，1958 年 2 月又专门发出下放干部进行劳动锻炼的指示，要求有计划地培养"又红又专"的干部队伍。②

锦女士就是在这样的历史场景之下到农村劳动锻炼的。1958 年 5 月，下放劳动后不久，锦女士在日记中认真抄录学习了《下放干部守则》，其中涉及劳动锻炼要求的内容有：放下干部架子，认真参加劳动；经常注意批评与自我批评，在劳动中不断提高自己和改造自己。③ 在劳动中提高和改造自己的过程，也就是思想革命的过程。革命意识形态对女性思想的改造与女性主体的因应，两者间的复杂互动，是本章考察这一时代女性心灵世界的主线。

下放干部怎样才算锻炼好了呢？下放四个月后，农场召开下放干部会议，对干部下放锻炼情况进行检查和总结。锦女士在日记中记述会议要求，即一般通过下放锻炼，要提高三个观点：阶级观点、劳动观点、群众观点；同时，要提高思想觉悟，并且要达到"又红又专"。如果能达到这些要求，就算锻炼得不错，可以回单位工作了，否则的话，就不够好。④ "又红又专"是干部下放

---

① 《建立一支经得起风险的共产主义干部队伍　全国下放干部八十万》，《人民日报》1957 年 11 月 27 日，第 1 版；《培养为共产主义事业奋斗的干部队伍》（1957 年 11 月 20 日），河南人民出版社编《整风学习资料》第 2 辑，河南人民出版社，1957，第 13 页。

② 《中共中央关于下放干部进行劳动锻炼的指示》（1958 年 2 月 28 日），中共中央文献研究室编《建国以来重要文献选编》第 11 册，中央文献出版社，2011，第 167 页。

③ 《下放干部守则》，1958 年 5 月 15 日，《锦女士下放劳动日记》。本章所引未刊日记资料均出锦女士的下放劳动日记，下同，不再一一注明。未刊资料未特别注明藏所者，均为笔者收藏的民间档案文书。

④ 《领导对下放干部的要求》，1958 年 9 月 14 日；《怎样才算锻炼好》，1958 年 9 月 21 日。

锻炼的总要求，又被称为"又红又专的大道"。① 树立牢固的阶级观点、劳动观点、群众观点是思想改造的具体内容和要求。天津市河东区新立村人民公社下放干部群体的倡议书，将干部下放的思想革命化改造色彩表现得更鲜明：在立场和思想改造方面，全面锻炼活动中都要围绕"又红又专"的目的，进行自觉的自我革命。革掉资产阶级立场、世界观，确立无产阶级立场、世界观；革掉对党对社会主义的三心二意，确立对党对社会主义的全心全意。②

锦女士虽然出身富农家庭，但在农场也参加过体力劳动，因此下放期间适应较快，在农业劳动上表现较出色，较好地做到了放下干部架子，和农民群众打成一片，认真参加劳动锻炼的要求。第一天参加生产劳动，她体验到的不是农活的脏和累，而是社员的热情、关心和思想的愉悦，甚至"治愈"了自己的失眠，这是下放劳动带给她的快乐。她记述道："今天是我参加社里劳动的第一天。……在劳动中可以看出社员对我们的关心。队里领导看到我们就问，抬一天吃得消吗？回住家男女都一齐问，抬一天累吧？这些问候和关心，大大地感动了我。我劳动一天也没有感觉到累，我深深地体会到，体力劳动是慢慢锻炼的。我感觉劳动了一天，晚上和庄上的人说说笑笑，的确思想很愉快，晚上睡觉也不像过去睡不着了。"③ 机关干部常年伏案工作，常常给人一种四体不勤的印象。通过到群众中参加劳动锻炼，饭量增加了，体力增强了，不再失眠了，是很多下放干部首先体验到的劳动锻炼带给自己的改造和变化。有下放干部甚至写了诗，赞誉劳动锻炼的好处："下放干部收获广，百病消除身体壮；劳动锻炼特效药，它比仙丹还

---

① 中共重庆市委下放干部工作委员会编《劳动锻炼》，重庆人民出版社，1959，第 1 页。
② 《新立村人民公社下放干部倡议书》，1959 年 7 月 21 日。
③ 《劳动》，1958 年 5 月 4 日。

要强。"①

国家动员机关干部到劳动战线锻炼改造，克服脱离群众的官僚主义，培养和人民群众的深厚感情。然而实践中，影响下放干部和群众关系的还有具体的利益关系，改造干部的崇高革命理想与工分制下的利益博弈在实践中产生了冲突。虽然毛泽东强调，"要发动妇女参加劳动，必须实行男女同工同酬的原则"，② 但在实践中，"同工同酬"的社会主义分配原则遭遇到更复杂的情形。对下放干部群体而言，涉及与本队社员在农活分配和工分收益上的竞争关系，并不仅仅是男女平等那么简单。这一点在官方的宣传资料中很难看到，反映出农民对干部下放政策的复杂理解。这一情况对下放干部的劳动锻炼热情也产生了一定的影响。

在农业生产规模没能有效扩大，多种经营发展程度有限，社会流动与农业剩余劳动力转移被严格控制的制度环境下，本队社员与下放干部之间不可避免地存在挣工分的竞争。在这种情况下，生产队干部通常会站在本队社员的立场，找托词给下放干部少派农活，遇到轻活优先派给本队社员，这可谓为维护本队社员利益对干部下放政策的隐秘抵制。锦女士下放之初就遇到这样的尴尬，连着休息多次都没有活做，无所事事，她因此多次向大队副要求出工劳动，思想中也产生了一些不满。"他说你们再休息吧，你们没有工具。我认为经常不叫我们去劳动也是不对的。不叫我们去劳动还有另外一个情况，那就是倒肥料活轻，我们去了就要给我们工分，他们小队里吃亏。"③ 在下放干部觉得不公平的同时，一些社员挪用革命意识形态中的"剥削"话语来揶揄国家的干部下放政策，表达自己的利益诉求。锦女士记述道："吃中饭和几个妇

---

① 刘兴栋：《劳动治百病》，中共万县地委组织部编印《千锤百炼　又红又专》，1959，第48页。
② 《〈中国农村的社会主义高潮〉按语选》（1955年9月、12月），中共中央文献研究室编《毛泽东文集》第6卷，人民出版社，1999，第458页。
③ 《大队副为什么不叫我们去劳动？》，1958年5月17日。

女闲谈，无意中听到妇女说，队里地不够种，又来我们两个，剥削她们队里的工分。意思上说应少给我们工分，给多了她们队里吃亏。当时我就向她们解释，社如家，给社里劳动还不是给你们自己家一样吗？给工分多少，我们倒没有什么，但是不给我们同工同酬而怕队里吃亏，我们也要提意见的"。①

革命意识形态提供了一套思想整合的宏大话语，但女性并不仅仅是被国家意识形态塑造的客体，她们也是理性行动者。她们从自身的处境与利益出发，各自借用革命意识形态中的"剥削""社如家""同工同酬"话语，表达与建构自身利益诉求的正当性。然而，在小生产者的利益算计面前，"社如家"这样的崇高革命话语和工分收益多寡相比，毕竟显得虚玄。同时，这些利益纷争引发的生产队干部少派活计的行为和社员背后的闲言碎语，使下放干部们常常感到"思想也很不快活"。"农村是一个广阔的天地"，到农民群众中劳动锻炼改造和提高自己的崇高革命理想在现实利益纠葛面前夹带了日常生活的鸡毛蒜皮，显得不再那么纯粹崇高。

农业劳动的体力负荷是比较重的，这一点常常超出机关干部的想象。下放参加劳动最初的兴奋新鲜期过后，机关干部在参加劳动中逐渐体会到从事体力劳动的劳累艰辛。锦女士在劳动锻炼过程中逐渐深刻体会到，"体力劳动确实像上战场，同样能考验和锻炼一个人"，她暗下决心，"不能做农业战线上的逃兵"。"战场"和"逃兵"的隐喻，形象地反映出这一考验非同一般。她在日记中详细记述了一次次劳动考验的难忘经历：

　　今天早上五点钟就吃早饭下滩锄地去了。去锄滩地前，家家都做了准备，个个都怕去锄那块地，因为是新开的荒地，草根很多，芦苇又大，地离家有十里路的样子，中午不能回家吃饭，因此家家都准备干粮到地里吃。在地里吃干饼，又

―――――――――

①　《反应》，1958 年 5 月 13 日。

没有水喝，真像《上甘岭》电影中一样，口干得没有办法。就那样，我也硬吃了几块饼。别人经常说太渴了，我始终也没有叫苦。他们派人到庄子上抬水。我为体谅别人，也就喝了一点。回到家以后，他们拿镜子给我照了一下，看到我的脸红得像红布一样，但我还帮着抬水，晚上还洗的衣服。手上起了很多小泡，但还是坚持写日记。我深深地体会到，体力劳动战线确实像上战场，同样能考验和锻炼一个人。①

作为女性，下放劳动期间不免有身体不适或例假等劳动不便的情况，不适合承担一些重体力劳动任务。但是，在当时的劳动锻炼氛围下，下放干部比的是革命热情和干劲，比的是学习劳动人民的吃苦耐劳精神，妇女在劳动中的生理差异常常被忽视，这使锦女士在劳动锻炼中常常担心队长和社员误解、议论自己不方便劳动是"耍奸""怕吃苦"。为了做好劳动锻炼的表率，她常常在身体不适时为这种选择左右为难，精神上"很不愉快"。②

总的来说，锦女士在下放锻炼中积极劳动，吃苦耐劳，农活质量也好，在下放女干部群体中是比较突出的，赢得了大队干部和社员们的普遍称赞，她为此感到"思想上也很高兴"。她总结自己一年来的生产劳动锻炼经历说：

> 我在劳动中能以一般劳动者的姿态出现，尽自己的力量去干。在农活上，只要当地妇女能干的，自己都尽量争取去干，在劳动上没有挑轻避重现象，具体表现在：第一，在劳动中不怕苦。例如：东滩地很远，去劳动不能回家吃饭。特别是热天，休息也是坐在那里晒，因此有些社员不愿去，但我每次都去。割草是比较难的，有时跑很远。本地妇女有的

---

① 《劳动》，1958 年 5 月 21 日。
② 《不愉快》，1958 年 7 月 18 日。

也不会割，同时她们也不去割，但我还是坚持去。在抗旱积肥运动中，能参加青年突击队，跟着她们连天带夜地干。秋播小麦时，连天带夜地拉犁。当时我肚子不好，大队长叫我不要拉犁，但我感觉在抢种紧张的季节里，有点小病还是可以坚持干，因此没有休息。从下放到现在，经过四个忙的季节，不管生产怎样紧张，自己怎样地累，肩、手、腰怎样地痛，都没有向困难低过头，也没有在社员面前叫过苦。第二，在劳动中不怕脏。例如：此地妇女最怕掏黄粪，都不太愿意去。就是去了，老远就把鼻子捂起来。但我还是积极去干的，也从来没有讲过脏。第三，劳动比较主动。劳动所得工分，到去年收玉米止500多分，除去休假和回农场帮助工作的总天数，出勤约得百分之七十左右。[1]

由于锦女士的良好劳动表现，锻炼满一年她就顺利从农业劳动战线"毕业了"，调回农场工作。劳动锻炼经历对下放女干部而言意味着什么呢？

"在劳动中不断提高自己和改造自己""从实际劳动中锻炼和改造思想"的革命改造机制，[2] 塑造的是一个"以一般劳动者的姿态出现"，比本地妇女更能不怕苦、不怕累、不怕痛、不嫌脏地为集体劳动，具有坚强意志的革命干部。妇女干部的劳动锻炼主要在社会主义国家立场和思想革命的逻辑理路下展开，承载着继续革命时代倡导的为社会主义事业牺牲奉献的共产主义精神品格与政治内涵，妇女的主体地位与需求并未凸显。社会主义国家出于大共同体利益进行的社会动员与思想整合具有正当性和崇高性，也契合了共同体本位的文化传统积淀，女性整体上在力所能及的

---

[1] 《一年来的劳动锻炼总结》，1959 年 4 月 27 日。

[2] 吴鲁棠：《一个新庄员的日记》，1957 年 9 月 23 日，湖北人民出版社编《下放干部在农村》，湖北人民出版社，1957，第 17 页。

条件下积极投身于改造与塑造自身革命实践，融入国家指引的建设伟大社会主义国家的宏大历史主题之中。如同革命年代积极勇敢投身阶级解放、民族解放伟大事业的妇女运动先驱，她们是为社会主义革命和建设宏伟事业牺牲奉献的一代，绽放出独特的时代精神气质。

二　"红在农村、专在农村"的革命号召与忧虑个人工作前途的迷茫

对下放干部而言，怎样才算劳动锻炼好了呢？通过锻炼达到"又红又专"是总要求。[①] 为达到这个锻炼目标，党号召下放干部要"身在农村、心在农村，红在农村、专在农村"。[②] 就当时党的干部培养选拔政策而言，"又红又专"也是重要标准。邓小平在党的八届三中全会上的报告中指出："今后我们仍然应该从工人、农民的优秀分子中选拔干部，但是，他们应该是具有一定文化水平的工人和农民。"[③] 工人农民身份强调的是阶级出身的"红"，文化水平是"专"的重要标准。事实上，锦女士工作的国营农场在整编干部时，对没有文化和工作能力的女干部，往往会动员她们转为家属。于是，面临工作去向和前途问题，干部中普遍产生了一些这样的思想倾向：有的怕回家生产"丢人"，有的怕退职后失业，女干部怕转为家属，等等。[④]

在这样的社会现实下，锦女士认识到，"又红又专"的重要条

---

① 《领导对下放干部的要求》，1958 年 9 月 14 日。

② 雷凌舫：《劳动万岁——看重庆市下放干部劳动成果展览》，中共重庆市委下放干部工作委员会编《劳动锻炼》，第 152 页。

③ 《培养为共产主义事业奋斗的干部队伍》（1957 年 11 月 20 日），河南人民出版社编《整风学习资料》第 2 辑，第 12 页。

④ 《关于一九五六年组织、干部工作情况和一九五七年组织、干部工作的打算》（1957 年 4 月 21 日），江苏省国营黄海农场档案室藏，档案号：0-6-51，第 6 页。

件是"有文化"，这样经过劳动锻炼可以进机关工作，不用担忧将来会转为家属，"做新社会的寄生虫"，这是事关个人工作前途的大事。但是，到农村劳动锻炼对提高文化又有什么帮助呢？她对此感到迷茫。一些下放干部坦言："当前农村文化是很缺乏的，农民对学习文化的要求是很迫切的。"因此，不是干部到农村锻炼提高文化，相反，文化程度相对较高的下放干部成了送文化下乡的力量。他们认为："不仅要在劳动中改造自己，而且有责任帮助社员们读书识字，逐步提高他们的文化水平。"[1]对锦女士而言，她总是觉得自己文化程度本来就低，农村又是文化贫乏之地，到农村劳动锻炼怎么能够有效提高文化素养呢？因此下放锻炼之初就对自己将来的工作前途存在悲观思想，觉得将来还是会转为家属。国家对下放干部倡导的"又红又专""红在农村、专在农村"的革命思想与下放干部从个人理性出发对下放锻炼结束后工作出路和前途的忧虑，二者之间的纠葛与冲突，深刻影响着锦女士的下放锻炼生活。

下放劳动一开始，锦女士即深感工作前途迷茫，认为锻炼不锻炼，前途一个样，"锻炼出来以后也没有什么用，不适合机关工作"，将来反正都是参加体力劳动，不如锻炼一年就早点退职回家搞家务，做家属。[2]在妇女解放的道路上，国家动员妇女走出家庭参加社会生产劳动，摆脱家庭劳动的束缚，这样才能求得解放。但是，在这一过程中如果没有充分关注妇女才能素质的提高，满足妇女个人发展的内在需求，她们作为一种劳动力资源，仅仅是变换了劳动场所发挥作用，这样一种社会生产劳动就不仅没有给女性带来解放、安全感与职业保障，反而使她们工作、家庭不能兼顾，对前途充满忧虑，权衡之下觉得不如早点退职回家搞家务

---

① 李树翘：《参加农村生产前后》，湖北人民出版社编《下放干部在农村》，第35页。

② 《一年来的劳动锻炼总结》，1959年4月27日。

好，这就退回到妇女劳动解放的原点。在女性主体看来，进机关工作之类职业地位的上升才是她们对"又红又专"革命理想的真实回应，而不是在农村广阔的天地里"大有作为"。"还是不需要我们这样的人"，反映出文化水平不高的下放干部对跌入社会底层的忧虑。下放劳动锻炼中，锦女士反复想：

> 我认为下放锻炼没有一点意思。人家有文化的锻炼又红又专，将来成为接班人，还可以回机关工作。我呢，当前工作是缺少文化，那么下放劳动想提高文化恐怕不可能。将来必须要文化，我怎么能成为又红又专呢？又怎能成为接班人呢？要是不能回机关工作，只有一条路，搞家务事，参加体力劳动。既然是农业劳动，我倒不如回家去劳动好了，免得把我一家人分几下去了。因此我只准备锻炼一年就退职。春夏秋冬都过了，第一年苦都吃了，难道第二年不能过吗？这样退职，领导上也不能说我不愿锻炼，更不能说我是劳动战线上的逃兵。
>
> 我现在思想很乱，认为自己下放没有什么意思。人家有文化的锻炼又红又专。我这大老粗，锻炼又能怎么样呢？现在因为没有文化而下放，那么锻炼又怎能提高文化呢？还是不需要我们这样的人，不如趁早退职算了。①

为了让热心进工厂进城的农村青年安心在农业战线劳动，国家在1957年秋开展了社会主义大辩论，教育人们"认清发展农业对建设社会主义的重要性"，"看到农村的美好前途"。② 官方宣传报道认为，干部通过下放锻炼，"了解到了农业生产对社会主义建

---

① 《我的思想》，1958年6月1日、8月16日、8月20日。
② 钱家骏：《他们给农村带来了什么》，上海人民出版社编《下放干部在农村》，上海人民出版社，1958，第32—33页。

设的伟大作用"，"看到了农村无限美好的前途"，"纷纷表示要为建设社会主义的新农村增添一砖一瓦，直到终生在农村劳动和工作"。① 但是，"农村无限美好的前途" 毕竟还是一种光辉远景，从机关、城市下放的干部在内心深处留恋城市和工厂生活的思想倾向并不容易真正解决。一些下放干部认为，在农村锻炼"一、二年可以，长期当农民想不通"。"将来要保证我回原来工作机关。"②

锦女士也一样，思想上很难安心在农业战线劳动锻炼，时时为前途迷茫、悲观失望的情绪笼罩。正当锦女士对下放锻炼感到失望时，工厂招工的消息给了她新的鼓舞和希望。她满怀信心地展望："将来我可能不会当家属，不会做新社会的寄生虫。我已做了决定性打算，向领导上反映，我要去当女工。……将来需要的人才还很多，不会没有出路。"③ 但是，希望很快破灭了，工厂招工不收下放干部，社会流动的唯一机会又被堵死了，她因此感到"思想乱得很"，产生了"革命到顶的思想"，"人在农村，心不在农村"，甚至后悔自己没有早早退职，那样反倒有资格去报考工厂。最终她决定还是"趁早退职算了"，那样反倒自由。锦女士详细记述了自己这种思想迷茫矛盾的状态：

> 我虽然下放劳动，但实际上是思想不在劳动。人在农村，心不在农村。我对劳动锻炼是不安心的，主要是认为锻炼以后也没有前途，因此我整天都在做退职的打算。当然我的思想也有些不对。搞群众工作我是坚决不干的，回机关工作不可能，想当工人，下放干部人家又不要，所以产生了革命到

① 《教学与研究》编辑部编《下放干部劳动锻炼的收获和体会》，中国人民大学出版社，1958，第6页。
② 《培养为共产主义事业奋斗的干部队伍》（1957年11月20日），河南人民出版社编《整风学习资料》第2辑，第12页。
③ 《好消息》，1958年7月19日。

顶的思想，认为退职也很自由。

　　我有些后悔得慌。我要是还在安徽，绝不会下放到农社去，只有下放到乡里、农场、工厂去。如果我春天就退职了，现在一定能考上工厂。现在家属、农民都可以去当女工，可是不要下放干部。我现在真是弄得上不上、下不下，思想乱得很。①

　　下放四个月后，农场召开下放干部会议，再次强调了"又红又专"的锻炼要求，以解决下放干部中存在的思想问题，教育下放干部消除"个人主义"思想。②"资产阶级个人主义思想"是与无产阶级的集体主义思想相对立的有害思想，是国家在下放干部中着力要解决的思想问题。当时的国家意识形态宣传，个人主义是隔在"红"与"专"之间的一座大山。要想做到"红"，首先就要打破自己的个人主义思想。个人主义思想是资产阶级思想的原始细胞，是思想进步的绊脚石，它使我们"红"不起来，成为"灰色"，甚至成为"黑色"的人。③下放干部中的种种错误思想认识，"归根结底，都是在斤斤计较个人名誉、地位，比高低、比阔气，贪便宜、怕吃亏，强调了个人利益，忽视了党的、国家的和人民的利益，都是在政治思想上不健康的表现。能否愉快地到劳动战线去锻炼，是社会主义思想和资产阶级个人主义思想的斗争，是一个干部革命人生观是否确立的具体考验"。④

　　通过参加下放干部会议，锦女士检讨了自己的思想与实际表现，认为会议对自己"启发很大"，明白了为什么别人能评"上

---

①　《无题》，1958 年 8 月 16 日；《我的思想》，1958 年 8 月 20 日。

②　《领导对下放干部的要求》，1958 年 9 月 14 日。

③　杨放之：《青年怎样才能做到又红又专》，中共浙江省委组织部办公室编《怎样做一个"又红又专"的干部》，浙江人民出版社，1958，第 57—58 页。

④　《培养为共产主义事业奋斗的干部队伍》（1957 年 11 月 20 日），河南人民出版社编《整风学习资料》第 2 辑，第 12—13 页。

游"，自己评不上。"感到自己前一段时期思想存在着悲观情绪是很不对的"，"认识到自己光考虑前途问题不起作用"。为了认真改造自我，她制订了"红专锻炼规划"，决心"通过个人学习，克服自己的个人主义和悲观情绪，做到安心锻炼自己"。"从这次会议后，我决心红在农村，专在农村。"①

锦女士的"红专锻炼规划"最终是否最终落实到了行动上？她能否超越自己的"个人主义"思想？半个月后的国庆节，她回顾、比较了自己目前和去年的实际工作表现，感到去年文化学习好，劳动也不错，经常受表扬，"的确思想很愉快"。今年呢，劳动表现也可以，但总不如去年文化学习得好。她认识到，这与自己的思想状况有很大关系。"下放后老考虑自己的前途问题，认为锻炼没有用，不如早点退职好。另外，想念孩子，因此决心锻炼是没有做到。现在回想起来，是很对不起党、对不起领导。"她慨叹："真是社会发展一年一个样，我们的思想也是一年一个样。"②

我们看到，虽然在下放劳动锻炼的过程中，锦女士有过检讨、挣扎和努力，但最终她还是无法完全走出忧虑自己工作前途的"个人主义"思想，锻炼刚满一年就回了农场。革命意识形态通过一系列社会动员机制渗入人们的日常生活，试图建构一心为公、"又红又专"、服从革命事业的共产主义价值体系。然而，农村是一个广阔的天地，"以社为家""红在农村、专在农村"的革命意识形态召唤，并不能彻底消解下放干部脱离农村社会、寻求个人职业发展与向上社会流动的思想焦虑。国家通过思想政治工作将这些个人理性当作"革命到顶"思想、个人主义思想加以治理。但是，如果国家没有从根本上解决女性主体的内在生存发展需求，仅靠"农村无限美好的前途"宣传并不能从根本上解决下放干部的思想焦虑，最终必然面临依靠国家强制性权力来维系的革命改

---

① 《个人红专规划》，1958 年 9 月 15 日；《我的改变》，1958 年 9 月 16 日。
② 《一年一个样》，1958 年 10 月 1 日。

造机制的深刻困境。事实上，在新中国成立后的社会主义革命改造实践中，无论是对性别平等还是对社会平等的追求，都面临意识形态建构与社会现实的深刻矛盾，这也深深影响着人们的思想意识，基层大众以一种隐秘而普遍的方式抵制、消解着革命改造的崇高理想追求。在锦女士的思想深处，进机关工作，进工厂做女工，下放到集体农场，甚至趁早退职回家自由地为小家庭做家务，都比下放在农村劳动锻炼好，这是一种普遍而真实的个体理性权衡。社会流动、职业发展仍然是摆在现实生活中的个人面前的理性考量，看似强大的崇高革命意识形态很难真正内化于人心。

三　"以社为家"与眷恋小家的思想纠葛

在社会主义革命改造的政治浪潮中，家庭是私人生活的最后一块领地。革命意识形态会谨慎地保持自己整合社会的边界，还是会努力渗入家庭私人生活空间？在强势革命意识形态的塑造下，已婚的革命女性如何调适与应对自己的家庭私人生活？她们如何协调与扮演好国家干部、社会劳动者、妻子、母亲等丰富立体的社会角色？本章的主人公锦女士下放农社劳动锻炼时，已经是有家庭、有丈夫、有孩子的妇女。共产主义道德与私人生活角色的复杂纠葛，深深影响与塑造着她下放农社劳动锻炼期间的日常生活和思想状态。

在继续推进社会主义革命的年代，个体爱情不仅被革命化，也被革命宏伟事业深深地压抑，沉迷于卿卿我我的情欲爱恋会被认为是心存资产阶级情调，与无产阶级战士的崇高革命理想追求是背道而驰的。在特定的时代氛围下，在锦女士文笔细腻的私人日记中，我们几乎看不到分居两地的她对丈夫的思念与牵挂，但也有一些夫妻感情的含蓄流露。这是一种时代性的个体爱情存在方式。由于和丈夫分居生活，她回家团圆时更能体会到丈夫的体贴和关心，她感动得表示"今后再不和他经常吵架了"。①

　　在极力倡导共产主义道德的时代，下放干部到农村劳动锻炼仍然被号召树立"以社为家"的集体主义思想，热爱农社，热爱农民，扎根农村干革命。在政府的宣传报道中，有的女干部虽然带着两个孩子，大的也仅三岁半，小的才八个月，还没断奶，下放劳动锻炼的意志却很坚决，一连五次申请，最终感动组织，得以批准下放。② 锦女士的下放锻炼经历却为我们展现了另一个历史面相。她同样作为两个孩子的母亲，对于崇高的革命事业压抑了被视为小资情调的个体爱情无怨无悔，但其能否压抑人类最原始的情感本能与深沉的母爱？事实上，下放期间，她最牵挂思念的还是孩子，因此常常不能安心在农社劳动锻炼，也就谈不上做到"以社为家"。她自己检讨总结，下放锻炼期间很重要的一点不足就是"请假较多，一到天阴下雨，就想回农场看看孩子，没有做到以社为家"。③ 在日记中，锦女士详细描述了她对革命意识形态倡导的"以社为家"思想的真实理解：

　　　　今天天气很热，整天都是阴沉沉的。……天阴我是不想呆在乡里。依我讲，天阴在那里没有事，回来小家庭也没有什么问题。依别人讲，可能就要说我们没有树立以社为家的思想。不然，怎么一没事就往家跑呢？实际上，我也是没有树立以社为家的思想。因为我的家庭是不在那里的，乡里不过是我临时的家。如果叫我能以社为家，就要把我的孩子带去，把我的小家庭搬去，不这样，我是不能以社为家的。④

①　《闲》，1958 年 5 月 9 日。
②　张遵修、吕招治：《她们在田庄上——访南苑区下放女干部》，上海人民出版社编《下放干部在农村》，第 49 页。
③　《一年来的劳动锻炼总结》，1959 年 4 月 27 日。
④　《无题》，1958 年 7 月 1 日。

事实上，在小家庭存在还有其客观现实性的社会条件下，要人们破除对小家庭的眷恋，破私为公，思想彻底革命化，做到以社为家，人们是很难从思想深处认同与践行的。从广大普通民众的思想觉悟来讲，社会主义大集体的认同很难彻底超越与取代个体小家庭的认同，特别是作为年幼孩子的母亲，和孩子一起生活的私人空间才是自己真正的家。一方面是心底对孩子无尽的牵挂，总想回家与孩子团聚；另一方面又担心违背"以社为家"的革命意识，在群众中造成不好的影响，受到群众议论批评。这两种思想情感的矛盾纠葛，始终深深影响锦女士下放劳动锻炼期间的生活，给她带来了无尽的思想苦闷。

离开小家庭，离别孩子的第一天，锦女士就深深体验到这种纠葛带来的"又高兴又难过"的复杂心情。高兴的是，到农村锻炼，"又和过去一样和群众在一起，整天打成一片，比在农场整天一个人死气沉沉的好多了"。难过的是，第一次离开孩子，"的确很怀念我的俩孩子，怕孩子在家找我，找不到要哭，又怕孩子在家和别的孩子打架……"① 仅仅下放一星期，好不容易盼到天要下雨能有机会回家看孩子，她的心情是那样急切："在回去的路上，我真想一步到门前就好了。"在孩子高兴地迎出来的那一刹那，她竟然"不觉之中感动得流下泪来"。②

在小家庭陪伴孩子的欢愉日子总是飞快，革命意识形态对每个人思想和行为的规制却如影随形，这使回到小家庭的锦女士时常感到忐忑不安，待在自己家却时时有一种犯错感。她回家本来多是借天阴下雨不能正常做农活的机会，并未影响集体生产劳动，但革命意识形态在公共空间维持着强大的舆论约束力，使她时常担心农场邻里的议论："到农村没几天，回来过这么多天。"她同样担心下放农社的社员们议论自己不能安心在农村吃苦锻炼。

---

① 《到农村》，1958 年 5 月 2 日。
② 《回家》，1958 年 5 月 8 日。

这种担心并非空穴来风，而是眼前的现实，因为就连丈夫也担心别人的看法不好，一再催促她还是早点回农社。锦女士对此有些愤慨："其实我是受得了苦的，我回来主要是看看孩子。""老实说，如果要能把孩子带去，我到底都不回来了，回家又有什么好处呢？……我左想右想，心里很难过。"① 在她心底，自己不是不能安心在农社吃苦锻炼的，思念孩子是她眷恋小家始终摆脱不掉的思想根源。

这种思想上的挣扎令她十分痛苦。为什么自己对孩子总是那么牵挂，离不开又放不下呢？她反思自己、查找根源，认为"主要是认识和锻炼不够"，表示要努力超越自我，安心坚持锻炼。"我坚决要改变这种风气，坚持锻炼一年。"② 但是，想到和做到，理性思考和情感超越常常是两回事。作为母亲，对孩子牵肠挂肚的思念始终很难做到拿得起放得下。锦女士思想上苦苦挣扎了一段时间，最终不得不坦承："实际上，我不能改变这种情况，主要是对孩子拿不起放不下。到明年我坚决退职，不过这种不安定的生活了。"③ 母性最终战胜了国家极力塑造的"又红又专""以社为家"的崇高革命意志。

锦女士结束劳动锻炼调回农场工作几年后，丈夫却调出农场，远赴金湖县去开建新农场。面对身体抱恙、夫妻别离、独自带孩子生活将面临的一系列困难，锦女士却表现出意志坚强而顾全工作大局的集体主义奉献精神：

> 有些家属和女同志，爱人调走了，思想都很难过，甚至流泪，我感觉是不必要的。为了工作，夫妇们暂时离别，不管生活上有多大的困难，个人也要服从工作、服从整体。我

---

① 《留》，1958 年 5 月 10 日；《难过》，1958 年 6 月 24 日。
② 《找根》，1958 年 6 月 25 日。
③ 《无题》，1958 年 8 月 21 日。

虽然身体不好，但思想也没有波动。我下定决心克服困难，搞好我所担负的工作。①

我们看到，锦女士一方面眷顾小家、依恋孩子，很难做到以社为家，最终选择早早结束劳动锻炼生活调回农场，使一家人能够团圆生活；另一方面她与其他一些农场女职工相比又表现出更坚强崇高的革命意志，虽然身体不好，但仍然勇敢地面对夫妻别离，克服独自带孩子生活的困难，"服从工作，服从整体"，展现出了革命女性的集体主义思想和革命觉悟。不能以社为家，却能顾全大局，思想矛盾共存于一人，这恰恰是革命意识形态和人情人性复杂纠葛塑造女性思想世界的历史真实。在高扬共产主义道德理想的年代，女性一方面响应、践行着国家的思想动员和改造，但另一方面母性依然温暖而强韧，小家庭仍然是女性思想与情感的深层认同和归宿。女性的心灵世界从来不是单线条的。

1957 年 10 月召开的中共八届三中全会将无产阶级与资产阶级、社会主义道路与资本主义道路的矛盾确定为社会主义社会的主要矛盾。此后，在生产资料的社会主义革命胜利完成的基础上，在政治上、思想上继续推进社会主义革命，夺取社会主义革命的全面胜利，巩固社会主义制度，就成为革命历史发展的必然。干部下放劳动锻炼，走"又红又专"的革命道路，是继承中共延安时期干部参加生产劳动的革命传统，在执政条件下探索实行的年轻干部队伍思想革命化改造的新道路。下放干部的思想改造与心灵世界应放在社会主义革命改造的历史场景下考察。

在对新中国成立后女性历史的书写中，官方的声音往往主导着史料。革命改造的理论和政策在官方宣传中起着政治动员的作用，然后干部群众热烈响应，向着中共预期的政策目标和效果顺

---

① 《调出农场》，1962 年 3 月 23 日。

利推进，政策实施的"不均衡和带来的意想不到的社会影响"则被遮蔽和修正。① 本章所发掘的女性身处历史原情境之下的私人化、个性化较强的历史记述，较真实地呈现出她们在革命改造中多面丰富的思想、观念、情感和心灵体验，提供了书写女性革命历史的不同的声音，与官方关于下放干部的宣传出版物相互参证，丰富了我们对女性看待和回应社会主义革命的理解。

中共执政后培养的年轻干部队伍往往没有经受过革命战争的考验，因此需要到群众中经受劳动改造和锤炼。在全面推进社会主义革命的年代，国家努力培养塑造破除"革命到顶"思想、个人主义思想，"又红又专"、一心为公，具有共产主义思想意识，坚持为共产主义事业奋斗的一代革命新人。锦女士的下放劳动生活经历表明，这一革命意识形态借助政治动员机制强势渗入下层民众的日常生活，形成了规制人们思想的强大政治文化网络。锦女士劳动锻炼表现总体上受到干部群众的肯定和称赞，但即使她短暂身处小家庭，也总是担心别人可能的非议，反映出革命意识形态强势渗入人们的日常生活及对下层民众的思想意识强有力的规制与影响。生活在别人的眼光之下，持续性地被审视监督，无所逃遁，似乎是那个时代私人生活最鲜明的感受。② 锦女士劳动锻炼中不怕苦、不怕脏、不怕累，和当地群众打成一片积极劳动改造的表现，以及面对丈夫调离、夫妻别离、生活困难表现出的其他家属和女同志少有的服从组织的坚强信念及顾全大局的集体主义思想，反映出女性对革命意识形态的积极响应、认同与践行的历史面相，也反映出革命意识形态塑造"共产主义新人"成功的一面。革命意识形态塑造人们思想的有效性，根本上来自社会主义国家出于大共同体利益进行的社会动员与思想整合的正当性和

① 〔美〕贺萧：《记忆的性别：农村妇女和中国集体化历史》，第5页。
② 王英：《大公无私：新中国革命改造中的爱情与家庭》，《二十一世纪》（香港）2012年10月号。

崇高性，也契合了共同体本位的文化传统。女性整体上在力所能及的条件下，能够积极主动地投身于改造与塑造自身的革命实践，融入国家指引的建设伟大社会主义国家的宏大历史主题之中。

虽然国家意识形态在思想革命化改造中的力量是强势的，意识形态的权力却天然是多元的。"妇女既是革命性变革的对象，也是行为的主动者。"① 人们总是从自己的生活实践出发去理解与回应国家意识形态的塑造，而不仅仅是被意识形态任意塑造的木偶。"归根到底，人的现实的生活过程乃是一切意识形态的创造者和破坏者。"② 根植于日常生活的个体理性在女性理解与回应国家意识形态的过程中始终隐秘而顽固地存在，与国家意识形态矛盾胶着，共同塑造女性的思想与行动。在家庭依然是私人生活与情感的归宿，职业依然是个人生存发展的物质基础，"三大差别"和社会分层依然存在的客观条件下，革命意识形态要求人们树立和践行"一心为公""身在农村、心在农村，红在农村、专在农村""扎根农村、以社为家"，甚至"终生在农村劳动和工作"的革命思想，便与现实生活中的人的个体理性发生了复杂的纠葛与冲突，思想彻底革命化遭遇实践的困境。事实上，20世纪五六十年代的革命意识形态并不绝对地排斥个人利益，而是倡导"把个人利益放在大众的集体利益之中，而不是放在大众的集体利益之上"，最终做到"真诚可靠地为社会主义事业服务，全心全意地为工人农民服务"。③ 然而在实践中，在"一心为公"的崇高革命道德理想的超强社会动员下，在社会主义思想和资产阶级个人主义思想的意识形态斗争日渐激进化的氛围中，个体理性、个人利益常常难以找到合法性位置和制度性保障，这也是锦女士下放劳动锻炼期间思想迷茫、挣扎、痛苦的时代根源。当我们用"国家—社会/个

人互动关系"的分析框架剖析女性的心灵世界时，矛盾地、辩证地分析与呈现女性复杂的心灵世界便显示出其精妙之处。现实生活中的女性主体，在力所能及的条件下，对国家意识形态的召唤有积极响应、践行、融入的一面；在面临诸多困境的条件下，个体理性与革命意识形态在复杂的互动过程中也不是天然地二元对立的，而是在痛苦的挣扎中试图努力反思、检讨、超越个体理性，但结局仍是个体理性的强韧存在。最终，通过下放劳动锻炼成长为共产主义接班人的崇高革命理想并不能有效摆脱女性主体的"个人主义"思想。这是思想革命化改造机制面临的时代性实践困境，而非锦女士的个体性困境。

中共在社会主义革命中的思想改造，延续了历史上集体主义和民族国家本位的逻辑，强调对国家和党的服从与牺牲，国家主义的集体精神日渐弥漫于日常生活中。① 然而，在革命胜利、民族国家的生存危机基本解除的历史环境下，要人们放弃一切个体利益，保持一心为公思想和彻底牺牲奉献的革命精神的历史条件已经大大削弱。在社会主义建设时期，就广大普通妇女干部的觉悟来讲，国家意识形态的思想整合与革命改造，只有契合妇女解放的内在需求，将集体利益和个人利益在实践中真正统一又适度地有所超越升华，成为理性行动的个体能够较为普遍地力所能及地实践的价值理想追求，才能真正获得根植于人们内心的认同与持久的生命力。毛泽东时代的社会主义实践充满共产主义道德理想色彩。这种共产主义道德理想的追求由于大大超越了社会发展阶段，在实践中不可避免地与个体理性、现实生活中的人情人性发生复杂的纠葛和冲突，从而陷入思想改造靠政治运动强势维系的实践困境。彻底的道德崇高往往意味着普遍的人情人性挣扎。国家意识形态如果将其对崇高道德理想的追求完全置于个体理性的

---

① 王英：《大公无私：新中国革命改造中的爱情与家庭》，《二十一世纪》（香港）2012 年 10 月号。

对立面，强势塑造"破私立公""一心为公"的崇高革命精神，在现实的生活实践中必然面临被隐秘抵制和消解的历史命运。从毛泽东时代"一心为公"的共产主义道德回归改革时代的"公私分明，先公后私"的社会主义道德也就成为历史的必然。在这一意义上讲，"中国梦"根植于人民"共同享有人生出彩的机会，共同享有梦想成真的机会"，是国家意识形态构建的历史进步。

第四章　改革开放时代农村基层党员干部对群众路线的学习与实践[*]

　　群众观点是马克思主义的根本观点。群众路线是中国共产党的生命线和根本工作路线。中国共产党建党的宗旨和初心，就是为中国最广大人民和中华民族的利益而奋斗。毛泽东同志在领导民主革命时期，即用中国化的语言对唯物史观的这一根本观点作出了高度概括："人民，只有人民，才是创造世界历史的动力。"[①]"中国共产党90多年的奋斗历史，其实就是一部党同人民群众的关系发展史。"[②] 没有人民群众的信任和支持，仅靠少数中国共产党党员的奋斗，中国革命、建设和改革事业要历经磨难，至于取得辉煌胜利，那是根本不可想象的。

　　总体而言，在中国共产党领导革命和社会主义建设初步探索的历史时期，虽然在坚持群众路线、处理群众路线和群众运动的关系上有过曲折和重大失误，但其群众立场始终没有变，并且通

---

[*]　西安外国语大学硕士研究生樊瑞参与了本章初稿的撰写。

[①]　《论联合政府》（1945年4月24日），《毛泽东选集》第3卷，人民出版社，1991，第1031页。

[②]　罗平汉主编《中国共产党群众路线思想史》，人民出版社，2013，"前言"，第1页。

过发扬民主，以及持续不断的整党整风运动、干部参加劳动制度、反官僚主义斗争等艰辛探索，党始终和人民群众较为紧密地团结在一起，群众路线的坚持并未遇到根本性挑战。

社会主义改革作为中国的"第二次革命"，使中国共产党执政的社会基础发生了空前深刻的变化。在新的时代条件下，农村基层党员干部是如何认识与践行群众路线的，有什么新鲜的经验和制度机制创新？如何从实践层面总结经验、进行理论提炼，使群众路线在新的时代条件下始终能够焕发出蓬勃的生命力，推动乡村振兴？本章围绕这些核心问题，以冀东南 L 村和陕西关中 N 村为个案，以农村党支部书记的工作日记、学习剪报为史料基础，将研究重心下移到农村基层党员干部群体的生动实践，对这些问题展开实证性描述和理论分析。

一　农村基层党员干部对群众路线的思想认识

中国共产党是扎根于中国人民特别是最广大的工农劳动群众之中的先进政党，群众路线是党的生命线和根本工作路线，其思想萌芽于建党之初对工人运动的领导和对农民问题的逐渐重视，之后不断成熟，在艰苦卓绝的革命斗争实践中贯彻全党，具有深厚的历史积淀，特别是在毛泽东思想哺育下成长和经历过毛泽东时代持续深入的整党整风教育的党员、干部群体，对群众路线的思想认识和学习实践有切身的体会。1958 年 6 月，一位从江苏某国营劳改农场下放生产队劳动锻炼的普通女干部在日记中详细记述了自己对群众路线的学习情况，反映出那个时代普通党员干部群体对群众路线的熟悉：

　　（今天）我没有写日记的内容，也想抄一篇有意义的文章——《走出机关工作》。本来这篇文章我也看过，比如从群众中来，到群众中去。怎样来呢？要和群众一块儿工作，一块儿生活，只有这样，才能了解群众的实际情况与真实要求。怎样去呢？把来自群众中的东西，经过研究，作成政策施行到群众中去。这还不够，还需到群众中去，和群众一块儿工作，一块儿生活，考验政策是否完全合乎群众的需要。然后再从群众中吸收新的意见，再经过领导机关作成新的政策或指示，再到群众中去。①

毛泽东时代在国家治理上推崇"政治挂帅、思想领先"，非常注重党员、干部和群众的政治思想学习教育。这段日记反映出基层党员、干部群体对"从群众中来，到群众中去"这一群众路线的经典定义及其内涵是非常熟悉的，其在干部参加生产劳动并和群众"同吃、同住"的制度下不断实践与内化，使党群、干群始终保持密切的联系。这也是改革开放新时期中共继续加强群众路线教育、践行群众路线的重要历史积淀和文化基因，是新时期践行群众路线的一个重要源泉。

深入农村基层，具体到本研究的重要田野点冀东南 L 村和陕西关中 N 村，基层党员、干部群体是如何理解和认识党的群众路线的呢？

1. 始终把群众利益放在第一位，带领农民群众为实现共同富裕而奋斗

群众路线是毛泽东思想活的灵魂之一，是毛泽东同志推进马克思主义中国化的重大理论贡献。习近平总书记在纪念毛泽东同志 120 周年诞辰座谈会上的讲话中强调："群众路线本质上体现的是马克思主义关于人民群众是历史的创造者这一基本原理。只有坚持这一基本原理，我们才能把握历史前进的基本规律。只有按历史规律办事，我们才能无往而不胜。"② 要坚持唯物史观这一基

① 《群众路线》，1958 年 6 月 23 日，《锦女士下放劳动日记》。
② 习近平：《在纪念毛泽东同志诞辰 120 周年座谈会上的讲话》，第 17—18 页。

本原理，就要求中国共产党人在工作中始终坚持一切为了群众，一切依靠群众，全心全意为人民服务，始终保持党同人民群众的血肉联系，带领人民群众不断创造美好生活，不断为完善社会主义和实现共产主义开辟现实道路。

1981 年 6 月召开的中共十一届六中全会通过了《关于建国以来党的若干历史问题的决议》，对党的群众路线作出了高度的概括，并着重强调："党是阶级的先进部队，党是为人民的利益而存在和奋斗的，但是党永远只是人民的一小部分；离开人民，党的一切斗争和理想不但都会落空，而且都要变得毫无意义。我们党要坚持革命，把社会主义事业推向前进，就必须坚持群众路线。"① 关于中共只有扎根于人民群众才能创造改天换地的辉煌历史，实现远大奋斗理想的结论，农村基层老党员深有体会。2015 年 11 月 18 日笔者在陕西关中 N 村进行实地调查访谈时，一位 1946 年出生、60 年代担任大队会计的老党员用朴实的语言深有感触地总结了党和群众的关系及自己的思想认识：

> 群众跟着共产党，从解放前到现在，那是一步一步过上好日子了。1960 年代初我当大队干部的时候，全大队生产粮食不过二十来万斤。经济收入的话，包括生产队，都没有现金，那账上都是空的。现在的话不说粮食，光说苹果收入，群众好的一年收入是 16 万。我当干部的时候全大队一年收入 16 万，那真是想都不敢想，那就是天文数字。反回来说，共产党离不开群众。共产党就是九十多年来从群众的土壤里生出的一棵小树苗，现在长成了参天大树。如果说大树你要离开土壤，那是不现实的。现在群众路线教育很有必要。那上面不是说了，一切都要群众来评判了，那不是你说多好就有

---

① 中共中央党史研究室编《两个历史问题的决议及十一届三中全会以来党对历史的回顾（简明注释本）》，中共党史出版社，2013，第 114 页。

多好。为群众办了实事，带来实惠，实实在在为群众办了事，这就是这次群众路线教育活动的最终目的。如果党风好了，民风自然就好了。党和群众的关系就是这样子。①

朴实的语言、切身的经历，昭示了新时期坚持群众路线的深厚社会土壤。一句话，群众跟着共产党，才能翻身解放富起来，过上幸福生活；共产党由小树苗长成参天大树，始终也离不开群众这片深厚的土壤。一切为了群众，一切依靠群众，全心全意为人民服务，始终保持党同人民群众的血肉联系，中国共产党就会领导中国人民创造出辉煌的历史和未来。

带领 N 村由一个穷村、乱村、基层组织涣散村转变为经济文化建设和党建各方面都颇有建树的先进典型村的 Z 书记，与老会计是同龄人，他们都是从毛泽东时代走来，久经考验的信仰坚定的老党员。在改革开放新时期，继续坚持一切为了群众、为人民的利益而存在和奋斗的理想信念，所要做好的最根本的工作是什么呢？2010 年 1 月，他在学习笔记中记下了这样的深刻思考和认识："农村的根本问题是农民，农民的根本问题是致富。怎样才能使农民致富，过上好日子？这是摆在农村基层干部面前的主课题。鉴别一个农村干部的根本标准是：在你的带领下，农民的生活水平在不断地提高，光景在不断地改善，使农民过上幸福美满的日子。"② 朴实的语言，道出了基层党组织书记对农村工作和新时期坚持群众路线根本任务与评价标准的深刻认识。经济是基础，致富是根本，只有在致富进而共富的基础上，农民才能过上幸福日子，农村才有全面发展的物质基础。这既是检验一个农村干部工作绩效的根本标准，也是农村党员、干部依靠群众、带领群众不懈奋斗的根本目标。2017 年 10 月 25 日，习近平总书记在十九届

---

① 访谈记录，DCH 2015 - 11 - 18。
② 《Z 书记工作日记》第 32 本，2010 年 1 月 16 日。

中共中央政治局常委同中外记者见面的讲话中强调："人民对美好生活的向往就是我们的奋斗目标。"这种理想信念，和 Z 书记所感悟的工作衡量标准"使农民过上幸福美满的日子"异曲同工，道出了广大农民群众和基层党员干部的心声。这也说明，真正的马克思主义真理从来并不高深玄虚，而是深深地植根于广大人民群众生活的土壤。

　　然而，作为中国共产党的根本奋斗目标，使农民富起来并不是简单地迎合小生产者发家致富的传统生活理想，而是具有社会主义共同富裕的深刻内涵。千百年来，作为小生产者的农民一直有个人发家致富的强烈愿望和追求。中共领导下的土改乃至改革分田到户的政策，一定程度上也契合了农民的这种传统生活理想追求。作为经历比较丰富的农村老干部，老会计在自己的回忆录中对土改后农民追求发家致富的经历有生动的描述：

　　　　在村小启蒙的岁月，正是无数翻身农民做"发家梦"的绝好时期。他们分得了土地、农具、牲口，废弃了旧债、减轻了税赋，得到了共产党的阳光的暖洋洋的照耀。……人们高高兴兴地在自己的土地上忙忙碌碌，日出而作，春耘夏锄。然而，农村发展的规律是无情的，并不像善良的人们想象的那么美好，可以同在一个起跑线上，同在一个时期共同致富。就在这个新的发展时期，农民阵营开始出现着新的变化和分化。由于技术、资本、天灾、人祸等等，一夜时间不可能出现暴富户，但早晨到黄昏，足足可以使一个家庭破产，这却是的的确确的事实。……父辈们的"发家梦"还是破碎了，那一浪高过一浪的集体化热潮已在兴起。父亲从集市上买回了一本书名《孙老大单干》的册子，专门讲述集体的优越性，单干没有出路。

　　　　一场大规模的农村社会主义改造取得了阶段性的成果。人们生活再不能各行其是了，再也没有人打什么"啼鸡"了。

干活要听队长的指派，晚上要聚在煤油灯下记工。每个社员发了一个记工簿，根据做的活路轻重程度，队长说了算，记多少工分，分配按工分总额计算。这个方法沿用了几十年，直到实行生产责任制的时候。

　　这就是大锅饭的年代，完全埋没了社员的生产积极性。勤劳的吃了亏，投机取巧的占了大便宜。后来又实行了按人头分粮，不论精壮老少，甚至襁褓之中的婴孩，只要降生人世，就有和大人一样分到一份口粮的权利，刺激了人们的生育观念。人口在失去控制的情况下急剧膨胀，生产成本不断提高，质量大幅度下降。人们又传开了新的歌谣："单干白米细面，互助合作玉米馍。"平心而论，单干那几年，其实连元气也没有恢复，白米细面从没沾过牙，倒是玉米面馍馍吃了不少。①

中国共产党带领农民进行革命、建设、改革的一个重要奋斗目标，就是使农民摆脱穷苦的命运，过上好日子。农民怎样才能普遍实现温饱富足呢？这是一个艰辛的探索历程和历史难题。老会计慨叹："农村发展的规律是无情的。"单干的小农是脆弱的，农民单干就要分化。土地完全集体化经营是共同贫穷，实行农业生产责任制也没有解决富起来的问题。那么，到底怎样能够实现共同富裕呢？Z书记围绕这一问题，展开了深入的学习和思考。

　　他在学习小岗村的致富带头人沈浩时写道："学习沈浩，就是始终把老百姓的冷暖挂在心上。农民相信看得见、摸得着的变化，作为村子里的带头人，就必须想着如何为群众解难题、办实事，把群众利益摆在第一位，带领大伙走上共同致富道路。小岗村村民挽留沈浩，就是看准了他是个实在人，能带领群众过上好日子。

---

　　① 《履印》，2001年1月，第8—11页，老会计个人著述收藏。

在日常的工作中，他所思所想，始终是村里的建设发展。他以自己的质朴言行，践行了共产党人立党为公、执政为民、爱岗敬业、淡泊名利的精神，展现了农村基层干部勇于担当、勤于实践、敢于创新、甘于奉献的品质。"① 如何做沈浩一样的农村好干部，把群众利益放在第一位，带领大伙走上共同致富道路呢？他对此不断展开学习和思考，清醒认识到共产党员姓"共"，突出"共富"的理想追求。Z 书记在工作日记中谈道："基层党组织带头人应始终把（为）群众谋利益放在第一位。一个共产党员，到什么时候都不能忘一个'共'字。共产党员如果只想着自己挣钱，那就是变质。如果不想着让村民富起来，不带领大家共同致富，那就是失职。应该让每一个村民都有富裕起来的机遇，都是有一定集体资产份额的新农民。做到这些，才能成为一名像沈浩那样被老百姓信赖的好干部。"② 这里，他提出了一个改革开放新时期基层党组织领导工作面临的最大挑战：如何发展新型集体经济，使农民成为持有一定集体资产份额的新型农民，以此为实现共同富裕的新道路。

在带领农民追求共富的过程中，"富口袋"和"富脑袋"是什么关系？只有先富口袋，才能谈富脑袋，提高精神文明程度吗？如何深刻理解带领农民追求共同富裕的丰富内涵？Z 书记在理论学习思考中充分关注了这一问题。他的学习剪报中，"富口袋必须先富脑袋""知识型农民致富快""让农民的脑袋'富'起来"是他一直关心的重要问题。他在学习中认识到，欲帮农民增收，须先帮"三增"。"一是'增志'，帮助这里的农民破除几千年来传统的自给自足小农经济观念影响。""二是'增视'，拓宽农民群众的视野，扩大他们的眼界和胸怀，使他们思路开阔。""三是'增智'，

---

① 《Z 书记工作日记》第 32 本，2010 年 1 月 17 日。
② 《Z 书记工作日记》第 32 本，2010 年 1 月 29 日。

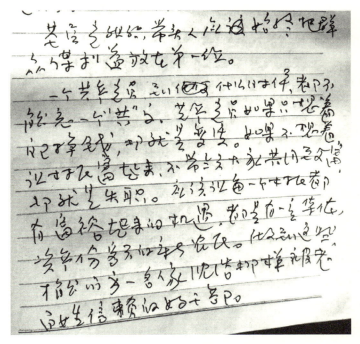

图 4-1　Z 书记学习剪报："共产党员要追求共富"

千方百计让农民的脑袋'富'起来。"① 在这些思想认识的指导下，Z 书记在带领 N 村农民致富的探索中，特别注重加强农村先进文化建设，培育适应现代社会的新型农民，让"富口袋"和"富脑袋"形成良性互动。

　　基层党建在带领农民走共同致富道路的奋斗进程中占有什么样的地位，应该起什么作用呢？这是基层党员干部带领农民奋斗

---

① 　徐京跃：《尽快让农民的脑袋"富"起来》，《Z 书记学习剪报》第 3 本，2004 年；杜萍：《知识型农民致富快》，《Z 书记学习剪报》第 23 本，2010 年；田人：《欲帮农增收　须先帮"三增"》，《Z 书记学习剪报》第 24 本，2010 年；庞革平：《摘穷帽须得挖穷根》，《Z 书记学习剪报》第 31 本，2012 年。该书记的剪报原始资料只按学习制作顺序标注了第几本，并未记录剪报来源、日期。征引中每本剪报的形成年代为笔者根据剪报内容中的作者、文章提名考证。下文引注该资料简称《学习剪报》。

的一个根本问题。Z书记在学习《基层党组织书记怎样学沈浩》一文时特别关注到这样一段话："沈浩这位小岗党委班子领头人凝聚班子力量的出色实践生动表明：一个人，能力再强，也只有一个人的力量；一个班子，个体能力再弱，但只要拧成一股绳，就能形成巨大合力。"要形成"一个支部一个堡垒，一个党员一面旗帜"。学习后，他要求自己"真心实意想农民所想，急农民所急，帮农民所需。倾心研究，科学工作，解决好村里的民生难题，带领村民脱贫奔小康"。[①] 他从工作实践中得出结论："干好 N 村的事，首先要抓班子、带队伍、求和谐、聚人心……最要害的是解决村干部带领群众增收致富的本领不高的问题。"经过狠抓班子建设，一支带领群众尽快改变家乡面貌的干部队伍逐步培养起来了。面对短短几年村容村貌村风的极大改观，"四大产业"共同驱动新致富路子的逐步拓宽，群众评价说："这一任干部是书记像书记，村长像村长，干部像干部，党员像党员，确实是为群众办实事、办难事、办好事的好队伍。"[②] 群众的反响，就是基层党员干部践行群众路线的根本评价标准。

2. 农村基层党员干部思想觉悟的复杂性

实事求是地看，农村基层党员、干部对群众路线的思想认识是复杂的，思想觉悟是参差不齐的，既有把群众利益放在第一位，兢兢业业为群众办实事，带领群众实现共同致富的优秀党员、干部，也有一些思想觉悟不高，争权夺利思想比较严重，闹派性、破坏基层领导班子团结，给党执政的群众基层造成损害的党员、干部。这也正是党在不同的历史时期需要反复加强群众路线教育的社会根源。尤其是失去了革命环境的严峻考验和淘汰，中共转变为全国性的执政党之后，加强群众路线教育，始终保持党同人

---

① 《Z书记工作日记》第 32 本，2010 年 1 月 24 日。
② 《Z书记群众工作经验总结》，2014 年 8 月 21 日，陕西省 S 县农村基层干部培训班学习材料，第 1、8 页。

民群众的血肉联系，是一个需要不断解决的重大政治问题。

1990 年 3 月中共十三届六中全会通过的《中共中央关于加强党同人民群众联系的决定》，一开头便强调"人民群众是我们党的力量源泉和胜利之本。能否始终保持和发展同人民群众的血肉联系，直接关系到党和国家的盛衰兴亡"，要求在新时期"在党内普遍深入地进行马克思主义群众观点和党的群众路线的再教育"。[①] 以中共中央文件的形式对执政党继续坚持群众路线的问题专门作出决定和部署，在党的群众路线思想发展史上是第一次。2012 年 11 月，中共十八大报告提出："围绕保持党的先进性和纯洁性，在全党深入开展以为民务实清廉为主要内容的党的群众路线教育活动。"[②] 2013 年 4 月，中共中央政治局召开会议，研究部署在全党自上而下分批开展党的群众路线教育实践活动。在改革开放新时期，从中共十三届六中全会到十八大，不断在全党深入进行党的群众路线的再教育，既说明坚持群众路线的重大意义，也说明坚持群众路线需要久久为功，一部分党员、干部中始终存在有悖于党的群众路线的思想认识和作风，损害党群关系和群众利益，损害党的执政基础。

在 2007 年的陕西关中 N 村，为什么 Z 书记作为一个退休干部，回村后能被推选为村党支部书记呢？主要原因就是村党支部班子缺乏服务群众、团结奋斗干事创业的思想觉悟。Z 书记回忆道："2007 年，我被选为我们村党支部书记，这时我已经 62 岁了。为什么能当上村上的支部书记？原因是我们村原支部班子不团结、搞内耗，开会吵、办事顶，工作无法推进，党员、群众怨声载道。村里果库倒了、道路坏了、水管烂了、学校毁了、村部卖了，成

---

① 中共中央文献研究室编《改革开放三十年重要文献选编》（上），中央文献出版社，2008，第 572、577 页。

② 胡锦涛：《坚定不移沿着中国特色社会主义道路前进，为全面建成小康社会而奋斗》（2012 年 11 月 8 日），中共中央文献研究室编《十八大以来重要文献选编》（上），中央文献出版社，2014，第 40 页。

了一个人人皆知的'烂杆村'。原支部书记无奈辞职，一时班子群龙无首，工作处于瘫痪，上级党组织和（我们村）党员心急如焚，把目标瞅准了我。当时上级党组织和相当一部分老党员和群众就登门给我做动员工作，让我担任支部书记。"[1] 这些登门做动员工作希望他挑起担子扭转村里工作困局的老党员，就是久经考验的党性强的党员，而那些搞内耗、闹派性，个人利益思想严重，损害党的形象和群众利益，使群众怨声载道的党支部班子成员，其群众观点和宗旨意识就很成问题了。

2007 年 4 月 15 日，N 村召开全体党员大会，选举新的党支部领导班子。出席会议的党员共 38 人，Z 书记以 26 票当选村党支部书记，得票率 68.4%，并不算高。同时选出新的支部委员 4 人，组成新的党支部领导班子。正是寄托 N 村摆脱发展困局希望的党支部新领导班子的选举过程，集中暴露出 N 村党员队伍存在的严重思想问题。Z 书记观察总结道：第一，相当一部分党员思想认识觉悟不高，公私界域不清，个人利益严重，缺乏坚定的立场；第二，争官要官思想严重，行动不择手段。新支书面对基层党组织的这种状况，决定"自身建设应该加强，不断修正错误，团结广大党员，增和谐气氛，提高党支部的战斗堡垒作用"。[2] 可以说，"立党为公，执政为民"和"一切为了群众"的理想信念在一部分基层党员、干部中没有树立和坚持；相反，个人利益和争官要权思想严重，这正是基层党组织软弱涣散、派性矛盾存在的重要思想根源，也是基层党组织建设和党的群众路线教育活动所要解决的突出问题。

冀东南 L 村也存在部分党员、干部群众观点淡薄、政治立场不够坚定的情况。例如，村里打井、安装自来水，本来是关系群众生产生活切身利益的民生实事，群众多数愿意和支持。但是，

---

① 《Z 书记工作与学习经验交流稿》第 136 本，2015 年。
② 《Z 书记工作日记》第 1 本，2007 年 4 月 15 日。

办好这件实事并不容易。村党支部书记在工作日记中对这件工作的详细记述，反映出党员、干部队伍在安装自来水工程中的三种思想和实际表现。其一，以支部书记为代表，另外两名干部支持，坚决表示要办好自来水。为了尽量少从村民手中筹钱，支部书记一连跑了六天才从银行办出贷款2万元，最后终于办好了，喜悦之情溢于言表，称"今天是最可庆幸的日子"，这就是为群众办实事不辞劳苦的公仆精神。S书记多次在工作日记中记下这样的格言："爱书爱字不爱名，求真求实不求荣，多谋多虑不多怨，争苦争累不争功。"基层干部能有这样的理想信念和人生追求，实属可贵。其二，一部分干部不想干事，看别人干事，干好了他也站到这边来，干不好他和村民比起来也不孬。除了村里招待人参与，其他事都不管。这一类干部就是不作为的"老好人"，骑墙观风向。这一类干部的存在，使农村的发展和村民生活的改善也很困难。其三，还有一种干部作风不正，天天与村里的"孬人"在一起，表面对组织很听话，背后干什么事都使坏，只想沾光，只想抢权。这类干部之所以"天天与村里的孬人在一起"，就是善于以权谋私，能够用利益交换取得一部分落后群众的支持，巩固自己的小圈子，在农村也有一定的社会基础，是农村公权力异化的一种主要危险。这一类干部败坏党风政风，是做好农村工作的主要阻力。[1] 从农村实际工作经验思考划分出的这三种干部类型，在农村具有一定的普遍性，只是各类干部比例因基层党组织建设的成效不同，会有一些差异。在不同的主导类型干部带领下，农村也会出现不同的发展类型，形成先进村、中间村和落后村。

从冀、陕两村的经验来看，农村基层党员、干部对党的群众观点、群众路线的思想认识是复杂的，既有先进典型，也有争官要官、个人利益至上、丧失党员立场的落后党员干部，直接影响党的执政基础和农村发展面貌。这也正是中国共产党成为全国性

---

① 《S书记工作日记》，1998年10月26日。

的执政党之后，党内不断进行整党整风、加强群众路线教育的社
会根源。

二　农村基层党员干部践行群众路线的制度机制

马克思主义之所以具有变革世界的伟大力量，是因为它不是
书斋里的理论，而是理论与实践相统一的改造世界的武器，这是
马克思主义鲜明的理论品质。农村基层的先进党员干部一经树立
马克思主义的群众观，就应该根据农村实际积极贯彻践行，创新
制度机制，为实现群众利益奋斗，推动乡村发展振兴。具体来说，
冀、陕两村践行群众路线的有效制度机制，主要包括以下几个
方面。

1. 党员干部学习制和承诺践诺制的建立与实践

习近平总书记强调："我们党历来重视抓全党特别是领导干部
的学习，这是推动党和人民事业发展的一条成功经验。"① 事实上，
不仅是领导干部，全党同志，党的基层组织，要想与时俱进，不
断进步，改造思想，全面增强为人民群众服务的本领，都必须认
真学习，创新实践。陕西关中 N 村在贯彻群众路线的实践中，首
先用制度化的保障大抓学习，建立党员干部学习制，强调学习与
实践相统一，建立为群众办实事的承诺践诺监督机制，使该村党
员干部的思想面貌发生了根本性改变，成为农村基层党建创新和
推动各项工作的一大亮点。这也正是 Z 书记成为优秀基层党组织
书记的关键。在 N 村调研，干部群众一提起 Z 书记，首先想到的
就是"学习抓得好"。N 村能够成功由党员干部学习制，进一步带
动普及全村学习、全民参与，建设"书香村"，是非常有远见的社
会主义现代化新农村建设的典型经验。

---

① 习近平：《依靠学习走向未来》（2013 年 3 月 1 日），《习近平谈治国理政》第
　　1 卷，第 401 页。

（1）党员干部学习制

把思想建设始终放在党的建设的首位，是毛泽东党建思想的重要经验。通过深入学习来加强主观世界改造，克服党员干部队伍中各种落后思想和错误思想，是加强党的思想建设的重要路径。正因为如此，延安整风运动是从毛泽东作《改造我们的学习》报告开始动员的。Z书记在贯彻群众路线、推动农村工作的实践中大抓学习，抓好学习，推动工作，是毛泽东党建思想在新时代的坚持和运用。

为什么要着重探索常态化制度机制，首先抓好党员干部的学习？Z书记上任伊始，在深入思考"如何改变我们村的落后面貌"时认为，"学习是解决一切问题的根本办法"。具体来说，要"坚持两手一起抓，一手抓生产发展、经济增长，一手抓学习进步、提高素质"。这是"两手抓"思想在农村工作中的灵活运用。为什么要重视抓学习进步？Z书记认为，"书籍是人类进步的阶梯，知识可以改变我们的命运。只有通过学习，提高思想认识，提高文化素质，提高科技知识，才能解决一切问题"。"特别是在当今知识爆炸的时代，瞬息万变。……不学习，必然落后；不学习，就会方向不明，能力不高。学习好才能干得好。学习好一好百好。"他进一步分析认为，"在农村抓好学习尤为重要"，具体来说学习有五大重要功能：第一，"干部要提高干事能力需要学习，改变文化程度偏低、政策水平偏差、工作方法偏粗的现象"；第二，"农民要致富需要学习，成为新型的职业性农民，掌握一定的科学技术，用科学种田，才能取得更好的生产效益"；第三，"农民要生活得好也需要学习，只有掌握了健康知识，才能少生病，少花钱，身强力壮，有力气干活，有时间干活，创造自己的财富，过上心情舒畅、富裕美满的生活"；第四，"农村要稳定要和谐更离不开学习，只有（通过）学习提高农民的文化素质、法律意识，农村才能平安稳定，才能一心一意求发展"；第五，"为人处世、言谈举止需要学习。通过学习可以提高人的修养，变得文明，受人尊敬和爱戴等等。人人都学习，人人都进步，村上就能健康向上地发展，群众的生活水平就能步步提高，各自的梦想就能得到实现"。"为此，我们把抓学习摆在了第一位，提出了建设学习型党支部，打造'书香村'的构想。"① 这一段深入系统的思考和总结，充分展现了一位农村党支部书记的学习观。从"学习是解决一切问题的根本办法""学习好一好百好""把抓学习摆在了第一位"的思想认识中，我们看到学习在全面改变农村面貌、推动各项工作中的突出地位和重大意义。

如果说上述思想认识主要是从日常工作实践得出的，贴近农民的生活，那么，随着 2009 年 9 月党的十七届四中全会将"建设马克思主义学习型政党"提升为一个重大战略任务，全面部署加强学习型政党建设，Z 书记对于学习型党组织建设的认识也提升到全局性政治高度。他在学习中进一步认识到，"把学习作为党组织建设的主要特征"，建设富有创新精神的马克思主义学习型政党，是党的建设新的伟大工程的一项重大战略任务。"建设学习型政党，基础在各级党组织。将各级党组织建设成学习型党组织，建设马克思主义学习型政党的宏伟目标才有坚实的根基。""党组织的创造力、凝聚力、战斗力，来自科学理论的武装，来自共同信念的鼓舞，来自专业知识的学习，来自实践经验的总结。""我们生活在一个以变革、调整、创新为显著特征的时代，倡导建设学习型党组织、学习型社会，已成世界潮流。党组织应该成为党员学习新知识、增长新本领的大学校，引导每个党员干部把学习作为一种政治责任，一种精神追求，一种生活方式。"② 总之，建设马克思主义学习型政党，将党组织办成党员学习的大学校，将引领推动中国的伟大变革。

既然党员、干部学习如此重要，如何有效建设农村学习型党

---

① 《Z 书记工作与学习经验交流稿》第 136 本，2015 年。
② 《Z 书记工作日记》第 33 本，2010 年 2 月 26 日。

组织呢？ Z 书记认为，重要的是党员干部要成为学习带头人，同时完善考核和激励制度机制，两者紧密结合，才能有效推进农村基层学习型党组织建设。他在工作日记中写道："我们党历来重视学习，是一个勤于学习、善于学习的马克思主义政党。作为党员干部，要做坚持学习、带头学习的模范，要做善于学习、善于运用的模范，要做提高学习能力、实践能力的模范。""三个模范"的观点，是马克思主义理论与实践相统一、知行合一的学习观。具体来说，就是要做到："第一，要树立终身学习观念，在理论武装上下功夫。党员干部加强理论学习，就是要讲党性、讲政治，就是要带头学习科学理论，做到真学、真懂、真用，真正用科学理论武装头脑，指导实践，推动工作。第二，树立实践运用的观念，在学习成果转化上下功夫。人的一切认识都来源于实践，实践不断发展，人的认识不断发展；实践无止境，人的认识也无止境。第三，树立开拓创新观念，在完善激励机制上下功夫。在内容上，要根据人员的层次结构，制定规范学习内容；在形式上，要根据本单位实际，建立形式多样、行之有效的组织领导方法；在制度上，不断完善考核和激励机制，最大限度地调动党员干部抓学习的热情。使每个党员干部成为政治思想好、能力素质强、专业技术精的复合型人才，推动各项事业努力实现大进步大发展。"① 为此，N 村党员干部在 Z 书记的带领下以身作则，在党员干部队伍中建立起了学习与实践相统一的学习制和承诺制，不断完善考核和激励机制，大力建设学习型农村基层党组织。

　　N 村党支部制定与实行了党员学习制，村党支部为每位党员和村组干部配发学习专用提包、笔和笔记本。主要学习资料来自村里订阅的党报党刊和村农家书屋丰富的藏书。关于学习标准，要求每位党员每月至少参加一次集体学习和交流，记写不少于 3000字的学习笔记，每季度至少读一本书。村党支部定期检查学习笔

---

① 《Z 书记工作日记》第 34 本，2010 年 3 月 6 日。

记，签署检查日期，盖支部公章认定；定期将学习笔记进行展览交流，召开读书心得交流会。学习笔记本由村党支部供给，多读多写多思考，写多少本都可以领取。① 这样，逐步形成支部书记带头，党员之间有效学习、互相监督的机制。

N 村党支部学习制能不能富有成效地落实、坚持，关键是支部书记的主体责任，自己以身作则，起到模范带头作用，常抓落实，这样才能带领激励党员队伍克服困难、高标准要求自己开展学习。正如 Z 书记在工作日记中所写："我本人带头学习，坚持每天学习，记写学习笔记，撰写心得体会。不论工作忙闲，在 24 小时内挤出时间，一年 365 天从未间断，任书记第九年，共记学习笔记 130 多本，270 余万字。"② 2018 年 5 月 23 日，笔者在和该书记访谈交流中了解到，他 2007 年 4 月任支部书记，2018 年 3 月换届退休，工作 11 年从未放松学习，共写工作日记 176 本，做学习剪报 78 本，平均每年的学习成果是 23 本。1946 年出生的他，卸任支部书记时已 72 岁。卸任后还担任"荣誉支部书记"，帮助新班子完成工作过渡。这时仍坚持学习，只不过学习笔记本的题目，以前叫"工作日记"，现在改成"学习与思考"。他身高 1.73 米，记写的学习资料堆起来就有 1.7 米高，可谓"记述等身"了，真是一位典型的学习型农村党支部书记！

通过建立学习制，支部书记带头学，班子成员个个都坚持学习。"村长白天要跑项目、抓经济，晚上抽时间学习记笔记；党员每个人都跟着学。""干部、党员学习活动的有效开展带动了全村学习的热情。通过学习活动的广泛开展，村风变好了，村民的精神文化素养提高了。村里喝酒赌博的少了，读书看报的人多了；浪荡的人少了，热心科技致富的人多了；邻里纠纷少了，尊老爱幼、助人为乐的人多了。全民学习风气已经形成。大家一有时间

---

① 《Z 书记工作与学习经验交流稿》第 136 本，2015 年。
② 《Z 书记工作与学习经验交流稿》第 136 本，2015 年。

图4－2　一个村支书的工作日记

就到农家书屋借书看书，交流党的惠民政策、时政大事和果业技术管理知识。看谁学的知识多，看谁学的知识新，看谁学的知识活，在学习上比学赶超、奋勇争先已蔚然成风。要富钱袋先富脑袋，已成为村里人的共识。"①

一位积极参加学习的老党员在自己的学习笔记中记下了依托农家书屋，建立完善党员干部学习制，带动全村学习已取得的成效，以及进一步完善制度机制的思考建议。这反映出党员学习制确实引起了党员、干部队伍的认真对待和重视。在笔者调查过的不少农村，农家书屋成了"文化下乡"的摆设，用老百姓的话说，整天是"小锁看门"，连个看管服务的人都没有。缺乏党员干部的先学先带，政府一些文化建设项目难以实际运作起来，发挥作用。N村的党员干部学习制，确实充当了学习型社会建设的"火车头"

---

① 《Z书记工作与学习经验交流稿》第136本，2015年。

作用。这位老党员的学习笔记中这样写道：

> 自从有了农家书屋，看书的村民多了，打牌打麻将的少了。农家书屋既丰富了村民的业余文化生活，又提高了村民的科技素质，可以说书屋已经步入了正轨。今后应：第一，与个别读者谈话，组织读者座谈，征求意见和建议，收集读者感受和体会，将其作为典型来宣传，扩大影响，吸引更多农民恋书屋、爱读书、读好书，使农家书屋更好发挥作用，掀起全民读书热潮，让我们村书香飘起来，让致富的脑子活起来，让科技致富的本领强起来，让村风好起来，让环境美起来，让农民收入增起来，让村民素质提起来。第二，有的放矢，学以致用。以农事季节为先决前提，学有内容，定期交流，演讲比赛，总结评比，鼓励年轻党员写文章指导农村工作，建设"比、学、赶、帮、超"的激励机制，实现勤奋、严谨、求实、创新的学风，以此作为精神文明建设的内容。①

这些基于实践经验思考总结的推动全村学习的举措和美好展望，都是契合农村实际需要的，我们很难想象这段思考出自一位66岁的农民党员之手。这正是该村浓郁的学习文化环境塑造和孕育的结果。

通过党员、干部学习制带动全村学习，村里涌现出一些学习富有成效的先进典型。例如，一位村民通过学习获得了农技师职业资格证书；一位村民通过学习科技，苹果每亩创收达到1.2万元，成了科技致富的先进；一位长年多病的村民通过学习，不仅给自己看病保健，还成了村里的义务保健员；一位老党员、老干部坚持学习，是学习型党员的楷模。笔者和这位老党员有过几次深入的交流，深感这是一位党性坚定、艰苦奋斗、勤学善思、德

---

① 《一位老党员的学习笔记》，2012年5月8日。

高望重的乡贤。他被村支书誉为"四个天天"，即"天天学，天天想，天天记，天天干"。他也有记日记的习惯，遗憾的是，由于几次搬家和大家族孩子多，乱写乱撕，多数散失了。作为一个生活并不宽裕，甚至有些困顿的农村老人，他还在县新华书店自费购买了陕西著名作家莫伸60余万字的长篇纪实文学、"三农"调查力作《一号文件》，深读数遍，反映出他对"三农"问题的深度关注。该书笔者并未阅读过，在交谈中他两次郑重向笔者推荐。他在艰苦劳作之余数易其稿，写了4万余字的个人生活史，取名《屐印》，文笔与内容都很好。这些与他饱经沧桑的外貌形成了很大的反差，使笔者深受触动。这些乡村文化人，正是乡村文化建设与德治的内生中坚力量。

综上所述，N村党支部在贯彻群众路线的过程中，对学习型党组织建设的认识比较深刻。通过学习制的建立与实施，该村党员干部养成了读书学习的习惯和风气，同时依托农家书屋，带动了村民积极主动学习的热情，使该村的党员干部以及群众能够共同学习，紧跟时代，既富脑袋，又富钱袋，在N村造就了一批苹果种植能手、养猪专业户、农业技术员、理论辅导员以及保健员等，提高了群众的经济生活水平，同时使群众的文化道德素质普遍提高，促进了农村的全面发展。

（2）党员承诺制

党的农村政策、惠民项目好比列车。列车能不能跑起来，方向会不会跑偏，跑得快不快，全靠车头带。这就是农村各项工作中的"最后一公里"问题。贯彻落实党的发展理念和方针政策，推动农村发展振兴，实现群众的利益，根本上要靠先进思想指导下干部群众的实践和行动。在加强学习和理论武装的同时，根据党员实际、农村发展实际、群众需求实际，积极承诺践诺干实事，并形成制度机制，是N村党组织真正用行动而不是形式贯彻群众路线，建设服务型党组织，实现忠诚为民宗旨的重要有效的制度机制，也是党员践行群众路线的根本标准和试金石。

为了建设服务型党组织，增强党员干部服务群众的宗旨意识和履责能力，带出一支服务群众的好队伍，N 村结合实际扎实开展了"三比两增强一评选"活动。"三比"指的是比学习、比党员干部践行群众路线服务群众的业绩、比党员干部奉献精神；"两增强"指的是增强党员干部的理想信念、增强党员干部的宗旨意识；"一评选"是指评选星级党员，作为党员干部学习的榜样。为了使这一活动能够落到实处，作出效果，N 村党支部在活动中探索建立长效制度机制，逐步建立完善了党员承诺制，实行"承诺、示诺、践诺、评诺"机制，真正保障服务型党组织建设做到理论和实践相统一，用制度机制促使每一个党员都能实实在在地在服务群众的事业中做看得见、摸得着、见实效的好事，从而赢得群众的拥护和支持。①

N 村党员"承诺制"的具体实施流程是：首先，每年初，村党支部围绕群众最关心、最亟须办的实事，动员每个党员根据自身条件、工作能力以及爱好特长等，明确服务群众的承诺事项和完成期限。然后，召开支部大会，经支部大会讨论通过后，在全村范围内上墙公示，接受群众和舆论监督；党支部建立党员承诺事项落实情况台账，记录党员干部承诺事项的完成情况，按期完成的及时注销，没有按期完成的党支部要及时提醒与督促。最后，在年终支部工作总结中，对党员干部完成承诺事项情况进行评议打分，评选出优秀党员作为先进典型，大力宣传表扬，作为其他党员干部的学习标杆。党支部对没有按时完成承诺事项的党员进行批评教育，提高其党性修养及服务群众的宗旨意识和能力。②

N 村党员"承诺制"遵循"三上三看"的准则，以达到党员个个干实事、真正起到模范带头作用的效果。具体来说就是：党

---

① 《Z 书记工作与学习经验交流稿》第 136 本，2015 年。
② 《Z 书记群众工作经验总结》，2014 年 8 月 21 日，陕西省 S 县农村基层干部培训班学习材料，第 8 页。

员承诺要"慎重填写承诺卡，以说实话、办实事、求实效为准则，实事求是地填写好各个党员的承诺卡。承诺卡做到三上：贴到墙上，记到心上，落实到行动上；三看：看谁行动得快，看谁的效果好，看谁是纸上谈兵。要通过不断努力，开展多种活动，使广大党员人人守诚信，个个干实事，真正起到党的模范先锋带头作用"。[1]

为了推动党员承诺制落到实处，Z书记以身作则，始终走在承诺践诺的最前列。Z书记任职前，N村基层组织涣散，连村部也卖了。村干部被群众戏称为"跑庙干部"。如果连基本的办公场所都没有，基层组织很难有效议事办事，服务群众，履行好各项职能。为此，Z书记任职后首先承诺为村上建好村"两委"办公场所和群众文化活动场地。通过积极主动争取上级扶持项目，走家串户宣传动员村民自筹，以及跑企业寻求资助等方式，最后筹集了40余万元资金，修建了建筑面积450平方米的村级办公场所和群众文化娱乐活动广场，并配备了体育健身器材，以此为依托大力在村里开展了"三队两班一场地"的文化建设活动，丰富村民的精神文化生活，提升村民素质，构建和谐村风。[2] 这件实事的办成，为N村进一步团结和谐谋发展筑就了坚实的基础，也为其他党员积极承诺践诺树立了标杆。

党员承诺制下，承诺践诺的主体并不局限于党员个体。村党支部、村委会结合农村工作实际，制订发展规划，每年都向村民公开作出工作承诺，一年一个台阶，扎实推进农村建设和发展。2015年11月笔者到该村调查，村部外赫然竖立着大幅广告牌一般的"2015年村党支部村委会工作承诺"，内容如下：

---

[1] 《Z书记工作日记》第9本，2008年4月16日。

[2] "三队""两班"指根据群众的喜好以及年龄组建的篮球队、秧歌队、锣鼓队，以及为了提升群众的文化素养，培养群众健康向上的兴趣爱好，在村里办起的文化学习班和文艺自乐班。"一场地"指为村民开展文化娱乐活动建立的公共文化广场。文化广场修建了"轩德楼"，绘制了新时代关心父母行为准则宣传画，加强农民道德培育的寓意非常突出。《Z书记群众工作经验总结》，第8—9页。

一、围绕"双万"目标，抓好苹果主导产业，强化管理，调整结构，扩大面积，力争达到人均 2 亩，总面积 3500 亩以上。创建无公害、高科技、新品果示范园 80 亩。

二、抓好畜牧养殖业，全力支持"金恒兴"繁育基地建设。确保年仔猪繁育万头以上，育肥出栏 5000 头以上，为"果—畜—沼"一条龙发展奠定可靠基础。

三、进一步完善农业基础设施建设，硬化生产道路 8 公里，建造 U 形渠 8000 米，埋设地下暗管 9000 米，道路两旁植树 5000 株，新打机井 1 眼，不断提升农业生产条件。

四、完善文化广场建设，增添照明、绿化、美化等设施。实施"三队两班一场地"的农村文化建设模式，丰富农村文化娱乐生活，增强积极向上的健康气氛。

五、开展全民读书活动，打造书香村。农家书屋增加新书 1000 册以上，存书总量突破 2 万册，举办积极有效的各种读书学习活动，提高全民学习兴趣，使人均年读书量达到 3 本以上。

六、抓好老协、关教工作再上新台阶，使"尊老爱幼"活动不断深入广泛地开展，让老人生活幸福，让孩子茁壮成长，让家庭和谐美满。

七、注重家庭、注重家教、注重家风，全面开展以"家风、家教、家规、家训"为主要内容的"抓党风、带家风、促民风、树新风"主题活动。弘扬正气，产生更大的正能量，实现人文和谐的新农村。

八、加强农村环境卫生治理，全面行动，重点突出，以朝阳巷整治为示范引领，逐步实现美丽乡村建设。

九、加强基层党组织建设，从严治党，遏制"四风"，改变作风。建立学习型、服务型、奉献型党支部。在工作中达到"三严三实"，在心目中做到心中有党、心中有民、心中有责、心中有戒，不断树立全心全意为人民服务的崇高意识。

这项工作承诺涉及经济、文化、社会、生态和党的建设，紧密结合农村发展实际，既全面又有重点，可执行性高，公开透明，村干部一年要干成什么工作，村民每天都可看见，反映出村"两委"有勇气、有担当接受广大村民监督，办实事、办成事。只要每年村"两委"工作承诺如期实现，农民生活和农村发展都会迈上新台阶，农村稳定发展就不成问题，农民就会受益，党的执政基础就会巩固。

党员承诺践诺，公开透明，在平凡的奉献中诠释着党的宗旨和形象，引领着群众，凝聚着民心。其中一个先进典型事迹就是村农家书屋管理员在平凡岗位上的不平凡奉献。在 N 村培育新型农民、塑造良好村风的实践中，农家书屋发挥了重要作用。2012年 9 月，村农家书屋被国家新闻出版总署评为"全国示范农家书屋"，成为所在市仅有的两家之一。这一荣誉的获得与书屋管理员的承诺践诺和辛勤奉献是密不可分的。书屋管理员是一位 60 多岁的女性老党员。2015 年 11 月 18 日笔者在该村调查访谈时，这位书屋管理员朴实地说："额（我）的承诺就是把书看好、管好，让群众多看有用的书。"为了更好地服务村民，她还抽空先了解残疾人、老年人等特殊群体的读书兴趣，定期送去他们喜欢看的书；过一段时间又给他们换一些书过去。访谈中，村干部抢着补充说："她肯吃苦，不但给那些人送书，19000 多册书要全部登记、上架，15 天时间忙下来，她手脚都肿了。"还有一件小事，很能反映出她在平凡的岗位上认真践诺的奉献精神。在拥有 1700 多口人的村，一天有十个八个借书的村民是很平常的事。有一天共有 19 个人要借书看，她作为义务和兼职管理员，一天从家往返书屋 19 次，家离书屋有 1 里路，跑来跑回，将近 10 公里。对一个老年人而言，真是非常辛苦，而她毫无怨言。她被评为"全国优秀农家书屋管理员"，可以说是应有的荣誉和鼓励。到笔者此次调查时，她还没有任何报酬。村干部评价说："她啊是义务管理农家书屋，主动请求给村上管理书籍，工作很是负责。村上提议一个月给她 50 元补助，她还不要呢!"共产党员服务群众的精神品质，就彰显在平凡的日常工作中。Z书记为了办好农家书屋，花了很多心血。在深入学习和思考中，他充分认识到书屋管理员对办好书屋的重大影响，因此选好了一个非常优秀的党员管理员，办成了全国示范农家书屋。

综上所述，N村党支部建立完善党员承诺践诺制，结合农村工作实际，围绕群众最关心、最亟须办理的实事，由党员干部根据自身条件、工作能力以及爱好特长等，每人每年至少承诺要为群众办理一项或者一件实事好事。N村党员干部经过扎实开展"承诺、示诺、践诺、评诺"活动，形成良好的制度机制，极大地调动了全体党员干部服务群众的宗旨意识与热情，党员干部工作的积极性和实效性比以前高了很多，N村的村容村貌村风发生了很大的变化。村支书2007年上任时，村民人均年收入2700多元。2018年3月卸任时，村民人均年收入达到9000元。基层党建和乡村文化建设则是N村引人瞩目的工作亮点和突出成绩。2014年1月，村党支部被中共陕西省委宣传部授予"陕西省服务农民、服务基层文化建设先进集体"。在服务型党组织建设的推动下，一件件关系农民群众切身利益的实事办好了，农村一步一个台阶在发展振兴，N村群众就由2007年党支部换届前对村里发展状况的怨声载道，转变为对基层党员干部充满信任拥护，这就是基层党员干部践行党的群众路线的根本出发点和落脚点。群众称赞道："现在的干部是书记像书记，村长像村长，党员像党员，确实是为群众办实事、解难事、办好事的好队伍。"①

2. 将端正村风民风作为首要工作，深入开展促进文明和谐的系列群众活动

解决农民的温饱问题，进而使农民富起来，是农村工作的中心，也是农民群众最热切的期盼。而要实现这个中心任务，必须有稳定的社会环境和良好的文化氛围。否则，如果农村各种社会

---

① 《Z书记工作与学习经验交流稿》第136本，2015年。

矛盾丛生，农民价值观失序混乱，村风民风不好，不仅短期的经济发展无法持续，更会进一步演化为农村的治理难题，最终农民也不会过上好日子。

N村像中国广大农村一样，家庭联产承包责任制实行后，农民的温饱问题解决了，农村经济有了一定的发展。村里的老会计这样描述农村改革之初迸发的生机与喜悦："人们欢庆第二次解放，生产力获得了空前的提高。男女老少，不知从哪里来的那么一股热情，人们笑了、乐了。才一个年头下来，就彻底改变了吃不饱肚子的窘状。记得在公社开会时，那位书记用非常纯朴的语言作了总结：政策好，人心顺，天帮忙。"① 然而，随着农业集体经营经济的解体，没能成功发展新型集体经济的村庄，基层组织因失去经济支撑变得软弱涣散。农村在急剧社会转型中出现的社会文化失序问题得不到及时有力的引导与解决，进一步发展也陷入了困境。

如何解决令群众怨声载道的治理难题，带领群众充满信心创造美好生活？N村党支部的Z书记任职之初，坚持走群众路线，深入调查研究，广泛听取干部群众意见，最终找到解决困局的有针对性的发展方案。他在工作日记中写道："面对现实，工作该怎么抓？群众是有发言权的，群众之中有能人，有智慧。于是我走村串巷、入户专访，村里村外多方面听取意见，跑前跑后多层次接触党员干部，最终得出的结论是：村风不正，民风不好，什么事都办不成。要干好N村的事，首先要抓班子，带队伍，求和谐，聚人心。先提高干群素质，凝聚人心。"② "村风不正，民风不好，村里稳定呀，发展致富呀，什么事情也难以统一思想，什么事情也办不成。"③ 人心齐则泰山移，人心齐，各项工作才能顺利推进，

---

① 《展印》，第57页。
② 《Z书记工作与学习经验交流稿》第136本，2015年。
③ 《Z书记群众工作经验总结》，第2页。

农村发展的难题也就不难破解。

如何端正村风民风，凝聚人心，营造和谐稳定的发展环境呢？Z 书记认为："要想村里好，群众活动不可少。""村上有什么人什么事，就开展什么活动，树什么样的标杆。每一件事都有先进，都有标杆。只要在农村不停地开展活动，把所有事情的先进人物都找出来，处处有模范，人人有出息，这样才能把大家的心紧紧地凝聚在一起，正能量就产生了。"① 基于这一认识，村"两委"领导班子深入研究 N 村存在的实际问题，有针对性地扎实开展系列群众活动，逐步改变村风民风，形成干群凝心聚力谋发展的局面。

群众活动如何才能有效开展起来？如何动员、组织群众广泛参与村上组织的各项促进文明和谐新风的活动？Z 书记继承发扬了中国共产党群众工作的优良传统，那就是依靠典型引路，培养积极分子，带动一般群众。他说："先把一部分党员、干部和积极分子动员起来，让他们再动员周围的一部分群众，一传二，二带三，群众活动就一步步开展起来了。"② N 村结合农村发展实际问题和需要，主要深入开展了以下群众活动。

（1）弘扬尊老爱幼之风，大力开展孝敬父母与关心下一代活动。

孝敬父母、尊老爱幼是中华传统美德，也是培育农民健康价值观的基本人伦道德。N 村领导班子认识到，要端正村风民风，首先要与时俱进地大力弘扬传统家庭美德。这既具有深厚的传统文化根基，易于为群众理解和接受，又契合农民家庭幸福、家和万事兴的人生价值追求。基于这一认识，N 村在党支部领导下主要作了四个方面的工作。

第一，为弘扬尊老敬老之风，N 村首先在年青一代中广泛开展孝敬父母的"四关心"活动。

Z 书记说："社会主义核心价值观具体到农民身上，就是做好

---

① 《Z 书记群众工作经验总结》，第 2 页。
② 《Z 书记群众工作经验总结》，第 2 页。

人生四件事，即孝敬父母、养育儿女、干好自己的事情、处好邻里事。"① 这四件事，可以说抓住了农民生活中要处理好的四个最重要的社会关系，从中进行价值观的引导和培育。"孝"是中国传统文化的核心价值观。然而，改革开放后，由于社会的剧烈变化，"孝"的传承出现了巨大的挑战。与中国不少农村地区一样，N 村在孝敬父母上也出现了一些不良现象：儿女嫌弃老人，不主动赡养老人，甚至打骂老人。针对这些影响老年人生活，影响农村和谐稳定，影响村风民风的不良社会现象，N 村在年青一代中开展了孝敬父母的"四关心"活动。

"四关心"即要求子女对老人要关心身心、关心生活、关心出行、关心爱好。Z 书记认为："老人有老人的爱好，只让老人吃饱不算孝顺，保证老人身体健康只是基本的孝顺，只有满足了老人的爱好，才算是真正的孝顺。"这样的倡导是对"孝"观念与时俱进的阐述，丰富了赡养老人的内涵，注重满足老人全方位的需求，让老人得到了更有乐趣的晚年生活。"四关心"活动开展后，越来越多的年轻人不仅做到了经常给老人做体检、有病及时医治、出行亲自护送、生日节日回家团聚等，而且初步形成了关心老人爱好、满足老人爱好的自觉行动。爱读书看报的给订报纸杂志，爱游玩的让出去旅游散心，爱写字的给买笔墨纸砚，爱打麻将的就让打小点、打的时间短点，兼顾健康和爱好。Z 书记的一大爱好就是写书法，他的儿女就经常为他购买笔墨纸砚。每年春节和村民遇红白喜事时，他就自己编写对联，免费送给每家每户。这样既满足了自己的兴趣爱好，又做了好事，受到村民的称赞。他为乡亲邻里们做这件事，仅纸张一项的消耗，每年都要花费 1000元左右。②

第二，在老年人中开展了争做"明白老人"的"四个一样"

---

① 《Z 书记群众工作经验总结》，第 2 页。
② 《Z 书记群众工作经验总结》，第 3、5 页。

活动。

　　传统孝道建立在父母对子女的绝对权威和代际关系不平等的基础上，这一本质特征和现代社会的平等、自由价值观是冲突的。因此，现代社会如果只是单方面提倡子女对父母的伦理责任，实践中必然也难以协调好代际关系。要使老年人得到子女的全面赡养和发自内心的尊重，需要建立代际平等互惠的伦理责任。这就需要老年人更新观念，摆脱传统孝道下的父母权威意识，与年青一代相互体谅、相互尊重，共同构建适应现代社会的和谐代际关系。N村在农村养老实践探索中开展的争做"明白老人"的"四个一样"活动，对于构建和谐代际关系是一个重要的实践创新。

　　具体来说，N村为了更好地达到尊老敬老的效果，在老年人中宣传倡导一种思想，就是老人应该懂得自我尊重，根据自己的条件和身体状况，力所能及地分担家务，"生命不息，奋斗不止"，发挥生命晚年的人生价值，避免倚老卖老的权威思想，以此赢得年青一代发自内心的人格尊重。同时，大力在老年人中倡导平等对待子女的思想，挖掉重男轻女的传统思想等家庭矛盾的根源。从农村生活经验出发，Z书记认为，对一个家庭来说，引起养老矛盾纠纷的地方有时候怪子女，有时候怪老人。特别是有的老人有重男轻女、偏爱偏向的问题，容易引起儿女怨言。如果老人一碗水端平，公平对待子女儿孙，关心关爱老人的儿女自然就多了，就不会产生怨言和不满，或者以此为借口逃避养老责任。基于此认识，N村开展的争做"明白老人"的"四个一样"活动，核心就是要老年人树立"平等"观念，即对儿对女一个样，对儿子对女婿一个样，对女儿对儿媳一个样，对里孙对外孙一个样。[①] 这对帮助农村老年人抛弃根深蒂固的重男轻女、传宗接代等传统价值观，有巨大的现实意义。

　　经过"四个一样"活动的深入开展，越来越多的老年人更新

---

① 《Z书记群众工作经验总结》，第3页。

了观念，村里出现了一批"明白老人"先进典型。其中一个退休
老教师是村中"明白老人"的榜样。一方面，他从不倚老卖老，
73 岁一直坚持干力所能及的家务活。其实也很简单，就是一把笤
帚不离手，随时把庭院的卫生搞得干净整洁。他说，"明白老人"
的核心就是要"公道"。简单的一点家务活，自己争着做，坚持
做，不要说，就能"树立高大形象"。同时，这个老人由于是退休
老教师，有退休工资。他将自己的退休工资看成大家庭的，家里
种庄稼、买化肥、学生上学，他都力所能及地支持。访谈中村民
评价道："这爷爷的钱不是自己的，是家庭成员的，他把自己的钱
分享给家人、亲戚、朋友。"[1] 生命不息，奋斗不止，力所能及，
发挥余热，平等相待，以塑造平等互惠的新型代际关系。

第三，以村老年协会为依托，大力举办"尊老爱幼节"。

老年协会是村中老年人进行自我服务、自我教育、参与社会、
发挥余热、解决困难、维护权益的重要组织。N 村有尊老敬老的好
传统，2001 年该村在外发展的知名企业家赞助设立了 60 万元的尊
老爱幼基金。村上将每年农历六月初九定为"尊老爱幼节"，隆重
举办节日庆典，利用尊老爱幼基金产生的每年 3 万元利息，对评选
出的"和谐家庭""好媳妇""明白老人""五爱少年""自强模
范""学习标兵""卫生庭院""苹果示范户"等先进典型进行大
会表彰和奖励，颁发奖牌；对 80 岁以上老人及贫困学生等进行资
助。节日期间还经常请医生给老年人做保健讲座，进行健康体检，
演出老年人喜欢的文艺节目。老年协会给每位老人发一些牛奶、
糕点等小食品，送去问候和关爱。[2] 经过全村大会持续的隆重表彰
奖励倡导，尊老爱幼的村风逐步形成。不少老年人把自己的节日
当作过大年。老年人不再是被人嫌弃的衰老群体，而是受到村干部
和广大村民尊敬关爱、大力扶助表彰的群体。一位 90 多岁的老人

---

① N 村群众座谈会，7 人参加，村支书办公室，2015 年 11 月 19 日。
② N 村群众座谈会，7 人参加，村支书办公室，2015 年 11 月 19 日。

说："我这把年纪啥都能丢下，就是丢不下社会。种地不纳税，还发养老费，看病国家报，村上还看望。"①

在 N 村，老年协会和关心下一代工作委员会是两个组织、一套人马，是负责开展尊老爱幼工作的常设组织。老年协会结合农村实际，逐步探索完善，形成了引导年轻人树立与践行尊老敬老价值观的"尊老守则"，通过各种场合和活动在村中广泛宣传倡导：

1. 人人都要有尊老敬老的感恩之心，无条件对老人尽赡养义务。

2. 在生活上给老人创造一个舒适可心的环境，让老人生活得更好。

3. 坚持每日问安，让老人心情愉快。

4. 尊重老人意愿，支持老人参与社会公益活动。

5. 关心老人健康，定期给老人检查身体，老人有病能够及时治疗，精心侍奉。

6. 不虐待老人，不做不孝敬老人之事，提倡对老人厚养薄葬。

7. 遵纪守法，勤劳致富，教育好子女，让老人放心。

8. 尊重和关爱其他老人，做到"老吾老以及人之老"。②

为了做好工作，在村党支部领导下，每年初老年协会都会对当年的工作做一次计划设想，以推动尊老敬老工作不断取得新成绩。例如，2010 年 2 月，村支书在工作日记中记录了当年老年协会工作与关教工作的设想：第一，弘扬孝道精神，继续抓好敬老工作。具体包括摸清农村老人的生活状态，如衣食无忧的、生活

---

① 《Z 书记群众工作经验总结》，第 5 页。
② 抄录于 N 村老年协会办公室，2015 年 11 月 19 日。

一般的、生活困难的。对生活困难的老人，摸清原因是什么，如家庭经济条件差、儿女不孝顺、孤寡老人、天灾人祸等。第二，敬老措施，包括加强孝道宣传，典型引导（评选好媳妇、公公婆婆夸儿媳、评选和谐家庭，抓好报道），村社加大扶持力度。①

　　上述老年协会工作计划并不是停留在工作笔记中，而是落实在走家串户的扎实的群众工作中。"尊老爱幼节"表彰的道德模范，很多也是在村干部日常的走访摸底中从群众中了解、推举出来的，因此在群众中更具有影响力。例如，2010 年 2 月，村支书走访了解了第四村民组老人马某的家庭情况：老人的女儿病残且治疗花费巨大，一则对老人精神上造成了巨大压力；二则外债累累，给家庭生活造成了很大的困难。老两口已接近 70 岁，年迈力衰，面对家庭实际困难，实在是束手无策，在非常艰难的条件下维持生计。老人的大儿子有两个孩子，都在上学，且已经与媳妇离婚，家庭破裂。小儿子的媳妇孝敬老人，心地善良，被村上评为"敬老模范"。根据以上家庭情况，村里应该对老人家庭给予扶持和帮助。具体措施，一是通过民政部门给予救济，二是列入低保对象给予照顾。老马是一个农村老干部，担任村上会计职务多年，有一定的工作能力。在村上工作需要的时候，可以抽借让他帮忙，并给一定的劳动报酬，减轻他的家庭经济压力。对于儿媳妇的先进事迹要大力宣传，树立形象，扩大影响，号召村民向她学习。② 从这则工作日记中我们可以深切体会到，N 村的群众工作并不是搞在表面，而是深深扎根在群众的日常生活中去了解群众、服务群众，因此才能真正发挥引导群众、教育群众、凝聚人心、推动农村发展的重大作用。

　　第四，以关心下一代工作委员会为依托，倡导科学的家庭教育观，开展"五爱"教育活动，帮助青少年成长成才。

① 《Z 书记工作日记》第 33 本，2010 年 2 月 24 日。
② 《Z 书记工作日记》第 33 本，2010 年 2 月 18 日。

青少年一代成长成才首先是农民家庭兴旺的希望所在，也是农民毕生奋斗的人生价值。N 村尊老守则中有一条"教育好子女，让老人放心"，充分说明育幼和尊老是一体的。子女成才成功，老人就有幸福感和人生荣耀，家庭就会和谐幸福。同时，青少年一代也是社会和国家的未来。因此，做好关心下一代工作，是农民家庭、社会和国家的共同期盼。N 村党员干部高度重视关心下一代工作。关心下一代工作委员会根据教育规律和社会发展要求，制定了《爱幼守则》，对农民进行宣传教育，帮助农民树立科学的家庭教育观：

1. 树立正确的教子观，全面关心孩子的身心发展和健康成长。

2. 关心孩子的思想品德，教育孩子爱党、爱国、爱家、爱劳动、尊敬老人、关心他人。

3. 关心孩子的心理健康，经常与孩子沟通，注意培养孩子乐观向上的生活态度。

4. 关心孩子的生活和身体健康，引导孩子参加体育锻炼，让孩子有一个强健的体魄。

5. 关心孩子的智力开发和科学文化知识学习，经常与学校沟通，帮助孩子养成一个良好的学习习惯。

6. 注重孩子的兴趣爱好，因势利导，培养其特长。

7. 注意用科学的方法及时纠正孩子的不良行为，帮助孩子养成良好的生活习惯。

8. 鼓励孩子参加公益活动，引导孩子做些力所能及的家务，培养孩子的自理能力及劳动习惯。

9. 爱护关心，严格要求孩子，不护短、不溺爱、不虐待、不打骂，保护孩子的合法权益。

10. 关心所有未成年人，像关爱自己的孩子一样关爱其他孩子，做到"幼吾幼以及人之幼"。①

　　农民的家庭教育，实在是一个非常重要的问题。家庭教育问题解决好了，农村人口素质偏低、贫困的家庭代际转移问题，都能得到很大的缓解。改革开放以来，计划生育政策下农民家庭子女减少，家庭经济相对富裕，但与城市家庭的教育条件相比差距仍然是相当大的。由于农民家长受教育水平普遍不高，缺乏科学的教育观，对子女的溺爱多了，农家子弟吃苦耐劳、拼搏奋斗的精神和优势反而丢了，逐渐出现了底层家庭的孩子富养的现象，社会向上流动的概率更小了。加上大规模打工潮引发的留守儿童隔代养育现象，农民家庭教育出现了很多社会问题。N村关心下一代工作委员会能倡导这样科学的农民家庭教育观念，实在是意义非常重大。

　　N村党支部每年初都要对关心下一代工作进行研究部署，有针对性地解决问题，提高工作效率。例如，2010年2月，Z书记在工作日记中记录道，要坚持不懈地抓好关心下一代工作：第一，摸清青少年底子，包括在校学生有多少人、回乡青年有多少人、辍学儿童有多少人、留守儿童有多少人、困难学生有多少人、失足青年有多少人。第二，帮教措施，包括定期对青少年进行传统教育、守法教育、道德教育，明确采取的形式是什么；落实留守儿童的帮扶措施；对失足青年采取手拉手、交朋友，重点帮助；对困难学生采取救助措施；评选关爱下一代先进个人和集体。②

　　在开展关心下一代工作中，N村还根据乡关工委的工作安排，结合农村特点，在中小学生中开展"五爱"教育活动，深入进行社会主义核心价值观专项教育，具体内容是教育青少年爱父母（尊老）、爱他人（促和谐）、爱自己（做守法公民）、爱孩子（爱

---

① 抄录于N村关工委办公室，2015年11月19日。
② 《Z书记工作日记》第33本，2010年2月24日。

幼）、爱祖国（多做贡献）。① 每年农历六月初九的尊老爱幼节，N
村隆重评选表彰"五爱少年"，资助困难学生和考取二本以上的大
学生，引导帮助青少年健康成长、勤奋好学、积极上进，在全村
形成关心下一代的良好社会氛围。

（2）开展"村官就断家务事"活动。

家庭邻里关系，是农村最基本的社会关系。家庭和谐、邻里
和睦，农村社会就会和谐稳定，干部群众团结谋发展就有了稳定
的社会基础。Z 书记认为："化解一份矛盾，就能增加一份和谐，
村民在村上大事上就不会借着矛盾互相指责、互相拆台。"在 2015
年 11 月入村访谈中，Z 书记进一步强调："咱这农村要发展，就要
平安；要平安，就要把这不平安给消灭在萌芽状态，这萌芽就是
村民的矛盾。"② 基于这一认识，N 村"两委"领导班子十分重视
通过日常工作化解家庭、邻里的矛盾。在 Z 书记的领导和推动下，
村干部积极开展起"村官就断家务事"活动，主动承担起化解家
庭矛盾和邻里纠纷的责任，在构建和谐新农村的实践中充分体现
出村干部的责任担当。

在总结实践经验的基础上，N 村"两委"干部主要通过三种
方式来化解村中的家庭矛盾和邻里纠纷。一是"先通情，后达理"
的方式。Z 书记说："家庭永远是一个讲情的地方，村上才是说理
的地方。只有先通情，感情疏通了，然后才能说道理，道理才容
易让人接受。"把握好这一原则，谁家有矛盾，村干部要先了解实
情，弄清缘由和矛盾的主要方面，然后从关心的角度，有的放矢
地去化解矛盾。二是村干部积极引导邻里乡亲在婚丧大事的帮办
中化解矛盾。每当一家有了婚丧嫁娶大事，村干部就抓住这个机
会，出面说服当事人邀请和自己有过节的邻里乡亲来帮忙，在一
来二往中化解矛盾，冰释前嫌。村党支部书记说："其实，邻里心

---

① 《Z 书记工作日记》第 35 本，2010 年 4 月 26 日。
② Z 书记访谈，村支书办公室，2015 年 11 月 18 日。

里也期盼有个机会消除矛盾，婚丧嫁娶就是个很好的机会。"乡村社会是一个熟人社会，乡里乡亲抬头不见低头见，远亲不如近邻，毕竟长久结怨对谁也没有好处。三是在党员干部的组织下，全村搞一些群众性的文体活动，增进村民的情感交流。在一起参加活动的气氛和互动中，乡里乡亲的感情就融洽了。正像有的村民说："在一起搞搞活动，邻里心结就是相逢一笑泯恩仇。"[1] 在 2018 年 5 月 23 日与笔者的交流中，Z 书记特别强调了要多向群众学习，群众中有很多化解矛盾的智慧，比如群众就懂得："会调解矛盾的两头瞒，不会调解矛盾的两头传。"村干部调解矛盾要先了解实情，弄清缘由，但如果方法不得当，有时反而会激化矛盾，矛盾双方的意见更大了。

为了构建和谐新农村，为农村发展构筑良好的社会基础，N 村进一步充实、发展了调解村民矛盾的常态化组织——调解委员会，主要成员都是村里年龄大一些的有威望的办事公道的人，他们是帮助村干部构建和谐新农村的重要力量。2015 年 11 月的访谈中，一位富有经验的调解员，同时也是村委会副主任的刘某给我们讲述了一些经他的细致调解工作化解掉的矛盾和一些典型事例：

> 案例 1：村民崔某有三个儿子，自成家立业来一直闹矛盾，甚至还经常打架，就为谁家分种地多少，谁不管老人，这不公平那不公平这些家务事。我们村干部了解情况之后，耐心做思想工作，进行说服教育。我们借这家一个兄弟的儿子要结婚的大事，劝说他们坐下来解决矛盾。当时我这样说："国民党跟共产党打了多少年都要好了，都要合作了。现在社会都稳定了，你一家子人还搞不好！"村干部进一步说服老人，劝其一碗水端平，让他写下养老协议，自己年老力衰，不能种的地给三个儿子公平地分一下。这样子矛盾就化解了，

一家就和睦了。

案例2：2008年一天半夜，一个喝了酒的小伙子与我村一个姑娘发生了纠纷。当时的情景是，小伙子抱着姑娘，刀架在脖子上，非常危险。村干部赶快先打110，再稳定小伙情绪。当警察来了之后，村干部有经验，告诉警察第一你别穿警服，要先脱了警服，不然就出事哩。随后，村干部和民警就一起劝说小伙：小伙你为啥这样哩，你当过解放军，交警大队干过，有小孩，离婚了。你爸将你养到二十多，你还想让你爸把你娃养到二十多？坐下来说事嘛！钱了哈的不是事，主要是你杀了别人，你自己也活不了。不但影响你，还影响你爸。你就忍心让老两口那样子！这样子从凌晨一直劝到早上六点，终于将小伙子劝下，就让他走了。当时我村这姑娘就问：警察都来了，为什么不把他逮起来？村干部就解释说，你把他现在逮了，也就关上15天的拘留，他出来的话还会有打击报复心理。为了女孩的平安，免得再生事端，就让小伙子离开了。①

作为"村官就断家务事"活动的发起者，Z书记积极带头化解村内矛盾。任职7年来，经他化解的家庭矛盾和邻里纠纷就达60多件。在村"两委"干部的共同努力下，全村连续5年无一例刑事案件，无一例打架斗殴，无一例上访事件。② 村风正，民风好，老百姓安居乐业，干部群众就能集中精力一心谋发展。2011年3月，N村被县政府授予"平安村"的荣誉。村干部从一点一滴的断家务事活动中落实了党的群众路线。

（3）开展"三带四学五进村"活动。

当过几十年教师的Z书记对通过学习提高思想觉悟和能力素

---

① N村干部座谈会，村支书办公室，2015年11月18日。
② 《Z书记群众工作经验总结》，第4页。

质，推动社会发展有深刻体悟。他认为："农村乱，核心是群众的思想乱，认识不清。干部只有学得好，才能干得好！"① 因此，抓班子、带队伍，提高干部的思想认识和能力素质，他首先抓的就是干部的学习，并建立起党员干部学习制和承诺制。在此基础上，他进一步把党员干部学习活动深入发展为全民学习，提出了打造"书香村"的构想，并将构想的实施具体化为"三带四学五进村"活动持续有效的开展。

"三带"指学习活动中"领导带干部，干部带党员，党员带群众"。"三带"通过党员读书学习制有效贯彻落实，带出了学习型党支部和学习型村干部。在党员干部学习氛围带动下，"四学"面向全体村民，具体指：引导农民"学政策，明方向；学科技，会生产；学文化，提素质；学保健，增健康"。村支书认为，面朝黄土背朝天、勤劳朴实是传统概念上的农民。在新形势下，要通过"四学"活动，把传统农民培育为新型农民，这样才能适应时代，过上好日子。"五进村"指领导进村讲政策，英模进村讲道德，名人进村讲文化，专家进村讲科技，医生进村讲保健。这就是充分利用和推动优质的文化资源下乡，加强对农民群众的教育引导，提升农民群众的综合素质，使他们能适应现代社会的生产生活方式。大力加强全村学习对于塑造良好村风民风具有重要意义。Z书记认为，"农村文化总体贫乏，如果不用先进文化占领群众的头脑，打麻将的陋习就会盛行起来，说是道非的现象就会多起来，必须用学习占领村民的空闲时间，用知识和文化占领村民的思想阵地"。"人闲生余事。一定要把农闲时间占领了，其他歪门邪道就没有了空间。"②

2008 年，N 村抓住国家对农村文化建设投资大幅度增加的机遇，通过多种渠道筹资 18 万元建立起了农家书屋。建立之初书屋

---

① 《Z书记群众工作经验总结》，第 5 页。
② 《Z书记群众工作经验总结》，第 2、6 页。

藏书仅有 1500 多册。Z 书记戏称，通过充分发扬"乞丐精神"，到县有关部门跑发展项目，要不到项目就要书。"给别人要书不仅不丢人，而且很光荣。"经过努力建设，2018 年农家书屋藏书达到 2 万册。以农家书屋为依托，借助"三带""四学"活动，村里成立了由党员、干部领头的读书会和文化学习班。大家一有时间，就带动起来到农家书屋看看书，交流一下党的惠农政策、果业技术和管理知识等。"看谁学的知识多，看谁学的知识新，看谁学的知识全，看谁学的知识活"在村里蔚然成风。在这样的社会环境下，村里学习的人越来越多，打麻将和挖坑的人少了，拉闲话、说三道四的人少了，建设书香村的构想正一步步变为现实。正因为书屋建设得好，"三带""四学"读书学习活动搞得有成效，2012 年 9 月，村农家书屋被国家新闻出版总署评为"全国示范农家书屋"。

（4）开展"爱我家乡、发挥余热"活动。

Z 书记在乡村治理实践中认识到，村中有一部分在外工作退休回乡和村上退下来的老干部，各家族中也有一些德高望重、有号召力的老者，这些人在乡村有较高的威望和较多的社会资源，但因为缺乏有效渠道参与村上事务，常常会对村中事务说三道四，造成一些社会影响，影响现任村干部班子领导下村中工作的顺利开展。如何坚持群众路线，发扬协商民主，吸纳、引导这些有群众影响力的老年精英积极为村里的事出谋划策，多办好事，使得这些人和现任村干部班子"心往一处想，劲往一处使"？N 村在 Z 书记的带领下，一方面全面推行"村务公开"，以老年协会等群众组织吸纳这些老年精英参与村中事务，发挥他们的积极作用；另一方面在退休回乡干部、工人，村上退下的老干部和在外务工经商人员中大力开展"爱我家乡，发挥余热"活动，激发他们参与家乡建设的正能量。例如，在退下来的村上老干部中开展"介绍经验，向我学习"活动，鼓励他们对年轻干部"传帮带"，传授农村工作经验，帮助村干部解决工作难题，让年轻干部更快地成长；在老年人中开展"生命不息，战斗不止"活动，鼓励 70 岁以上老人力所能及分担家务，建设和谐家庭、和谐村庄。[①]

　　党支部 Z 书记本人就是退休回乡干部，挑起村里工作重担长达 11 年，为村里的发展作出了卓越的贡献。年事已高的他两次希望退下来，让年轻干部接班。村中老人戏谑地说，你号召我们"生命不息，战斗不止"，你自己怎么能不践行！在他的带动下，很多人脉广在外工作的老同志，通过自己或教育子女，为村里的各项建设和发展提供了很多帮助。逢年过节，村"两委"领导班子也会看望这些老年精英，感谢他们对村里工作的帮助和支持。Z 书记的一则工作日记记载："中午和村主任去县医院看望退休老干部孙某某老人（78 岁）。他是本村人，虽然多年在外工作，但热爱家乡、关心家乡，经常询问家乡情况，并教育子女不忘家乡，多为家乡办事，支援家乡建设。他的儿子为家乡建设出力不小，为此村支部、村委会授予他'特殊贡献者'奖牌一面，以表家乡人民的心意。"[②]

　　综上所述，在 N 村端正村风民风促发展的探索实践中，结合常态化的制度机制和基层社会组织建设，扎实开展各项群众活动发挥了不可替代的关键作用。只有各项富有实效的群众活动，才能将改革后自由化、个体化农民的农闲时间充分利用起来，培育新型农民，凝聚健康向上的精神风貌，推动农村发展。Z 书记对这一点形象地比喻说："管好一个村，首先对农民要有正确的认识。农民的素质犹如一块地，不种庄稼就会杂草丛生。只有把地及时耕种了、种好了，庄稼才能枝繁叶茂，修成正果。全村才能百花争艳，引人入胜。"[③] N 村正是通过系列群众活动占领了农民闲暇时间这块主阵地，结出了精神文明建设的累累硕果，推动着农村的全面协调发展。

[①] 《Z 书记群众工作经验总结》，第 3—4 页。
[②] 《Z 书记工作日记》第 32 本，2010 年 1 月 3 日。
[③] 《Z 书记群众工作经验总结》，第 2 页。

3. 因地制宜，探索"四轮驱动"的经济发展模式，引领群众致富

实现共同富裕是社会主义的本质要求。在做好抓班子、带队伍、求和谐、聚人心各项工作的基础上，N 村发展经济有了团结有力的领导班子，有了和谐稳定的社会环境。下一步的农村工作该如何做？Z 书记认识到："三农问题最关键的是农民，农民问题最关键的是利益，利益问题最关键的是收入。村支书、村班子的最大职责是带领群众发展经济增加收入。"①

然而，在一个发展起步晚、发展起点低的穷村抓经济建设面临一系列的困难。在探索适合本村实际和时代环境的经济发展道路上，N 村领导班子坚持走群众路线，问计于民，集思广益，充分发挥广大党员干部和群众的智慧，多次组织召开干部会讨论，走访致富能人，全面分析村情，认真研究现状，最终形成了抓苹果、建大棚、养生猪、投劳务"四轮驱动"的经济发展思路，采取"支部＋协会＋群众"的产业扶持模式，注重发展"果—畜—沼"一体化的生态循环农业，促进经济发展，增加农民收入，带领全村群众致富。②

（1）"支部＋协会＋群众"的苹果主导产业扶持模式。

N 村所在县是著名的"苹果之乡"，苹果是该村的支柱产业，做强做优苹果产业对增加村民收入具有决定性意义。在该村苹果产业发展的初期，由于早、中、晚熟品种结构不甚合理，晚熟的秦冠品种单一化，村民收入的持续增长受到极大影响。为此，在村党支部的带领下，该村采取了"支部包建、党员包抓、群众参与"的"支部＋协会＋群众"产业升级扶持模式。改造老园，培育新园，调整结构，大力发展红富士果园，提高种植技术，引导群众将果树乔化变矮化。经过数年努力，以红富士苹果为主体的

---

① 《Z 书记工作与学习经验交流稿》第 136 本，2015 年。
② 《Z 书记群众工作经验总结》，第 9—11 页。

优质果园面积发展到了 3000 多亩，早、中、晚熟品种的种植分别调整到了 10%、20% 和 70%，形成了各品种合理布局的种植结构。2015 年全村耕地面积 4700 亩，苹果园面积即达到 3500 亩，占耕地总面积的 74.5%，实现了人均 2 亩果园的发展目标。仅苹果一项全村每年收入达到 1000 多万元，人均果业收入达到 6000 多元。①

（2）建大棚杏提高收益。

在进行市场调研、探索经济发展新路子的过程中，N 村干部发现反季节大棚金寿杏不仅价格高、收益大，亩收入是苹果的 5—7 倍，而且上市早、面积少、劳动强度小，劳作期恰好是苹果生产的农闲时间，和苹果管护不冲突，可以使群众初夏深秋都有事干、有钱赚。鉴于这些优点，Z 书记对发展这一产业非常重视。上任伊始，他即在第一本工作日记中剪贴收集了《金寿杏销售火爆，百棚杏为村民增收 200 万元》的新闻报道。这一致富信息的主要内容是：蒲城县东王村村民康堂民栽了 1 棚（即 1 亩）金寿杏。出售价格为每公斤 12 元，1 棚金寿杏可收入 1.5 万元。Z 书记介绍，全村挂果的金寿杏共有 100 棚，平均每棚可产商品果 1500 公斤。4 月初上市以来，各地果商纷纷前来收购，销售顺畅，价格最初高达每公斤 20 元，现在每公斤也在 12 元以上。预计 4 月底可全部售完，100 棚金寿杏一共可为村上带来 200 万元经济收益。根据大棚金寿杏的市场行情和生产特点，N 村领导班子果断作出决策，将推广这一项目作为增加农民收入的发展大计，计划每家多发展一个大棚增加经济收入，三年内发展到 50 棚，最终建成 100 棚的产业规模。面对金寿杏前期投资大，村民望而却步的顾虑，村干部一方面联系信用联社为村民办理贴息贷款，另一方面积极招商引资，寻求在外发展的本村企业家的大力扶持，争取到 150 余万元的投资。2014 年建成大棚杏 34 棚，仅此一项全村人均可增收 1000 多

① 《Z 书记群众工作经验总结》，第 10 页；《Z 书记工作与学习经验交流稿》第 136 本，2015 年。

元，群众收入水平得到了进一步的提高。①

（3）延伸优化产业链，探索"果—畜—沼"一体化的生态循环经济。

N村领导班子在发展经济、带领村民致富的过程中，非常注重紧跟时代，适应市场的变化和需求。苹果作为该村的主导产业，提高果品质量，增加收益，延伸优化产业链非常重要。针对近年来消费观念变化，绿色经济兴起，有机苹果、绿色苹果市场销量好、价格高、种植农民收入多这一发展趋势，N村领导班子决定优化苹果主导产业，走"农牧结合、循环利用、一举多赢"的"果—畜—沼"产业循环发展的路子，结合苹果主导产业大力发展生猪养殖业。为此，村上大力招商引资，动员外村村民李某投资上千万元，建起了金恒兴生猪繁殖基地。2014年，繁殖基地母猪存栏750头，年产猪仔1.5万头左右，全部以最低价格供应给村民养殖，同时提供免费防疫、成本价供应饲料和成本价提供沼液施用服务等一条龙产业服务，特别是对困难农户实行仔猪、饲料赊购服务，扶持群众共同致富。苹果主导产业的果品优化和生猪繁育养殖业的发展良性促进，初步形成"果—畜—沼"产业循环发展的新路子。利用沼液灌溉果园，实现了减少果园化肥投入、提高土壤有机质、提高果品质量、提高果业收入和增加养殖收入等一举多赢的经济收益。②

（4）劳务输出促增收。

N村领导班子为了实现群众充分就业，基于该村距离县城5公里的区位优势，根据村民的劳动技能特长，对劳动力富余或不适合搞苹果产业的农户，创造条件鼓励他们进城务工，早出晚归，增加劳务收入。2015年，全村有300多人到县城务工，日工资80—120

①　《Z书记工作日记》第1本，2007年4月24日；《Z书记群众工作经验总结》，第10页。
②　《Z书记群众工作经验总结》，第11页。

元，按一年工作 8 个月，月工作 25 天计算，一年全村收入 600 多万元，人均增收接近 2000 元。村民深有感触地说："就近打工，地种了，钱挣了，照看了老人，管了娃，一举四得。"①

综上所述，在发展经济带领农民致富上，N 村领导班子结合本村实际和社会发展趋势，探索出"四轮驱动"的经济发展模式。经过村领导班子和群众的不懈探索与奋斗，N 村经济发展取得了较大的成就，穷村的落后面貌逐步改变，"四轮驱动"的产业发展格局已经形成，规模日益壮大，经济效益逐步提高，村民收入以较快速度稳步增长，村里涌现出一批致富能手和致富带头人。例如，2014 年该村第 14 届尊老爱幼节评选表彰"苹果示范户"8 人，第 15 届尊老爱幼节评选表彰"创业致富户"8 人。Z 书记 2007 年上任时，村民人均年收入 2700 多元。2018 年 3 月卸任时，村民人均年收入达到 9000 元。群众的收入高了，口袋鼓了，日子好了。这些经济发展成就，充分证明村"两委"班子对发展经济带领群众致富的高度重视和探索适合该村经济发展道路的成功。村民满怀信心地说："还是书记本事大，我们的好日子还在后边哩！"

当然，农村经济在有较大发展的同时，仍然面临发展不平衡不协调的问题。Z 书记观察到，几年来政策的优惠、干部的努力、群众的汗水，几方面结合，农民收入不断增加，但发展不协调，农村人口流动性大，物价上涨，理财难。农村出现了村子空心、人不够用、钱不够花的局面。特别是物价涨，房价涨，理财难，搞攀比，挣钱的速度没有花钱的速度快。这些都是需要破解的难题。怎么办？Z 书记认为，单纯发展经济是不够的，扭转的办法就是把建设服务型党组织放在重要位置，增强干部服务发展、服务群众、服务农民、服务党员的能力，应对问题，找寻对策。空心村问题，通过村容整治，进行美丽乡村建设解决；空巢老人问题，通过尊老敬老，人人关爱，生活照料，成立老年协会，创建幸福

---

① 《Z 书记工作与学习经验交流稿》第 136 本，2015 年。

院解决；人不够用问题，通过提升机械化生产能力，推行家庭农场规模化种植，发扬互帮互助协作精神解决；钱不够花问题，通过发扬艰苦朴素、勤俭节约精神，反对铺张浪费解决。[①] 这些思考和举措，具有一定的针对性和前瞻性，可以缓解农村发展过程中出现的不平衡不协调问题。但是，如何发展新型集体经济，为破解发展不平衡不协调问题提供坚实的物质基础？N 村在这一方面并没有成功的探索。这也是乡村振兴面临的一个普遍性挑战和难题。

4. 干部以身作则，充分依靠群众，完善民主自治制度，建设美丽乡村

冀东南 L 村昔日是一个贫穷落后村，村集体经济薄弱，村容村貌整治和村庄建设无从谈起。同时，该村作为一个杂姓村，村内家族恩怨等历史形成的各种矛盾错综复杂，治理难度很大。S 书记任职期间，村"两委"干部面临一个历届干部都不愿碰、不敢碰的历史难题：宅基地调整审批。一方面，村里人口日增，社会发展进步，群众生活水平提高，产生了改善居住条件的强烈需求，尤其是年轻小伙结婚亟须用房；另一方面，村里 20 多年没放宅基地，已成为一个历史难题。在用地十分紧张的条件下，一旦放开必然引发很多错综复杂的矛盾。怎么办？如何解决这一历史难题，最考验村"两委"班子的群众工作能力。

S 书记任职期间，在日记中多次记下这样的工作信念："爱书爱字不爱名，求真求实不求荣，多谋多虑不多怨，争苦争累不争功。"这体现出一个共产党员高尚的品格追求。[②] 他在工作实践中对领导干部走群众路线深有感触。他总结道，作为一名村支书，作为一名班长，必须要把群众装在心里，群众想什么得知道，群众需要什么也得知道，这样才能办群众需要的事，办群众认可的事、支持的事。在 L 村的治理实践中，他总结自己的工作经验就

---

① 《Z 书记工作与学习经验交流稿》第 136 本，2015 年。
② 《S 书记工作日记》第 7 本，1992 年 2 月（无日期）；第 20 本，2010 年 1 月 1 日。

是"一切同群众商量，同党员商量，群众满意了事才好办"。^① 正是在 S 书记以身作则的带领下，该村"两委"班子创新制度机制，解决了群众要求改善居住条件的历史性难题。

如何用制度机制保障人民群众的主体地位，使各项工作真正得到群众的认可与支持？在实践中就是加强基层民主自治组织建设，提高村民主体参与治理的组织化程度，健全与完善村民主体参事议事的制度机制，畅通民意实现渠道。早在 1998 年，S 书记就在工作日记中记述，要建立健全以村党支部、村委会、村民代表为主体的村级组织体系，建立健全以民主选举、民主决策、民主管理、民主监督为主要内容的民主管理制度体系。^② 在工作推进中，L 村逐步健全了村民代表会、村务监督委员会等民主组织，不断完善各项民主议事、决策、管理制度。在土地延包、放宅基地、新民居建设等重大村务上，这些民主议事、决策组织充分运作起来，反复召开"两委"班子会、新老干部会、党员会、村民代表会、群众大会等讨论研究，科学民主决策，充分达成共识，并依靠村民代表和群众的拥护支持顺利执行，完成各项工作目标。村民对关乎自己切身利益的村务有渠道说话了，说话算数了，达成共识了，人心就齐了，最终穷村也能办成大事。

放宅基地是村里积累了 20 多年的历史难题，也可以说是村里最难的一件大事。经过充分的民主程序讨论，结合村里距县城 5 公里的区位优势，村民一致同意建新民居的方案，就是村民和城里人一样住楼房，这样可以最大限度地节约宅基地，最大限度地扩大居住面积，充分满足村民改善居住条件的需求。

万事开头难。在一个没有村集体经济支撑的穷村，要办好群众需要的大事绝非易事。村集体穷，没有启动资金。在八字没有

---

① 《S 书记工作日记》第 19 本，2009 年 12 月 31 日；《S 书记在"C 市好人"座谈会上的发言提纲》，2014 年 9 月 29 日。
② 《S 书记工作日记》第 12 本，1998 年 6 月 25 日。

一撇，甚至连建造图纸都没有的情况下，村民不可能预投资。怎
么办？只有领导干部带头，先打开局面。村支书和村主任个人垫
资共 1.5 万元出图纸，工作才迈出艰难的第一步。为节省办事开
支，村主任骑摩托车天天风里雨里载着村支书跑镇政府、县政府
各部门办手续、寻支持。一辆摩托车载着两个年龄加起来 120 多岁
的老头子为村民跑路省钱办事，从来也舍不得叫出租车，村民和
上级部门领导看了都很感动，都积极支持他们做好工作。S 书记在
工作中不断慨叹："基层办事难。……群众不容易，当干部不容
易，想办事更不容易。""现在事太难了。……这个穷村，要钱没
有，只可多跑，多说好的，以真情感动领导，时间长了，也就一
点一点地办了，也算不错。"① 日记中的这些话，是 L 村放宅基地、
建新民居为民解忧工作在极其艰苦的条件下打开局面，逐步取得
成就的艰辛过程的真实写照。

　　经过干部群众的努力，L 村抓住河北省政府打造新民居建设示
范村的有利政策机遇，申报成为省级新民居建设示范村，获得了
政策和资金支持，在 G 县美丽乡村建设中脱颖而出。原来有很多
公私企业、比较富裕的邻村对 L 村村民能住上城里人那样干净漂
亮、集体供暖的新民居非常羡慕，都想不到穷村会有这样的大变
样。但是，其他村因为干群关系和错综复杂的村民矛盾，都没有
条件，也不敢搞这样的建设项目。2010 年以来，L 村主要靠集资
共投入 2600 余万元，分四期工程建设了 7 栋居民楼共 27156 平方
米，以及群众文化广场和休闲公园项目。项目建设没有地价、没
有开发商、没有中间环节，第一期开始以每平方米 860 元的成本价
卖给村民。村"两委"班子只求解决村民的宅基地和住房难题，
认为只要能卖出去，村集体不赔钱，新民居建设项目就算成功了。
从此，村民居住条件大为改善和美化。项目完成后，获批省级
"美丽乡村"和河北省 200 万元的配套扶持资金。

---

①　《S 书记工作日记》第 20 本，2011 年 1 月 2 日、1 月 10 日。

　　就农村而言，这样资金投入多、建设周期长的大项目工程，L村群众对村干部却没有不满意的，都说干得好，为什么能做到这一点呢？主要原因就是S书记带领下的村干部班子无论思想觉悟上还是制度机制，都注重把以权谋公、为群众办实事放在第一位，并创新完善了村民民主自治的制度机制来管理建设项目。S书记在工程建设启动前就强调："一切省着办，不要烧集体钱之慷慨，透明度要高，把款让群众管理。"① 在工程建设过程中，村干部只服务、办事，不管钱，真正还干部一个清白。财务管理通过在村民中民主推选两位德高望重的群众代表和村会计三人共同管钱管账，重大收支都予以公示，真正做到了财务管理民主、公开、透明。同时制定管理制度，凡是村干部，任何人不准在工程建设里参与任何事，真正从制度上彻底规避了村干部在工程建设中谋求私利的可能性。在这样民主、公开的管理制度下，群众自然没有不满意、不心服的。改革开放以来，工程建设项目成为群众意见比较大的一个腐败重灾区，L村却能创新民主管理的制度机制，很好地解决了这一问题，干群关系也非常和谐，还是因为领导班子过硬，这样才能从群众根本利益出发，制定好的管理制度，进一步保障群众利益。

　　在S书记的带领下，L村最终解决了20多年没放宅基地的历史难题，村民集资建新民居，村集体投资配套建成文化广场和休闲公园，不仅大大节约了宅基地，而且使村民像城里人一样住进了干净漂亮、集体供暖的新民居，过上和城里人一样舒适的生活，这是村干部和村民以前想都不敢想能办成的大事。2010年，L村被审批为省级新民居建设示范村，2011年被评为县级"社会主义新农村建设示范村"，2014年被评为省级"美丽乡村"。一件件关系群众切身利益的大事实事办成了，群众对干部的认识和态度也改变了，一些起初对新民居建设项目很不支持的村民也纷纷表示

---

　　① 《S书记工作日记》第19本，2009年12月31日。

称赞，干群关系和谐了，"两委"班子赢得了群众的信任和支持，乡村治理与建设具有了深厚的群众基础。

经过近 30 年的艰辛治理和建设，L 村由一个穷村乱村和落后农业村，向一个集居住、教育、医疗、便民购物、休闲健身等功能于一体的公益设施齐全、服务功能完善的现代化综合农村社区转变。村党支部多次被评为县级"先进基层党组织"。S 书记先后被评为县级"十佳农村党支部书记""新农村建设先进个人"，市级"优秀农村党组织书记"，市级道德模范等，在上级组织和广大村民中享有很高的社会声望。

三　农村基层党员干部践行群众路线的成效与挑战

2018 年 5 月 2 日，习近平总书记在北京大学师生座谈会上的讲话中强调指出："建设社会主义现代化强国，发展是第一要务，创新是第一动力，人才是第一资源。"① 有了人才，才能推动创新和发展。在乡村治理与建设中，对于人才这一"第一资源"，可以说是"千军易得，一将难求"。市委组织部调研组在对 N 村由落后村变先进村的典型经验进行调研后得出的结论就是"关键是选对一个带头人"。这就是说，培养干部重要，但选对人是前提。一个优秀的村"两委"组织带头人，可以带好一个班子，带好一个有战斗力的基层党组织，进而激活乡村治理与建设的整体格局。如果有好的领导干部带领，农村基层党员干部践行群众路线会取得极为显著的成效，得到干部群众的广泛拥护与支持。

N 村和 L 村在优秀的党支部书记的带领下，将党的群众路线贯彻到农村各项工作中，都实现了由落后村到先进典型村的巨大变

---

① 习近平：《在北京大学师生座谈会上的讲话》，新华网，http://www. xinhuanet. com/politics/leaders/2018 – 05/03/c_1122774230. htm，2018 年 5 月 3 日。

化。任职前，这两个村都陷入了治理困境。原来的村，"两委"班子矛盾多、不团结，工作陷入瘫痪，村庄发展滞后，群众怨声载道。两位优秀党支部书记从县里、乡里退职回归家乡挑起支部书记重担，也正是上级党组织为破解落后农村的治理困境作出的干部调整安排。任职后，两位党支部书记一心服务家乡，服务群众，努力提高自己，以身作则，抓班子带队伍，化解矛盾纠纷，团结凝聚人心，完善村民民主自治组织和制度机制，创新发展思路，促进社会主义新农村建设协调全面推进，使群众生活得到了极大的提高，基层党员干部也因此得到了群众的拥护支持，干群关系更加和谐。两村也获得了县级、市级、省级政府颁发的各项荣誉，成为名副其实的文明村、和谐村、先进典型村。

N 村的变化和取得的成就如一位 70 多岁见证农村几十年发展变迁的老党员所回顾的："现在的村子比以前好多了。现在团结互助风气好，没有偷盗、打架等治安问题。1980 年代土地承包责任制实行时，村民种苹果，地里打了土墙还是丢苹果。那时候苹果成熟时全村没人睡觉，都看苹果。现在是墙都放倒了，都不用担心了，再也不是那种乱七八糟的村了。这个村解放前是一贯道的老窝，以前一直比较乱。60 年代的时候还有几个案子都成了死案，没破了。以前村里盗偷抢、犯罪集团、吸毒的都有，现在都没有了。现在村上的群众读书学习已经形成了一个风气，一有机会就会读书学习。群众生活也都好了。以前贫困是粮不够吃，现在贫困是相对的，是一个动态的概念。以前群众都吃不饱，现在一户收入就十几万。以前的村干部为群众没干过什么实事，现在基本都是为群众干了些实事，村里变化就很大。"①

冀、陕两村目前虽然在贯彻党的群众路线上取得了突出的成就，但也还存在一些困难与挑战。无论成就还是挑战，都是北方农村社会主义现代化历史进程的缩影，具有一定的普遍意义。

---

① N 村干部座谈会，村支书办公室，2015 年 11 月 18 日。

　　笔者从对冀、陕两村的实地调查和村干部的深度访谈中可以得出结论：农村基层贯彻党的群众路线面临的最大挑战是人才缺乏，并且在选用人才上仍然受到社会大环境与制度机制的制约。可以说，冀、陕两村的发展靠的是优秀领导型人才的回归乡村，制约两村持续发展的瓶颈也是乡土后继优秀人才的缺乏。德才兼备的优秀人才尤其是领导人才是乡村振兴最大的稀缺资源。农村缺乏优秀人才，也就很难承担好服务群众、创新发展、振兴乡村的历史使命。

　　从冀、陕两村的干部队伍结构来看，党支部书记都是 70 岁左右的老干部，他们仍然挑着支部书记的重担。N 村党支部书记 Z 书记上任的第一天即表示要"抓紧造就新人，不恋领导岗位"，提出只干 500 天，为村上培养好接班人就卸任。但他一干就是 11 年，两次希望退下来都未能如愿，充分说明农村基层优秀领导人才的稀缺。农村尤其是欠发达类型农村优秀人才资源匮乏的重要社会根源是现代化进程中城乡资源配置的不均衡引发的大规模农村人才流失，土地承包后很多农村集体经营经济衰落，无法为基层组织凝聚人才提供经济支撑，小规模农户经营农业能养人不能富人，这一切导致优秀人才纷纷离开乡村谋发展。

　　乡村振兴主要指的就是欠发达类型又不会在现代化进程中消失的乡村的振兴。现代化程度较高的苏南农村面临的是发展转型升级的问题，不是振兴的问题。欠发达类型农村的发展水平低，首先就是村穷、地方政府穷、村干部待遇低，清正廉洁担任村干部对村内人才没有吸引力，因此极易造成优秀村干部流失，村党组织的精英吸纳能力低下，村干部群体整体素质下降，村"两委"组织软弱涣散，进一步造成村庄的治理困境，成为发展落后农村，最终形成恶性循环。Z 书记 2007 年担任村支书，刚任职时每月工资 130 元，之后几年提高到每月 240 元。2015 年对当地村干部待遇而言是一个历史性跨越，村支书、村主任每月工资提高到 2300元，其余村干部待遇是主职干部的 40%，即 920 元。这对村干部群体来说是一个可喜的重大变化。农村工作千头万绪，很难搞，搞好一个村更不容易，需要吸引村中德才兼备的优秀人才投身领导乡村建设。但即使对 2015 年提高后的村干部待遇而言，仍然缺乏较大吸引力。就 2015 年的社会发展水平而言，N 村一个男性普通农民出去打工，当地的工资水平是一天 100 元，一月收入也是村支书的水平，更别提有一定技艺和经营能力的农民务工经商的收入。2015 年之前村干部的待遇更不理想。Z 书记刚任职时每月工资 130 元，当时有两个本地企业欲聘请他帮助经营，待遇是月工资 2000 元加奖金，还配车和办公室，待遇和工作条件与当村干部相比是天壤之别。在改革开放后个人发展机会和价值实现多元化的时代环境下，村干部职位是否能吸引汇聚乡村优秀人才，经济待遇悬殊和个人理性选择的考量带来的挑战不言而喻，对渴望在社会生存立足的年轻干部而言更是如此。没有德才兼备的优秀人才领导农民建设家园，乡村振兴就没有希望。

除了下派第一书记队伍嵌入乡村领导治理的制度，选拔任用在外工作退休、退职的党员干部队伍回归乡村领导村治，是目前的社会发展水平和干部激励机制下，欠发达类型农村有效解决由德才兼备人才领导乡村治理的重要路径。这类乡贤与其他村内精英的最大区别是有体制身份及其带来的城市水平的单位稳定工资收入，而且年龄、境界到了追求与实现人生超越性价值的阶段，不再需要为小家庭的生存而奔波，乐于为家乡发展发挥余热，奉献才干，真正做到"为民、务实、清廉"的为政要求。调查访谈中 Z 书记多次强调一个观点："觉悟不能当机制。"这个来自工作实践的认识是常识理性和朴素真理。一些学者指出："每个官员都有自己的理性，这个理性就是每个人都会追求自己的利益。"这是政治学的公理。"但我们现在的许多制度设计，没有考虑官员的这种'理性'，以为我们党的领导干部都是无私奉献不计私利的。其实，官员是活生生的人，他有自己的利益，其行为遵循'理性'

的原则。"① Z 书记认为，农村差事不好干，划不来，报酬不高，现在的情况是把觉悟当机制，"只举鞭子，不发草料"，自然很难吸引到优秀村干部。农村选拔、培养干部难在待遇吸引力不够。过去多年当干部的报酬水平，一天不够自己吃一碗羊肉泡，更何况他是拖家带口的一家人，除非靠其他途径赚点钱，否则没法当好主职干部。如果清清白白干事，村中能人没人想当村干部。自己有退休工资，不拿这个报酬也能为村里服务，但农民干部不行，因为他不是一个人，都是拖家带口，要养活一家人。② 这一席话，反映出农村建设一支德才兼备的干部队伍的实际和困境。S 书记同样坦言，自己年纪大了，孩子们也都成家立业，自己还有退休工资，没有后顾之忧，因此不想别的，就想为群众做点实事。但是，如果用自己的标准去要求其他村干部，就觉得对不起人家，毕竟人家都拉家带口，要挣钱养家。③ S 书记慨叹村干部队伍，"今年这班人马，有的搞副业，有的上班忘记村里的事，不能天天干，一个月干不了十天"。④ 意即当村干部只能是副业。在现有的欠发达类型农村村干部待遇水平和激励机制下，S 书记反映的村干部工作状态具有一定的普遍性。重要的是，作为班子带头人，如果村支书职位既不能吸引到村中德才兼备的优秀人才，任职后也不能无后顾之忧、全身心投入千头万绪的农村工作，就很难带出一支令群众满意的战斗力强的干部队伍，党员干部践行群众路线也就必然会出现悬置或流于形式上的应付，乡村治理与建设难免陷入困境。

　　冀、陕两村党员干部在贯彻群众路线、推动农村全面发展方面虽然仍面临人才匮乏等突出的困难和挑战，但总体上是富有成效的。本章从个案研究总结出的农村基层党组织贯彻党的群众路

---

① 俞可平：《走向善治》，中国文史出版社，2016，第 96 页。
② Z 书记访谈，村支书办公室，2015 年 1 月 19 日。
③ 《S 书记在"C 市好人"座谈会上的发言提纲》，2014 年 9 月 29 日。
④ 《S 书记工作日记》第 20 本，2011 年 5 月 30 日。

线所采取的一系列有效制度机制，具有一定的普遍意义。冀、陕两村创造的实践经验是宝贵的，可以根据不同农村地区的党员干部队伍状况、村情和地方政府政策环境等加以借鉴吸收，从实际出发思考与制定推动工作行之有效的制度机制。

基于一手文献资料和实地调查，本章较系统地考察了农村基层党员干部对群众路线的思想认识，及其结合农村工作实际，围绕群众愿望需求贯彻、践行党的群众路线创造的主要实践经验和制度机制。从中可以总结出以下几点。

第一，务实才能真正为民。冀、陕两村党员干部对群众观点、群众路线的思想认识和工作作风密切关联，是朴实而又务实的，认为践行群众路线就是要为群众办实事，建设好服务型党组织。中国传统农民的文化性格即有很务实的基因，农民群众是最反对形式主义的。这就使得新时期农村基层党组织贯彻群众路线可以更好地和传统农民文化相契合，并从中汲取营养，获得群众的认同与支持。

第二，学习型党组织的建设对基层党组织践行群众路线的能力与实效具有决定性影响。制度化实践化的学习活动，对基层党员干部深刻领会党的方针政策，开阔发展农村的思路与眼界，创造性地结合农村实际，制定符合国家政策导向、农民群众期盼和本村实际的发展举措具有决定性影响。

第三，积极举办契合农村需要、符合群众利益的富有实效的群众活动，是新时期组织动员群众力量、保证好的制度机制有效运转而成为"活制度"、推进新农村建设、实现群众利益的重要工作机制，也是保持党员干部与农民群众之间血肉联系的重要纽带。N村在党员干部、退休人员、广大村民中举办的各项富有成效的群众活动可谓丰富多彩，有效地动员组织了各方面的积极力量，激发壮大了正能量，构建了家庭、邻里和谐关系以及良好的村风民风，使群众的精神面貌焕然一新，推动了物质文明和精神文明建设的协调发展。当然，群众活动常态化是为了解决农村发展过程中面临的现实问题，实现群众的利益，这是开展群众活动的根本标准与最终目的。如果背离了这一点，搞一些表象化的"群众活动"，其实质就变成了"活动群众"，变成了劳民伤财的群众负担。

第四，经济建设与精神文明建设协调并进，充分依靠群众与教育引导群众相统一，注重在基层党组织领导和新农村建设中涌现出的先进榜样的引导下，通过扎实有效开展群众活动、常规化学习培训等机制培育适应社会主义现代化建设的新型农民，是促进农村可持续协调发展，实现群众长远利益的内生动力与根本之策。N 村通过大抓四大产业、打造书香村、举办尊老爱幼节、评选表彰道德榜样、开展"五进村"学习教育活动等核心举措，促进了农村的全面协调发展，在基层党组织和各类先进榜样的引导下，极大地提高了农民群众的综合素质，有效地使传统农民向适应社会主义现代化建设的新型农民转化，为促进农村和谐发展、实现群众长远利益注入了根本的内生发展动力。因此，农村基层党组织践行群众路线的根本之策，并不是要直接"恩赐"给群众他们渴望的福利，而是要领导、组织、帮助群众培育建设实现自身根本利益的发展能力、制度机制和社会环境。这是尊重群众主体性的根本体现，也是实现群众自我发展的根本途径。

冀、陕两村在贯彻群众路线，推动农村发展振兴，由"落后村"变"先进村"，实现群众的根本利益，建设"文明村""示范村"的探索奋斗中所取得的一系列巨大成就，除了大的惠农政策制度环境外，最关键的发展动力是该村退职、退休老党员、老干部被动员回归乡村担任村支书，由此带出了一个好支部、好队伍，创造性地探索并有效实施了一套好的制度机制。因此，"乡村振兴关键是选任一个能真正扎根乡村谋发展的优秀带头人"。要扩大村干部选拔视野，创新制度机制，从政策上制度上鼓励、引导、选拔生长于故乡，又有相当文化水平与工作能力的在外退休、退职党员、干部"告老还乡"，成为领导家乡建设的"体制型乡贤"，这是复兴人才匮乏的落后地区农村的成功道路，具有十分重要的现实意义。

第五章 改革开放时代农村学习型党组织书记引领乡村振兴[*]

　　中国共产党自诞生之日起就是一个注重学习的马克思主义政党。近代中国的先进分子为了寻找国家出路，挽救民族危亡，历经艰辛学习，选择了马克思主义作为救国真理；而中国共产党自成立之日起，就注重结合中国国情研究和宣传马克思主义，并实现了马克思主义基本原理与中国具体国情相结合的两次历史性飞跃，深刻地改变了中华民族的前途命运和世界的发展格局。

　　正是因为马克思主义学习型政党建设对一个政党、一个国家、一个民族如此重要，中国共产党历任领导人都非常注重和不遗余力地倡导在全党大兴学习之风，与时俱进地建设马克思主义学习型政党。毛泽东同志是中国共产党人善于学习的光辉典范。早在1938年10月，他就在党的六届六中全会上深刻指出："指导一个伟大的革命运动的政党，如果没有革命理论，没有历史知识，没有对于实际运动的深刻的了解，要取得胜利是不可能的。""普遍地深入地研究马克思列宁主义的理论的任务，对于我们，是一个亟待解决并需着重地致力才能解决的大问题。"他向全党发出号

---

　　* 西安外国语大学硕士研究生刘萍完成了本章29万字原始资料的整理，参与了本章初稿撰写。

召："我希望从我们这次中央全会之后，来一个全党的学习竞赛，看谁真正地学到了一点东西，看谁学的更多一点，更好一点。在担负主要领导责任的观点上说，如果我们党有一百个至两百个系统地而不是零碎地、实际地而不是空洞地学会了马克思列宁主义的同志，就会大大地提高我们党的战斗力量。"① 毛泽东在晚年仍孜孜不倦地学习，并谆谆告诫全党尤其是中高级在职干部要"认真看书学习，弄通马克思主义"。这一口号虽然是在 1970 年 12 月 29 日给姚文元关于最近学习情况等问题报告的批语中提出的，② 但一些学者指出，这实际是"毛泽东一生坚持和倡导"的信条，他是以"毕生的精力努力把中国共产党办成一个马克思主义的大学校，一个有战斗力的、有学习风气的无产阶级政党"。③ 可以说，毛泽东作为善于抓学习建设马克思主义政党和改造中国的光辉典范，他对学习型政党建设的历史贡献，给我们在新的历史条件下建设学习型政党无穷的精神滋养。

习近平同志基于自身成长的深刻体会，并高度总结中共建设学习型政党的历史经验，深刻指出："我们党历来重视抓全党特别是领导干部的学习，这是推动党和人民事业发展的一条成功经验。在每一个重大转折时期，面对新形势新任务，我们党总是号召全党同志加强学习；而每次这样的学习热潮，都能推动党和人民事业实现大发展大进步。""全党同志一定要善于学习，善于重新学习。"正是从实现党的奋斗目标的战略高度出发，党的十八大提出了建设学习型、服务型、创新型马克思主义执政党的重大任务。习近平同志指出："把学习型放在第一位，是因为学习是前提，学

---

① 《中国共产党在民族战争中的地位》（1938 年 10 月 14 日），《毛泽东选集》第 2 卷，人民出版社，1991，第 533 页。
② 中共中央文献研究室编《毛泽东年谱（1949—1976）》第 6 卷，中央文献出版社，2013，第 363 页。
③ 李伟：《毛泽东与中国社会改造》，中央文献出版社，2006，第 75 页。

习好才能服务好，学习好才有可能进行创新。"①

"建设学习型政党，基础在各级党组织，关键在广大领导干部。"② 只有将各级党组织建设成学习型党组织，建设马克思主义学习型政党的宏伟目标才有坚实的根基；只有广大领导干部特别是各级党组织书记深刻领会、带头示范、富有成效地开展学习，并结合本地区本部门实际创新制度机制，动员组织广大党员干部长期开展有实效的学习，学习型党组织建设才能真正落地、落实。"根基不牢，地动山摇。"作为一个农耕文明历史悠久的发展中大国，"三农"工作历来是全党工作的重中之重。农村基层学习型党组织建设直接关系党的执政基础的巩固和建设现代化强国战略目标的顺利实现。农村党支部书记是农村基层学习型党组织建设的领导者和带头人。这一重要群体是如何以身作则，带头示范有效开展学习的？他们都学习了哪些理论知识？他们学习的精华内容是什么？他们结合农村实际在建设基层学习型党组织的实践中有什么长效制度机制创新？他们的学习活动对农村基层党建、乡村治理和乡村振兴有什么实际作用和影响？他们的学习精神、学习内容精华、学习制度机制对农村基层党建、乡村治理和乡村振兴有什么普遍意义和借鉴启发？对于这些重要理论与实践问题，由于缺乏系统、丰富的实证资料，学术界的研究是比较薄弱的。③

---

① 习近平：《依靠学习走向未来》（2013 年 3 月 1 日），《习近平谈治国理政》第 1 卷，第 401、403、407 页。

② 陈刚：《学习型政党理论与实践》，中共中央党校出版社，2011，第 241 页。

③ 笔者尚未见到农村基层学习型党组织建设研究的专著。代表性论文成果有岳奎《农村基层马克思主义学习型政党建设面临的问题与对策——以中部某省 X 村为个案》，《学习与实践》2010 年第 8 期；何祥林：《农村基层学习型党组织建设研究——从农村纠纷调解的视角》，《理论探讨》2012 年第 1 期；中央文献研究室调研组：《农村基层学习型党组织建设问题与对策》，《党建》2012 年第 3 期；张湘富、耿洪彬、张森林：《建设学习型农村基层党组织的调查与思考——以吉林省推进学习型农村基层党组织建设为例》，《探索》2012 年第 4 期。这些研究大多属于"问题－对策"式，聚焦农村党支部书记这一群体的学习系列问题展开实证研究的成果还不多见。

建设马克思主义学习型政党，关键在于广大领导干部，包括基层党组织领导干部。本章聚焦农村基层党支部书记这一群体，对其学习活动展开深入的实证研究。作为善于学习、勇于实践的基层党组织领导干部，他们的学习活动绝不会是孤立的个人活动。从很大意义上说，农村基层党支部书记学习好了，学习有成效了，农村基层学习型党组织就会建设得比较好。"千军易得，一将难求"，"将强强一片，将弱弱一窝"，这里面蕴含广大人民群众从千百年实践经验中总结的国家治理的朴素真理。本章以陕西关中 N 村党支部书记为研究个案，是因其具有典型性。Z 书记退休前一直做学校教育和行政管理工作，就领导农村工作而言是经过学习外行变内行的典型，而且是成长为市级农村党支部书记的先进典型，县里经常组织农村干部向他学习，请他传授工作经验；在学习成效上，N 村在他领导下是落后村变先进村的典型，而且是省级先进典型；在学习精神上，Z 书记退休后因形势需要，奉献余热，担任了最基层的农村干部，老骥伏枥，工作 11 年记写的各类工作、学习笔记和日记资料有 254 本，堆起来有 1.7 米高。这种勤奋学习钻研的精神对广大党员干部而言是一个极大的精神激励和鞭策。

本章依据的主要资料是 Z 书记学习过程中所做的学习剪报，这是他在学习中形成的最系统集中的资料，还有一些工作日记资料和实地调查访谈资料。从中央到地方党组织的各级党报党刊，是传播党的方针政策、宣传典型经验、引领社会发展的重要传统媒介。笔者参与研究过的河北省昌黎县侯家营村，从遗存下来的会计凭证资料来看，从 1964 年起，就开始订阅《人民日报》《河北日报》《秦皇岛日报》《昌黎报》《中国农民报》《红旗》《赤脚医生杂志》《农村工作通讯》《支部生活》《中国妇女》《河北妇女》《中国青年》《河北青年》等报刊。在毛泽东时代，为了及时了解党中央的声音，和党中央保持一致，一些大队干部已经形成

"报纸不离手"的习惯。① 本研究的一个核心问题意识是：这些报刊在农村基层党员干部中究竟是被怎样传播、阅读和理解的？产生了怎样的社会影响？由于阅读笔记等读者主体史料的匮乏，对上述问题展开深入研究是很困难的，只能借助少数历史记忆与口述史料。新文化史研究在西方学术界兴起后，阅读史研究成为一个重要的领域，读者的角色、趣味、接受、反应成为普遍关注的主题。② 这一研究视角可以为我们拓宽中共党史研究视阈、深化党员干部群体的学习活动研究提供有益的启发。一般而言，报刊是二手资料的重要来源。但是，研究运用的是一手资料还是二手资料，本质上必须根据其反映研究问题的直接或间接关系而定。本章并非直接引用公开发行的报刊研究中共思想理念的建构与阐释问题。未被基层党员干部阅读、学习的报刊资料，对于研究基层党员干部的阅读、学习活动而言，没有任何的关系和帮助。在利用基层党员干部阅读、学习、圈画过的报刊资料展开基层党员干部的学习活动与中共思想理念在农村基层的传播、接受、实践研究时，这种特定的报刊剪辑学习资料，就成了珍贵的第一手资料。

农村基层党员干部为什么会做剪报？他们对剪报的价值是如何认识的？Z书记的学习剪报资料中有一则剪报资料《从"鲁迅剪报"说起》。文章说："在一般人的印象里，作为一代文豪的鲁迅先生，该是满腹经纶、左右逢源的。最近读到高信先生的《鲁迅的剪报》一文，才知鲁迅先生做学问、写文章还做过剪报。……上海的鲁迅博物馆里，保存着一本剪报集，剪贴得很整齐，每页上还有他亲笔所写报纸名称和日期。这些资料是他从1928年至1933年期间上海出版的《电报》、《新闻报》、《时事新

---

① 张思等：《侯家营：一个华北村庄的现代历程》，天津古籍出版社，2010，第486—489、495 页。

② 〔英〕伯克：《什么是文化史》，蔡玉辉译，北京大学出版社，2009，第70—71 页。

报》及《大晚报》等文艺副刊上剪下来的。"① Z 书记剪辑下这则材料，反映出他对做剪报学习方式的认同与重视。

农村基层党支部书记究竟从读书看报中阅读了什么、思考了什么、收获了什么？这是本研究的核心问题，也是利用剪报资料进行研究的一个原则性问题。文中直接引用的核心剪报资料，都是 Z 书记用笔圈画过、有阅读标记的内容，这些内容曾引起阅读者的特别兴趣，是他从主体选择的角度认为最有价值的内容；而对于只作了剪贴收集而未圈画的一般性资料，文中较少引用。

一　农村基层党员干部开展学习的
时代环境和制度机制

在人民公社体制下，国家对农村基层社会的治理属于全面管控式的，基层干部和农民没有多大的自主权。虽然这一时期国家也在农村推广使用化肥、农药、机械耕作等新技术，但应用并不是很广泛。农业的发展仍然主要靠劳动密集型投入，因此农村人口仍然保持很高的生育动力。在陕西关中 N 村，对于施用化肥这样简单的新生产技术，公社和大队干部都"高度重视"，农民则表现出隔膜与漠视。N 村人民公社时期的老会计回忆，在 60 年代初，生产大队甚至公社的干部，时常出现在村中、田间地头，白天参加劳动、检查生产，夜里和社员谈心、开会，宣讲政策，学习文件。由政府贷给周转基金或预付农副产品订金支持春耕。有一次在村口的麦田里，时任公社党委书记牛某以及生产大队会计党某眼看着社员把贷款购买的化肥按规定的比例追施到田间。党某的一位堂叔是庄稼行里顶呱呱的全把式，在公社书记离开后不停地嘟囔着：一点白面面，能顶什么用！几十年以后，他又见那位堂叔给菜地追肥，也是那白面面，就开玩笑地问起来："六大（即六叔），

---

① 《学习剪报》第 36 本，2012 年。

那白面面能顶什么用！"堂叔笑了："这化肥劲头大哩！"[①]

　　在人民公社时期，管理发展农业生产对农村基层党员干部的理论知识素养和学习能力要求并不高。重要的是党员干部出身要根正苗红，要"政治忠诚"，能以身作则领导农民与党中央和毛主席的各项决策及最高指示保持高度一致。农村基层党员干部的学习主要是学马列、学毛主席著作，学习的方式主要是开会、开展政治运动。很多农村党支部书记由于出身贫下中农，受教育程度不高，有的甚至当支书初期连基本的读书看报能力也没有，因此很难谈得上深入学习。例如在山西省阳城县 K 大队，1966 年 1 月担任大队党支部书记的苏某，任职之初因为自己的文化程度太低，还不及初小程度，看信看报还得请人，思想上产生了种种顾虑。[②]在选拔干部特别注重阶级出身的时代环境下，这样的情况具有一定的普遍性。

　　改革开放后，党和国家工作重心转移。随着中国对外开放，加入经济全球化的世界潮流，现代化浪潮引发的社会转型加速，农村基层党员干部学习的时代环境发生了重大变化。随着党领导下的村民自治制度的推行，农村发展的空间和自主选择权大大增加，这也给农村基层党组织领导人的学习能力、抉择能力和领导能力提出了更高的要求。在人民公社制度下，农村基层党组织带头人只需要忠诚执行党的各项方针政策，带领群众实干苦干就能成为优秀的基层干部。在改革开放后相对自由的发展型制度环境下，农村基层党组织带头人干得好、能力强，可以建成天下闻名的华西村；干不好、能力弱，所在村就会变成基层组织软弱涣散的空心村、贫困村。总之，农村工作千头万绪，社会发展日新月异，农村基层党组织领导干部要领导农民致富，推动农村社会全

---

① 《履印》，第 21 页。
② K 大队党支部书记苏某：《用毛泽东思想统帅一切搞工作——谈我学"毛著"抓思想改进工作的几点做法》（1966 年 7 月 21 日），F–11，第 1—2 页。

面发展，马克思主义理论、党的路线方针政策、国家的法律法规、党史国史、中华优秀文化传统、农业新技术、社会治理等方方面面都要学。新的时代发展环境对农村基层党员干部的学习能力、服务能力、创新能力提出了更高、更全面的要求。

正是从国家发展的战略高度出发，在新世纪新阶段，面对错综复杂的国际国内形势和日新月异的发展局面，中共中央出台了一系列的文件，着力推动马克思主义学习型政党建设步伐。2004年9月，党的十六届四中全会在《中共中央关于加强党的执政能力建设的决定》中第一次以党的中央全会决定的方式提出"努力建设学习型政党"的要求。2007年10月，党的十七大正式把"建设学习型政党"写入党的全国代表大会报告，进一步明确了建设学习型政党的目标。2009年9月，党的十七届四中全会进一步提出"建设马克思主义学习型政党"的重大战略任务。2010年2月，中共中央办公厅印发了《关于推进学习型党组织建设的意见》，对落实这一重大战略作出全面部署。这一系列决策部署，构成农村基层党员干部开展常态化制度化学习的宏观制度机制。在这样的宏观制度机制影响下，同时为了解决N村发展过程中面临的困境，N村党支部书记以身作则，示范带头，建立起党员干部学习制和承诺制，贯彻落实中央部署，有效地推动学习型、服务型、创新型基层党组织的建设，进而推动建设书香村和全民学习型社会。学习型党组织、学习型社会建设在N村逐步变为现实，Z书记成为党员干部和村民学习的榜样。

二　"向书本学习"：基于学习剪报的分析

中共十七届四中全会通过的《中共中央关于加强和改进新形势下党的建设若干重大问题的决定》指出："必须按照科学理论武装、具有世界眼光、善于把握规律、富有创新精神的要求，把建设马克思主义学习型政党作为重大而紧迫的战略任务抓紧抓好。"

关于建设学习型党组织，该决定指出，要"在全党营造崇尚学习的浓厚氛围，积极向书本学习、向实践学习、向群众学习，优化知识结构，提高综合素质，增强创新能力，使各级党组织成为学习型党组织、各级领导班子成为学习型领导班子。组织党员、干部重点学习马克思主义理论，学习党的路线方针政策和国家法律法规，学习党的历史，同时广泛学习现代化建设所需要的经济、政治、文化、科技、社会和国际等各方面知识"。① 决定不仅将建设马克思主义学习型政党上升到战略高度，还指明了"向书本学习、向实践学习、向群众学习"三种基本学习方式，这也是本章对农村基层党员干部学习的基本方式和主要内容展开研究的逻辑思路。

2016 年 7 月，笔者在 N 村实地调查农村基层党组织建设的典型经验，共收集到党支部书记学习剪报 56 本。② 对该学习剪报中的重要阅读和学习内容进行系统整理后，下文将从学马克思主义理论、学道德品格修养、学农村基层党建、学农村建设发展四个方面对其进行具体分析。

（一）学马克思主义理论

没有马克思主义的科学理论指导，中国共产党无法承担起为中国人民谋幸福、为中华民族谋复兴的历史使命。因此，中国共产党在倡导全党学习的历史进程中，始终将学习马克思主义理论放在首位。1929 年 6 月中共六届二中全会就强调："加紧马克思列宁主义教育工作。""为要提高党内的政治水平，为要加紧对于干部的训练，党首先应加强党内的理论基础，故马克思列宁（主义）

---

① 《中共中央关于加强和改进新形势下党的建设若干重大问题的决定》，中国共产党新闻网，http://cpc.people.com.cn/GB/64093/64387/10128290.html，2009 年9 月 18 日。

② 《学习剪报》编号为 1—65，时间跨度从 2004 年至 2016 年，其中第 6、14、17—19、25、28、35、47、63—64 本缺失，编号第 16 和 50 本各 2 本，实际共56 本。初步整理 Z 书记阅读圈画的学习内容共 29 万余字。

的教育工作应从支部中做起。"① 1939 年 7 月，刘少奇在系统论述共产党员的修养时，将"要有马克思列宁主义理论的修养"放在首位。② 新时期，习近平总书记号召全党加强学习、善于学习时强调："首先要认真学习马克思主义理论，这是我们做好一切工作的看家本领。"③ 可见，对党员干部而言，学好马克思主义理论始终是学习的重中之重。那么，农村基层党员干部是如何理解和学习马克思主义理论的呢？

1. 学好马克思主义理论首先要有正确而坚定的立场

为什么人的问题，是一个根本的问题。刘少奇 1939 年在谈到提高共产党员马克思列宁主义的理论修养时就强调："一个共产党员如果没有明确而坚定的无产阶级立场，没有正确而纯洁的无产阶级思想意识，要彻底了解和真正掌握马克思列宁主义的理论和方法，并使之成为自己的革命斗争的武器，是不可能的。""一个共产党员要有比较好的马克思列宁主义的理论修养，就必须有崇高的无产阶级的立场。"④ 结合近代以来中国的历史实际而言，广大党员干部学习马克思主义理论，就是要始终坚持"两个先锋队"的性质和宗旨，为中国人民和中华民族的根本利益而奋斗。

Z 书记退休后放弃悠闲舒适的晚年生活，不顾家人朋友的劝阻，在上了年纪的情况下挑起一个班子瘫痪的落后村的支部书记重担，本身就是党性的考验。他经过几年的努力，带领"两委"班子将一个落后村变成先进典型村，最根本的原因也是他德才兼

---

① 《组织问题决议案》（1929 年 6 月），中共中央组织部等编《中国共产党组织史资料》第 8 卷《文献选编》（上），中共党史出版社，2000，第 285 页。

② 刘少奇：《论共产党员的修养》（1939 年 7 月），中共中央文献研究室、中国延安干部学院编《延安时期党的重要领导人著作选编》（下），中央文献出版社，2014，第 383 页。

③ 习近平：《依靠学习走向未来》（2013 年 3 月 1 日），《习近平谈治国理政》第 1 卷，第 404 页。

④ 刘少奇：《论共产党员的修养》（1939 年 7 月），中共中央文献研究室、中国延安干部学院编《延安时期党的重要领导人著作选编》（下），第 388—389 页。

备，始终坚持为广大村民谋幸福的坚定立场。他在上任后第一本工作日记的首页，就学习制作了一则剪报《领导干部要常反省》。反省什么呢？就是"权为民所用，情为民所系，利为民所谋"。[1]同时，他在上任后的第一则工作日记中写下了这样的工作准则："为了做好工作，不辜负 N 村人民的希望，对自己提出以下要求：勤勤恳恳工作，公理公道办事；牺牲个人利益，为广大群众着想；不占集体便宜，处处以身作则；服从上级领导，接受群众监督；抓紧造就新人，不恋领导岗位，到时急流勇退。""加强理论学习，提高农村管理知识，增强领导工作能力，尽快变外行为内行，对新农村建设起到强有力的推动作用。"[2] 这些学习剪报和工作日记，鲜明地表现出一个新任农村党支部书记的初心和一个老党员的党性。

为广大群众着想，推动新农村建设，根本上要靠实践来检验。Z 书记在学习党的十七大报告解读文章旁写下了这样的阅读批注："不说硬话，不做软事。话要少说，事要多干。"[3] 他在学习了《让"太平官"不再太平》后特别标记了这段话："做到干一地，兴一地；干一行，兴一行。""干好留任，干不好让位。"以此勉励和要求自己，作为当好村干部的准则。[4]

在建设社会主义现代化新农村的奋斗历程中，不同的历史时期，在党的领导下，都会涌现出堪称时代先锋的优秀农村党支部书记，从集体化时代的陈永贵、李顺达等，到改革开放新时期的吴仁宝、沈浩等，他们都是激励广大农村基层干部带领群众创造美好生活的榜样。在学习了《基层党组织书记怎样学沈浩》一文

---

① 刘克军：《领导干部要常反省》，《Z 书记工作日记》第 1 本，2007 年。日记中所附的少量剪报资料均未标记具体学习的日期，下不一一注明。

② 《Z 书记工作日记》第 1 本，2007 年 4 月 15 日。

③ 《学习党的十七大报告解读之〈科学发展观根本方法是统筹兼顾〉》，《Z 书记工作日记》第 6 本，2007 年。

④ 朱海滔：《让"太平官"不再太平》，《Z 书记工作日记》第 7 本，2007 年。

后，Z 书记特别标记了这段话："向沈浩学习，就要像他那样，带领干部群众谋发展、促和谐，推动形成科学发展共识，理清发展思路，创新发展模式，突破发展难题，努力使本村、本社区的改革发展稳定各项工作符合科学发展观的各项要求，为一方老百姓带来更多实惠、更多福祉。"他还写下了自己的学习感言："始终把老百姓的冷暖挂在心上；真心真意想民所想，急民所急，帮民所需；倾心研究，科学工作，解决好村里的民生难题，带领村民脱贫奔小康。"① 可以说，能在平凡的岗位上脚踏实地做好这几点的，都是真心实意为群众利益奋斗的沈浩式的优秀农村党支部书记。

　　树立马克思主义的群众观点，确立坚定的人民立场，是党员干部学习马克思主义理论的根本要求。在学习《把群众当主人当亲人当老师》一文后，Z 书记特别标记了这些话："得民心者得天下，失民心者失天下"；"知屋漏者在宇下，知政失者在草野"；"德莫高于爱民，行莫高于利民"。② 如何用马克思主义的观点理解这几句话的深刻内涵呢？"得民心者得天下，失民心者失天下"，体现的是中国传统的民本思想，在此基础上进一步树立正确的群众观点；"把群众当主人"，摆正主仆关系，体现的是社会主义国家的根本性质、党的根本性质，追求的不是执政者的政权永固，而是人民群众历史主体地位的实现；"把群众当亲人"，就是要"情为民所系，利为民所谋"，真正得到人民群众的拥护和支持，把社会主义事业不断推向前进；"把群众当老师"，就是要懂得"知屋漏者在宇下，知政失者在草野"，体现的是马克思主义的实践观，这样决策和施政才能实事求是、符合规律，真正实现最广大人民群众的根本利益；"德莫高于爱民，行莫高于利民"，德与行的统一，爱与利的统一，理论和实际的统一，才能真正地全心全意为人民服务。

---

① 陈家兴：《基层党组织书记怎样学沈浩》，《Z 书记工作日记》第 32 本，2010 年。
② 朱海滔：《把群众当主人当亲人当老师》，《学习剪报》第 20 本，2009 年。

Z 书记在学习了《加强党性修养　永葆共产党人本色》一文后，对这段话作了重点标记："坚决站在党和人民的立场上立身、处世、从政，时时处处把党、国家和人民的利益放在大于一切、高于一切、重于一切的位置上，以自己的全部工作为党分忧、为国建功、为民造福。""胸怀坦荡，不徇私情，淡泊名利，对上不争名，对同级不争权，对下不争利。"[①] 学习马克思主义理论只有一以贯之地坚持这样的根本立场，才能真正彻底了解与掌握马克思主义的理论和方法。

2. 学马克思主义理论精髓

邓小平同志结合自己领导革命、建设的经验深有感触地指出："学马列要精，要管用的。长篇的东西是少数搞专业的人读的，群众怎么读？要求都读大本子，那是形式主义的，办不到。""实事求是是马克思主义的精髓。要提倡这个，不要提倡本本。我们改革开放的成功，不是靠本本，而是靠实践，靠实事求是。""我读的书并不多，就是一条，相信毛主席讲的实事求是。过去我们打仗靠这个，现在搞建设、搞改革也靠这个。"[②] 农村基层党员干部承担的工作千头万绪，文化程度又普遍不高，要带领群众脱贫奔小康，全面推动社会主义新农村建设，根本上要靠实事求是，靠掌握马克思主义理论的精髓，指导具体的农村建设实践。要求他们系统地学习马克思主义理论的经典著作，也是办不到的。

马克思主义理论的精髓是什么？Z 书记在学习中反复思考这一问题，他认识到，"实事求是是马克思主义的精髓"，"毛泽东思想的基本点就是实事求是"，"实事求是是邓小平同志一生最鲜明的思想特点"。[③] 邓小平指出，"群众路线和实事求是这两条是最根本

---

①　傅兴国：《加强党性修养　永葆共产党人本色》，《学习剪报》第 26 本，2011 年。

②　《在武昌、深圳、珠海、上海等地的谈话要点》（1992 年 1 月 18 日至 2 月 21 日），《邓小平文选》第 3 卷，人民出版社，1993，第 382 页。

③　郑剑：《我是实事求是派》，《学习剪报》第 53 本，2014 年。

的东西"，"群众路线和实事求是是特别重要"。① 邓小平将毛泽东思想活的灵魂概括为"实事求是、独立自主、群众路线"。"这三大法宝既是毛泽东思想的哲学基础，同时也是我们中国特色社会主义理论体系的哲学基础。"② 要"牢牢把握实事求是这一兴党兴国之魂"，"牢牢把握群众路线这一兴党兴国之根"。③ "实事求是是马克思主义的精髓和灵魂，是推动党和国家事业发展的重要法宝。"④

实事求是是马克思主义的精髓和灵魂，这一观点的理论基础是什么？在思想方法上、工作方法上，如何坚持实事求是呢？Z 书记在学习中也深入关注马克思主义理论的本体论、认识论。他在学习中认识到：马克思主义哲学具有根本的方法论指导意义。马克思和恩格斯把自己的哲学称作"新唯物主义"，即辩证的、历史的和实践的唯物主义。马克思主义哲学以彻底的唯物主义立场解决了思维和存在的关系问题，明确了我们认识和实践的根本前提。"它强调存在第一性、思维第二性，要求一切从实际出发、实事求是。""人作为主体可以通过实践能动地认识和改变世界。只有认识了客观规律并依照这种认识进行实践，才能使主体的能动作用更好地发挥出来。""一切活动最终都是为了人。但人不是抽象的人，而是现实的人。"⑤ "实事求是是一种科学精神、一种政治品格、一种优良作风。"始终坚持实事求是这个党的生命线，就要"在认识和处理问题时，始终从客观实际出发，从变化、发展的实际出发"，"在思想方法上，克服片面性、孤立性、表面性、静止性和主观性等错误方法。在工作和领导方法上，要将高涨的热情和科学的态度与实干精神结合起来，要既讲原则性、科学性，又

① 韩振峰、纪淑云：《党的群众路线的由来与发展》，《学习剪报》第 44 本，2013 年。
② 李捷：《毛泽东对中华民族的贡献》，《学习剪报》第 48 本，2013 年。
③ 任理轩：《牢牢把握实事求是这一兴党兴国之魂》《牢牢把握群众路线这一兴党兴国之根》，《学习剪报》第 50 - 2 本，2014 年。
④ 崔红星：《实事求是"三戒"》，《学习剪报》第 56 本，2015 年。
⑤ 贾高建：《重视培养正确的思维方式》，《学习剪报》第 23 本，2010 年。

注意灵活性"。① 这就是说，只有坚持彻底的唯物论，即辩证的、历史的和实践的唯物主义，才能深刻理解和真正坚持实事求是，并以此作为我们行动的向导，最大限度地发挥主体能动性，服务于现实的人的解放。

如何深刻理解马克思主义的群众观点和群众路线呢？Z 书记在学习中认识到：1943 年 6 月，毛泽东在为中共中央起草的《关于领导方法的若干问题》一文中，从辩证唯物主义认识论的高度，对党的群众路线的工作方法进行了精辟概括。毛泽东指出："在我党的一切实际工作中，凡属正确的领导，必须是从群众中来，到群众中去。这就是说，将群众的意见（分散的无系统的意见）集中起来（经过研究，化为集中的系统的意见），又到群众中去做宣传解释，化为群众的意见，使群众坚持下去，见之于行动，并在群众行动中考验这些意见是否正确。然后再从群众中集中起来，再到群众中坚持下去。如此无限循环，一次比一次地更正确、更生动、更丰富。这就是马克思主义的认识论。"在党的七大上，刘少奇在《关于修改党章的报告》中专门论述了党的群众路线，他指出："党的群众路线，是我们党的根本的政治路线，也是我们党的根本的组织路线。"群众路线"就是要使我们党与人民群众建立正确关系的路线"，"就是我们党的领导骨干和党内党外广大群众密切结合的路线，就是从群众中来又到群众中去的路线，就是指导方法上的一般号召与个别指导相结合的路线"。1981 年，党的十一届六中全会通过的《关于建国以来党的若干历史问题的决议》将党的群众路线的基本内容概括为："一切为了群众，一切依靠群众，从群众中来，到群众中去。"前两句阐述的是党的群众观点，体现的是马克思主义关于人民群众问题的世界观，后两句话讲的是如何贯彻党的群众观点，体现的是马克思主义关于人民群众问题的

---

① 傅兴国：《加强党性修养　永葆共产党人本色》，《学习剪报》第 26 本，2011 年。

方法论，两者的有机结合构成了中国共产党群众路线的整体内容。①

　　实践的观点是马克思主义的根本观点。只有深刻理解马克思主义的实践观，才能真正将实事求是和群众路线"这两条最根本的东西"内在地统一起来。Z书记在学习中进一步认识到，"马克思主义，理论源泉是实践，发展依据是实践，检验标准也是实践"。中国共产党人坚信马克思主义基本原理是颠扑不破的科学真理，坚信马克思主义必须随着实践发展而不断丰富和发展，从来不把马克思主义看成空洞、僵硬、刻板的教条。② 牢固树立人民至上的群众观，"一是牢记人民是历史的主体。从历史发展进程看，人民群众不仅是物质财富的创造者，也是精神财富的创造者，决定着社会的发展进程。作为共产党人、作为领导干部，无论何时都必须坚持群众观点、站稳群众立场，牢固树立人民群众是历史真正主人和创造者的唯物史观，以人为本、人民至上的价值观，立党为公、执政为民的执政观，解决好'为了谁、依靠谁、我是谁'的问题。二是牢记人民是实践的主体。人民群众是社会实践的创造者和推动者。人民群众的生产生活实践，体现着人类实践的本质和主流，是推动历史前进和社会变革的决定性力量。这就要求我们尊重群众首创精神，虚心向群众学习，使我们的理论和路线方针政策建立在人民群众的利益，愿望和实际状况之上"。坚持人民的力量至上，紧紧依靠人民创造历史，"一是充分激发人民群众的创造力"；"二是广泛集中人民群众的智慧。当前，世情、国情、党情继续发生深刻变化，各种新情况新问题层出不穷。这就要求把群众路线贯穿于决策和工作的全过程，问政于民、问需于民、问计于民，做到决策前认真听取群众意见呼声，保证决策'从群众中来'；决策中充分发扬民主，集中群众智慧，保证决策

---

①　韩振峰、纪淑云：《党的群众路线的由来与发展》，《学习剪报》第44本，2013年。

②　胡锦涛：《在庆祝中国共产党成立90周年大会上的讲话》，《学习剪报》第29本，2011年。

体现群众意志和要求；决策后及时'到群众中去'，在群众的实践活动中接受检验并完善决策"。①

坚持实事求是意义重大。实践证明，"什么时候坚持实事求是，我们的事业就顺利发展；什么时候背离实事求是，我们的事业就遭受挫折"。② 那么，党员干部如何才能更好地做到实事求是呢？Z书记在学习中关注到，一要培养务实的品格。"所谓务实，可以从三个方面来理解：一是实事求是，坚持从实际出发来分析和解决问题，努力使主观符合客观；二是注重实践，坚持理论联系实际，真抓实干、不尚空谈；三是保持低调。坚持'敏于事而讷于言'，不图虚名、不事张扬。"③ 二要"三戒"，戒"唯上、唯书、唯己"。"每个人都有自己的'视觉盲区'。如果一味以自己为'圆心'来看问题，得出的结论就可能不够全面，甚至是错误的。""不'唯上'、不'唯书'、不'唯己'，一切从实际出发、实事求是，才能做到务实谋事、踏实创业、老实做人。"④

吴仁宝书记是改革开放新时期带领农民群众创造社会主义现代化新农村建设辉煌历史的楷模，也是基层党员干部学习的光辉榜样。Z书记深入学习了吴仁宝在实践中总结的坚持实事求是的深刻认识。这些认识理论联系基层实际，深入浅出，富有启发意义。吴仁宝认为，"当基层干部，要做到两头保持一致，一头同各级领导保持一致，一头同群众保持一致"。"领导讲的，我们已经做好的，不要重复再做，暂时还没有条件去做，就不要勉强去做，这个都叫听领导的话。否则，你硬要去做，造成了损失，还不能说是领导叫做的。因为领导讲的时候不是对我们一个单位讲的，别的单位可能条件成熟了，他可以做。"在历史的特定时刻，如果上面一头与下面一头并不一致，怎么办？吴仁宝认为，"那就只好对

---

①　张文雄：《牢固树立人民至上的群众观》，《学习剪报》第43本，2013年。

②　郑剑：《我是实事求是派》，《学习剪报》第53本，2014年。

③　任理轩：《积极培养健康的国民心态》，《学习剪报》第23本，2010年。

④　崔红星：《实事求是"三戒"》，《学习剪报》第56本，2015年。

上面搞一点形式主义，目的是保住实事求是，形式主义可以对付官僚主义，官僚主义也比较喜欢形式主义。否则，上面不要你了，组织部两指宽的字条把你免了，那连为群众服务的机会都没有啰！"好个高明、精明、通明、世事洞明的吴仁宝！有个村支书问吴仁宝："你们这里的群众怎么这么听话，我们那里的群众却不听话？"吴仁宝说："我不怕群众不听干部的话，就怕自己不听群众的话，我听了群众的话，群众就会听我的话；我是不怕群众不听话，就怕自己说错话。"吴仁宝认为，"同上头保持一致，不能满足于当'传声筒'和'收发室'，叫向东不向西，叫打狗不撵鸡。高压电不能拉到家里点电灯，要经过变电站、变压器'变压变频'"。他强调，要从华西实际出发，千方百计发展华西经济，一切为了造福群众。① 这些深入浅出的语言，道出了基层领导干部结合实际工作贯彻群众路线的精义。

学习马克思主义理论，运用它指导实际工作，还要特别注意培养科学思维方式。恩格斯说，一个民族要想站在世界之巅，就一刻也离不开理论思维。但是，古今中外形形色色的理论思维并非都具有真理性，而是真伪杂陈、良莠并存。那么，对领导干部而言，学习马克思主义理论，要培养和树立怎样的理论思维呢？"概括地说，就是唯物辩证思维。由此及彼、由表及里、普遍联系、透过现象看本质、对立统一、一切从实际出发等等，都是唯物辩证思维的范畴。""习近平同志强调，领导干部要提高辩证思维、系统思维、战略思维、法治思维、底线思维、精准思维能力。"毫无疑问，这些思维都属于理论思维，都有利于提高领导能力和执政水平。世界社会主义发展的历史一再证明了一个结论：什么时候遵循了唯物辩证思维，社会主义事业就蓬勃向前发展；什么时候违背了唯物辩证思维，社会主义事业就会遭受挫折和失败。苏联解体、东欧剧变，不是证明了马克思主义和社会主义的失败，而是证明了违

---

① 龚永泉：《吴仁宝求是》，《学习剪报》第 39 本，2012 年。

背唯物辩证思维的社会主义难免失败。中国社会主义成功的秘诀，就是坚持和发展了符合唯物辩证思维的社会主义。[①]

综上所述，作为一个农村基层干部，Z书记对实事求是、群众路线、实践观点、唯物辩证论这些马克思主义理论精髓的学习是比较深刻、系统的，也是难能可贵的。正是从根本上树立了马克思主义的世界观，N村才能在他的带领下不断探索实践，走出一条发展振兴的新路，实现了由上级领导头疼的穷村、乱村、上访村到先进典型村的跨越。

3. 学中国特色社会主义理论

新中国成立后，中国共产党带领中国人民艰辛探索、团结奋斗的一个历史主题和根本历史成就就是探索、开创、坚持和发展了中国特色社会主义。"只有中国特色社会主义能够发展中国"是当代中国社会发展的根本历史结论。团结人民、脚踏实地建设中国特色社会主义，在一代接一代的历史奋斗中最终实现共产主义，是中国共产党人的共同理想信念。学习中国特色社会主义理论，坚定理想信念，是党员干部的精神支柱和必修课。

Z书记在学习习近平总书记系列讲话中认识到，"坚定理想信念，坚守共产党人精神追求，始终是共产党人安身立命的根本"。对马克思主义的信仰，对社会主义和共产主义的信念，是共产党人的政治灵魂，是共产党人经受任何考验的精神支柱。[②] 他在学习中反复关注和领会一个重要历史结论：党和国家的长期实践充分证明，"只有社会主义才能救中国，只有中国特色社会主义才能发展中国"。中国特色社会主义，承载着几代中国共产党人的理想和探索，寄托着无数仁人志士的夙愿和期盼，凝聚着亿万人民的奋斗和牺牲，"是近代以来中国社会发展的必然选择，是发展中

① 张国祚：《一刻也离不开理论思维》，《学习剪报》第61本，2016年。
② 习近平：《紧紧围绕坚持和发展中国特色社会主义　学习宣传贯彻党的十八大精神》（2012年11月17日），《学习剪报》第38本，2012年。

国、稳定中国的必由之路","是中国共产党人和中国人民团结的旗帜、奋进的旗帜、胜利的旗帜"。① "只有社会主义才能救中国""只有立足国情建设社会主义才能自强中国""只有中国特色社会主义才能发展中国",这是中国革命、建设和改革的"三个真理性启示"。②

坚持走社会主义道路,坚定中国特色社会主义理想信念,是被党领导人民长期的历史实践证明了的真理。近代以来,中国社会各阶级、无数仁人志士为了回答"中国向何处去"的时代之问,进行了不懈的探索。最终,"随着社会主义制度在中国的建立,我们党解决了用社会主义救中国的问题"。继往开来,中国共产党就"用社会主义发展中国"的重大历史课题,进行了艰辛探索,取得了举世瞩目的成就。③

为什么要坚定中国特色社会主义理想信念?社会主义兴起以来,历经沧桑而不衰,吸引着无数仁人志士为之奋斗。社会主义为什么具有如此强大的生命力?Z书记学习到,从理论上讲,"首先在于,它适应人类社会发展的客观规律,不断解放和发展生产力";其次,"它与人类对美好社会的追求紧密联系在一起,代表着历史前进方向";最后,"它是广大人民群众自己的事业,具有最广泛最深厚的群众基础","社会主义深得人心,就在于它是为广大人民群众谋利益的事业"。④

为什么说"只有中国特色社会主义才能发展中国"?历史和实

---

① 《天翻地覆慨而慷——如何从新中国辉煌的60年看中国特色社会主义的制度优势》,《学习剪报》第22本,2009年;习近平:《紧紧围绕坚持和发展中国特色社会主义　学习宣传贯彻党的十八大精神》(2012年11月17日),《学习剪报》第38本,2012年。

② 郑卫平:《坚持和发展中国特色社会主义——对贯穿党的十八大报告主线的认识和体会》,《学习剪报》第39本,2012年。

③ 中共中央党校中国特色社会主义理论体系研究中心:《中国道路与党的创新精神》,《学习剪报》第29本,2011年。

④ 闫志民:《社会主义具有强大生命力》,《学习剪报》第56本,2015年。

践最有说服力。新中国成立以来，中国人民在党的领导下，取得了社会主义建设的辉煌成就。回顾辉煌的历史进程，有助于我们坚定在党的领导下坚定走中国特色社会主义道路，为中华民族伟大复兴继续奋斗。在举国欢庆新中国成立 60 周年的喜庆日子里，Z 书记认真学习新中国建设的历史成就。

新中国成立 60 年社会主义建设取得了哪些辉煌成就？首先，从经济地位看，"经过 60 年的奋斗，我国已成为世界第三大经济体，进出口贸易总额跃居世界第三，粮食、钢铁、水泥、原煤、有色金属等一大批重要工农业产品跃居世界首位"。其次，从人民生活来看，实现了历史性跨越，"房子大了，电话小了，感觉越来越好；假期多了，收入高了，工作越来越好"。60 年弹指一挥间，中华大地沧桑巨变。中国为什么会取得如此辉煌的历史成就呢？通过历史和现实的比较，人们可以清楚地看到，"经过 60 年的发展，我们之所以有今天这样的局面，归结起来就是确立和不断完善了中国特色社会主义制度。60 年的辉煌成就，就是中国特色社会主义制度优势的生动体现"。[①] 在纪念中国共产党成立 90 周年之际，Z 书记进一步认识到："中国特色社会主义的成功实践是中国共产党对世界社会主义事业的历史性贡献，其重要意义在于，进一步证明了马克思主义、科学社会主义并没有过时，社会主义取代资本主义是人类社会发展的必然趋势，鼓舞和坚定了人们的信心信念；进一步揭示了把马克思主义基本原理同本国具体实际和时代特征结合起来，努力探索符合客观规律和各自国情的社会主义道路，是世界社会事业发展的基本规律。"[②]

历史和实践充分证明，走社会主义道路是中国历史发展的必由之路。那么，究竟什么是社会主义？什么是中国特色社会主义？

---

① 《天翻地覆慨而慷——如何从新中国辉煌的 60 年看中国特色社会主义的制度优势》，《学习剪报》第 22 本，2009 年。

② 孙英：《中国共产党的历史贡献及其重要意义》，《学习剪报》第 27 本，2011 年。

中国特色社会主义究竟有怎样的制度优势？这是共产党人坚定理想信念，坚持和发展中国特色社会主义必须要搞清的根本理论问题。

邓小平同志是改革开放的总设计师。他在总结历史经验的基础上，对什么是社会主义这一根本问题作出了突破性的理论思考，由此为突破斯大林模式的社会主义，成功推进社会主义改革，开创中国特色社会主义奠定了根本理论基础。Z 书记深入学习了邓小平同志关于社会主义本质的理论创新。邓小平同志讲社会主义，首先是从社会的优越性讲起的。他认为，我们为什么不搞资本主义而非要搞社会主义呢？就是因为社会主义比资本主义优越。如果不优越，搞社会主义干什么？这是他思考"什么是社会主义"问题的逻辑起点。那么，社会主义的优越性表现在哪里？主要是两个方面："一个是生产力比资本主义发展更快一些，更高一些；一个是生产力发展的成果要落到人民生活水平的提高上，逐步实现共同富裕。""社会主义不是少数人富起来、大多数人穷，不是那个样子。社会主义最大的优越性就是共同富裕，这是体现社会主义本质的一个东西。"顺着这个思路，在南方谈话时他就形成了对社会主义本质的概括，即"社会主义的本质，是解放生产力，发展生产力，消灭剥削，消除两极分化，最终达到共同富裕"。"社会主义最大的优越性就是共同富裕，这是体现社会主义本质的一个东西。"邓小平同志关于"什么是社会主义"的另一个重大理论创新是对市场经济的新认识。斯大林模式社会主义在经济体制上的重要特征就是高度集中的计划经济体制。过去的马克思主义理论一致认为，计划经济是社会主义最主要的标志之一，而市场经济就是资本主义。固守这一点，是社会主义国家经济发展的主要体制障碍。社会主义能不能搞市场经济？这是社会主义发展史上长期争论不休、阻碍改革推进的重大问题。邓小平同志指出，计划和市场都是发展生产力的手段、方法，"它为社会主义服务，就是社会主义的；它为资本主义服务，就是资本主义的"。在南方谈话中，他更明确指出，"计划经济不等于社会主义，资本主义也有计划；市场经济不等于资本主义，社会主义也有市场"。这就从根本上解除了把计划经济和市场经济看作属于社会基本制度范畴的思想束缚，为发展中国特色社会主义开辟了广阔的道路。①

社会主义是比资本主义更高、更进步的文明，它与人类对美好社会的追求紧密联系在一起。离开优越性谈社会主义，甚至陷入"宁要社会主义的草，不要资本主义的苗"的常识荒谬，不能包容和发展一切人类社会创造的优秀文明成果，必然会背离与葬送社会主义。围绕社会主义的优越性问题，Z 书记进一步深入学习了以下内容：社会主义是实现更广泛真实民主的社会。"人民民主是社会主义的本质，是中国共产党始终高扬的光辉旗帜。"② "没有民主就没有社会主义，就没有社会主义现代化，人民当家作主是社会主义民主政治的本质和核心。"③ 社会主义是更为公平正义的社会。"如果改革到最后连公平都没有了，何谈社会主义制度的自我完善和发展？""公平正义是人类社会的最高境界，也是社会主义和共产主义的首要价值。""公平，既包括结果公平，也强调权利公平、机会公平、规则公平。"公平的价值观得到了弘扬，社会主义的本质就体现出来了。④

对什么是社会主义这一根本问题的理解，除了深刻把握社会主义本质，也离不开对社会主义制度的基本特征的认识。中国特色社会主义制度的基本特征是什么呢？Z 书记在学习中认识到，中

---

① 冷溶：《邓小平开创中国特色社会主义道路的伟大贡献》，评论部：《没有公平就失败了——写在邓小平同志诞辰 110 周年之二》，《学习剪报》第 53 本，2014 年。

② 包心鉴：《坚定道路自信、理论自信、制度自信》，《学习剪报》第 39 本，2012 年。

③ 胡锦涛：《在庆祝中国共产党成立 90 周年大会上的讲话》，《学习剪报》第 29 本，2011 年。

④ 《没有公平就失败了——写在邓小平同志诞辰 110 周年之二》，《学习剪报》第 53 本，2014 年。

国特色社会主义制度的基本特征，表现在经济方面："所有制结构，既不搞资本主义的私有化，也不搞纯粹的公有制，而是实行公有制为主体、多种所有制经济共同发展；分配原则，既不照搬照抄西方的分配制度，也不搞单一的按劳分配，而是坚持按劳分配为主体、多种分配方式并存，实行劳动、资本、技术和管理等生产要素按贡献参与分配，鼓励一部分人和一部分地区先富起来，带动全社会共同富裕；经济体制，既不搞西方的自由市场经济，也不搞传统社会主义的计划经济，而是建立和完善社会主义市场经济体制，把社会主义制度的优越性和市场经济的活力结合起来，这是对马克思主义经济理论的重大突破，是人类历史上的伟大创举。"表现在政治方面："国体，既反对西方的资产阶级专政，也不简单照搬传统社会主义的无产阶级专政，而是坚持人民民主专政，这一国体直接标志着政权具有民主和专政两种职能，不断扩大民主范畴；政体，既不搞西方的议会制、总统制，也不照搬苏维埃，而是实行在革命战争年代创造的、符合中国国情的人民代表大会制度；政党制度，既不搞西方的多党制，也不搞传统社会主义的一党制，而是实行共产党领导的多党合作和政治协商制度。"① 表现在文化方面："意识形态，既反对西方的自由化，也不搞思想垄断，而是坚持马克思主义的一元指导和多样兼容并存，以社会主义核心价值体系引领社会思潮，增强社会主义意识形态的吸引力和凝聚力；思想教育，既反对资产阶级利己主义，又不硬性灌输社会主义思想，而是在坚持进行爱国主义、社会主义、集体主义教育的同时也关心和照顾个人利益，使各方面的积极性和创造性都能得到充分发挥；学术领域，既不搞西方所谓的绝对

---

① 革命战争年代，中共领导下的政权建设探索中，照搬过苏维埃政权，探索过"三三制"政权，召集过中国人民政治协商会议。1954 年 9 月，第一届全国人民代表大会第一次会议才在北京隆重召开。人民代表大会制度能不能表述为革命战争年代创造的，需要斟酌。中共中央党校中国特色社会主义理论体系研究中心：《深入把握中国特色社会主义的科学内涵》，《学习剪报》第 36 本，2012 年。

学术自由，又不违背学术规律，而是坚持为人民服务、为社会主义服务的方向，贯彻百花齐放、百家争鸣的方针。"上述三个方面的基本特征，有助于基层党员干部结合具体的历史的社会主义建设实践，深刻认识和坚持发展中国特色社会主义。

中国特色社会主义制度的基本特征是在社会主义建设实践的伟大探索中走出来的，是对人类文明的重大创新，体现着中国特色社会主义制度的优越性。新中国成立 60 年社会主义建设取得的辉煌成就，就是中国特色社会主义制度优势的生动展现。那么，如何认识中国特色社会主义的制度优势？中国特色社会主义的制度优势究竟"优"在哪里呢？这一问题和中国特色社会主义制度的基本特征联系密切，但视角又有所不同。Z 书记关注与学习了这一问题，进一步丰富了对中国特色社会主义制度的认识。他学习到，中国特色社会主义的制度优势主要体现在：从经济制度看，我们逐步确立了公有制为主体、多种所有制经济共同发展的基本经济制度，"适应了我国现阶段生产力发展水平，充分调动了各方面积极性，极大地解放和发展了社会生产力"。与经济制度的完善相联系，我们"确立了社会主义市场经济体制的改革目标，把市场经济与社会主义基本制度结合起来，既注重发挥市场在资源配置中的基础作用，又注重加强国家的宏观调控"。[①] 从政治制度看，"我们坚持把党的领导、人民当家作主和依法治国统一起来，建立并不断完善了人民代表大会制度、中国共产党领导的多党合作和政治协商制度、民族区域自治制度以及基层群众自治制度等一整套政治制度"。他还进一步学习到，中国特色社会主义为什么会具有这样的制度优势？最根本的原因就在于，"既遵循了科学社会主义的基本原则，又具有鲜明的中国特色"，也就是解决了怎样在中

---

① 在学习党的十八以来的理论创新中，Z 书记进一步深化了对市场经济的认识："坚持社会主义市场经济改革方向"，"紧紧围绕使市场在资源配置中起决定性作用深化经济体制改革"。见刘云山《加强和改善党对全面深化改革的领导》，《学习剪报》第 48 本，2013 年。

国建设社会主义的根本问题。在深刻认识中国特色社会主义制度优势的基础上，Z书记还特别关注了"中国模式""中国道路""中国经验""中国奇迹"这些国内外广受关注的重大理论命题。①深刻认识中国特色社会主义制度的特色、优势、本质，对我们坚定道路自信、制度自信具有十分重大的意义。当然，也应该清醒认识到，社会主义优越性的发挥是一个历史过程。社会主义制度建立以后，只有通过改革这条必由之路，使之不断完善，才能使这种制度固有的优越性得到发挥，使其生机和活力得到体现。②

　　最后，广大党员干部学习马克思主义理论的最终目的无疑是发挥它的巨大功能。那么，如何深刻系统地认识马克思主义理论的巨大功能？Z书记学习到，列宁说过："马克思学说具有无限力量，就是因为它正确。""无限力量"体现在马克思主义理论的功能上，主要有六个方面：第一，"总结功能"。这是针对人类历史而言的。用科学的世界观和方法论，客观、全面地评价历史，总结经验教训和历史规律，更好地开辟未来。客观就是唯物论，全面就是辩证法。第二，"指导功能"。这是针对现实而言的。理论来自实践，反过来又指导实践、经受实践检验。马克思主义一经与实践结合，就会产生改变世界的强大物质力量。坚持马克思主义对实践的指导，是中国革命、建设、改革成功的根本原因。对个人而言，马克思主义理论水平越高，理论联系实际的能力越强，工作也就越有成效。这是一个定律。第三，"预测功能"。这是针对未来而言的。马克思主义作为科学世界观和方法论，可以对未来作出预测，并在这个基础上制定纲领目标。第四，"统领功能"。这是针对路线方针政策而言的。理论带有根本性，一些重大问题的最终解决，都得靠理论统领。但是，领导和指导伟大事业，不

---

① 《天翻地覆慨而慷——如何从新中国辉煌的60年看中国特色社会主义的制度优势》，《学习剪报》第22本，2009年。

② 中共中央党校中国特色社会主义理论体系研究中心：《深入把握中国特色社会主义的科学内涵》，《学习剪报》第36本，2012年。

能只有理论，还要有纲领和路线方针政策。纲领是党的奋斗目标，基本路线是党在一个历史时期的根本指导方针，方针政策是党在各个领域的具体规定。党在改革开放新时期，逐步形成了包括基本理论、基本路线、基本纲领、基本经验在内的完整治国方略。在"四个基本"中，基本理论处于统领地位。第五，"鉴别功能"。这是针对社会思潮而言的。任何时期都有反映某一阶级或阶层的利益与要求、得到广泛传播并对社会生活产生某种影响的社会思潮，尤其在社会大变革年代，各种社会思潮尤为活跃，其中有进步的，也有保守的和反动的。怎样鉴别各种社会思潮的性质？关键是把握和运用马克思主义的立场、观点和方法。第六，"改造功能"。这是最根本的功能。马克思说："哲学家只是用不同方式解释世界，问题在于改变世界。"马克思主义是人们认识世界和改造世界的强大思想武器，认识世界是前提，改造世界是目的。改造世界包括改造客观世界和改造主观世界。① 对广大党员干部而言，学好弄通马克思主义，着眼于实践和运用，发挥好马克思主义理论的重大功能，实现最广大人民的根本利益，推动社会的全面发展进步，正是学好马克思主义理论的根本出发点和落脚点。

综上所述，Z 书记围绕马克思主义理论的正确立场、马克思主义理论的精髓、中国特色社会主义理论与道路等一系列重大理论问题进行了比较深入系统的学习，为坚定理想信念奠定了坚实的理论基础。

（二）学道德品格修养

中国传统文化强调立德修身，追求"修齐治平""以内圣开外王"的治世理想，积淀到中国人普遍认同的道德品格，则讲求立德树人为先，做人和做事统一，正所谓"人无德不立，国无德不兴"。② 中国共产党在建设巩固的马克思主义政党的过程中，也非

---

① 赵曜：《马克思主义的巨大功能》，《学习剪报》第 57 本，2015 年。
② 康晓晖：《政德如何"看"和"量"》，《学习剪报》第 32 本，2012 年。

常注重共产党员的道德修养问题。刘少奇在 1939 年就深刻论述了共产党员的修养，其中一项就是"要有无产阶级的思想意识和道德品质的修养"，[①] 突出了共产党员思想道德修养与剥削阶级的本质不同。中共在干部选拔中，强调又红又专、德才兼备，与传统德治文化是一脉相承又创新发展的关系。党的十九大报告进一步强调，建设高素质专业化干部队伍，要坚持党管干部原则，坚持德才兼备、以德为先，坚持五湖四海、任人唯贤，坚持事业为上、公道正派，把好干部标准落到实处。[②] "德"和"贤"，强调的都是党员干部的道德品格修养。可见，要做好一名优秀的农村基层干部，学修身做人之道，加强道德品格修养也是非常重要的。[③]

1. 以德为先，修官德、政德

作为基层党组织的领导干部，Z 书记深入学习了"德才兼备、以德为先"的选人用人导向，这不仅是党员干部的修身要求，更关系到党风民风和国家治乱兴衰。他学习到，崇尚善道，是中国悠久的历史传统。在中国人的心目中，"善是一种至高的境界，受人尊敬的美德。评价、判断一个人的优劣，往往以善恶作为最基本的标准"。就个人修养而言，"勿以恶小而为之，勿以善小而不为。唯贤唯德，能服于人"。就国家治乱而言，"亲贤臣，远小人，此先汉所以兴隆也；亲小人，远贤臣，此后汉所以颓败也"。"天下之事，有善有恶，任善人则国安，用恶人则国乱……若爱者知其恶，憎者知其善，去邪勿疑，任贤勿贰，可以兴矣。"中国共产

① 刘少奇：《论共产党员的修养》（1939 年 7 月），中共中央文献研究室、中国延安干部学院编《延安时期党的重要领导人著作选编》（下），第 383 页。

② 习近平：《决胜全面建成小康社会　夺取新时代中国特色社会主义伟大胜利——在中国共产党第十九次全国代表大会上的报告》（2017 年 10 月 18 日），人民出版社，2017，第 64 页。

③ 吴仁宝是农村基层党员干部的时代楷模，2009 年被评为 100 位新中国成立以来感动中国人物之一。学者编纂他的思想言论，位列前六的主题是"正心、明德、修身、齐家、治村、为官"，这样的编排体例是很有意味的，体现了"以德为先"的中华优秀传统文化。见吴仁宝口述，彭维锋整理《吴仁宝箴言》，光明日报出版社，2010。

党的用人标准历来是德才兼备、任人唯贤。改革开放后，一部分党员干部逐渐模糊了善恶界限，失去了做人的底线，也就更不可能做一个合格的共产党员，出现了种种背离党的宗旨、为人民群众深恶痛绝的严重腐败现象，有些地方甚至出现了"恶人横行，好人受欺，善恶颠倒，正不压邪的怪现象"。历史和现实的经验告诉我们，各级领导机关最重要的职责，莫过于选好人，用好人，这本身就是一种做人导向。"只有扬善惩恶，'去邪勿疑，任贤勿贰'，才能为广大党员、干部以至普通百姓，树起旗帜，作出警示，越来越多的人就会修善积德"，党风民风就会越来越好。①

就德与才的关系而言，Z 书记学习到，"德与才是党员干部素质不可或缺的两个方面。有才无德，会败坏党的事业；有德无才，也难以担当重任"。在选用干部上，"有德有才，大胆使用；有德无才，培养使用；有才无德，坚决不用"。"要坚持把干部的德放在首要位置，选拔任用那些政治坚定、有真才实学、实绩突出、群众公认的干部，形成以德修身、以德服众、以德润才、德才兼备的用人导向。"同时，"选拔人才既要讲德才兼备，又不能求全责备，而应主要看本质、看主流，宽容人才的个性差异"。②

党员干部是有特殊身份的政治精英，要做到"德才兼备"，不仅要修"私德"，更要修"官德"。Z 书记在学习中充分认识到修"官德"的重要性。"天下难治，人皆以为民难治也，不知难治者，非民也，官也。"在古代的官僚政治下，治天下难在治官；在今天的政党政治下，治天下难在治党。我们今天强调"治国必先治党，治党务必从严"，"管党治党不仅关系党的前途命运，而且关系国家和民族的前途命运"，其根本意蕴是相通的。通过从严治党，维护人民群众满意的"官"德，国家才能长治久安。如何维护良好

---

① 大川：《善与恶》，《学习剪报》第 10 本，2005 年。
② 黄中平：《更新思想观念　大胆使用人才》，《学习剪报》第 29 本，2011 年；评论员：《领导干部要有历史担当——换届之际说政德之一》，《学习剪报》第 31 本，2012 年。

的官德呢？Z 书记学习到，"至少应具有两个步骤：其一，选择德才兼备之人，使得进入官员队伍的人，达到最基本的门限；其二，保证已经踏上各级台阶的官员，仍然保证以往的德与才"。① 那么，就干部队伍的管理而言，其官德、政德如何，究竟如何衡量和评价呢？Z 书记学习到，政德的内涵是非常丰富的。因此，对领导干部政德的衡量，不能简单化。"政德可称可量，考核重在全面。""考核领导干部的政德重在全面考察、综合衡量，不仅看其工作情况，而且看其学习、生活方面的表现；不仅看其对自己如何，而且看其对他人、对亲友、对上级、对下级如何；不仅看其现时表现，而且看其一贯表现，将其在不同时间、不同单位和岗位的表现衔接起来；不仅看其是怎样说的，而且看其是怎样做的，将其在台上与台下、会上与会后、八小时以内与八小时以外的表现衔接起来。"② 对选人用人导向而言，好的衡量、评价机制是一个很重要的保障制度机制。要成为一个优秀的农村基层领导干部，需要注意全面地培养自身的官德，才能带出一个优秀的班子。

共产党干部的"官德"最鲜明的特质是什么？就是人民本位与公仆本色，这对封建社会的清官廉吏官德是一个超越。在社会主义国家，正确看待领导干部和人民群众的关系是个根本立场问题。在这个方面，传统文化中的官箴文化精华也会给今天的党员干部一些现实启示。Z 书记学习到，河南内乡县衙有楹联曰："欺人如欺天，毋自欺也；负民如负国，何忍负之？""为政不在言多，须息息从自身克己而出；当官务持大体，思事事皆民生国计所关。""得一官不荣，失一官不辱，勿说一官无用，地方全靠一官；吃百姓之饭，穿百姓之衣，莫道百姓可欺，自己也是百姓。"就领导干部和人民群众的关系而言，"一方面，'官'来自'百姓'，'官'也是'百姓'"。共产党领导干部始终是人民群众中的一员。

---

① 李恩柱：《官阶与官德》，《学习剪报》第 29 本，2011 年。

② 康晓晖：《政德如何"看"和"量"》，《学习剪报》第 32 本，2012 年。

毛泽东同志强调："我们的一切工作干部，不论职位高低，都是人民的勤务员，我们所做的一切，都是为人民服务。""另一方面，'官'不同于'百姓'，'官'承担着为'百姓'造福的重任。"党员干部是人民群众中的优秀分子，承担着更大的职责和使命。在封建社会，虽然个别政声卓著的官员能够勤政爱民、造福百姓，但总体上改变不了官僚高高在上、做"官"当"老爷"统治老百姓的社会等级关系。在社会主义国家，人民是国家的主人，领导干部和人民群众的关系发生了根本的变化。每一位领导干部都必须摆正"干部"与"百姓"的关系，自觉当好人民的公仆，做到权为民所用、情为民所系、利为民所谋。[1]

对广大党员干部而言，虽然我们仍习惯性地沿用了"官德"的话语，但是，"干部干部，先干一步"，[2] 当干部本质上不再是做"官"，而是做工作。Z书记学习了邓小平同志以耄耋之年出来工作的光辉榜样和共产党人的崇高境界。小平同志说："我出来工作，可以有两种态度，一个是做官，一个是做点工作。我想，谁叫你当共产党人呢。既然当了，就不能够做官，不能够有私心杂念，不能够有别的选择。"[3] 因此，党员干部应该树立正确的世界观、人生观、价值观，"想着做官还是想着做工作，是任何一个领导干部都要面对的问题"。[4] 凡是想做官的，都不是合格的共产党人。毋庸讳言，中国作为一个官僚政治历史传统非常深厚的国家，官本位思想在社会主义社会仍有一定的影响，并且由于人民民主政治发展完善需要一个长期历史过程，官本位思想的存在也有一定的现实根源，由官本位彻底走向人民本位，彻底抛弃"做官"

---

① 牟玲生：《楹联赏析》，《学习剪报》第11本，时间不详；朱文鸿《"官"与"百姓"两面看》，《学习剪报》第22本，2008年。

② 叶小文：《白天走干讲　晚上读写想》，《学习剪报》第21本，2009年。

③ 评论员：《领导干部要有历史担当——换届之际说政德之一》，《学习剪报》第31本，2012年。

④ 周为民：《淡薄"做官"心理》，《学习剪报》第33本，2012年。

思想、特权思想，尤其需要作为先锋队的党员干部从思想境界上去自觉超越并努力践行。

党员干部抛弃做官思想，就是要树立牢固的"公仆"观。Z书记学习到："我们党的宗旨是为人民谋利益的，党的干部不论职位高低，都是人民的'公仆'，只有兢兢业业为人民服务的义务，没有任何理由享受特权或利用特权谋私利的权利。从这个意义上讲，总书记三番五次地强调干部要'干干净净做事'，就是还'干部'这个称号的本义，让各级干部明白当共产党的'官'，做任何事都要以民为本，吃苦在前，享受在后，一身正气，两袖清风。"各级干部特别是领导干部如何做到"干干净净做事"？Z书记进一步学习到，首先，"必须保持高尚的精神追求，始终树立正确的理想信念，以共产党人'为民、务实、清廉'的政治本色，坚持'为官一任，造福一方'的从政理念，从思想上真正解决好'为谁当官、怎样用权、为谁服务'的问题，做到位高不忘本、功高不自居、权重不谋私，打牢'干干净净做事'的思想根基"。其次，"注重培养健康的生活情趣，在利益和荣誉面前'心静如水'，不慕虚名，不图钱物，不以荣辱改节，不以得失易心，时时警醒自己不仁之事不为，不义之财不取，不正之风不染，不法之事不干，堂堂正正做人，踏踏实实做事"。最后，"要严于律己，从大处着眼，小事着手，严格要求自己，常怀律己之心，做到横不攀，纵不比，见微知著，防微杜渐，在种种名利的诱惑面前做到眼不花、心不乱、志不移，在干净干事的事业追求中实现自身的人生价值"。①

"官德"的核心是什么？"官无大小，凡事只是一个公。"② "能吏寻常见，公廉第一难。"③ 掌握国家公权力的党员干部只有做好

---

① 李奎松：《干部要"干干净净做事"》，《学习剪报》第21本，2009年。
② 王志立：《守伦理、重修养、讲规矩：古代家训中的官德教育》，《学习剪报》第65本，2016年。
③ 朱海滔：《领导干部要管好"身边人"》，《学习剪报》第26本，2011年。

"公仆"，才能取信于民。国家只要取信于民，获得老百姓的支持，根基就会稳固，富强就有希望。那么，对党员干部来说，如何才能取信于民，进而巩固党执政的根基呢？Z书记学习到，第一，"欲民信之，先要'修己'。修己，不是为己，而是'修己以安百姓'，是'安百姓'的修己"。第二，"欲民信之，要在'正己'。老百姓信谁，常常不是听他讲得多动听，而要看他做得是否能够服人"。第三，"欲民信之，当要'后己'。人，皆有个人私事。但当了'官'，做了'公仆'，就须有'先天下之忧而忧，后天下之乐而乐'的情怀，凡事先人而后己。只有'先人'，才能得人、得心"。[①] "修己、正己、后己"而取信于民，本质上仍然是处理好党员干部自身与人民群众的关系，坚持人民本位，保持公仆本色。

在社会主义社会的初级阶段，旧社会的遗迹随处可见。今天，我们虽然仍在广泛沿用"官"这个历史形成的概念，却应对其有马克思主义的理解和解释，赋予"官德""官品"全新的含义。Z书记在学习中认识到，人有人品，官有官品。在社会主义社会，"官，不是官僚的官；品，也不是官分九品的品。在我们这个社会主义国家，官，是为党的事业奋斗的领导干部，应是人民的公仆。因此，官品，说的就是作为人民公仆的领导干部的品质"。领导干部应该涵养哪些"官品"呢？首先，不说空话。"不说假话，看起来好像是优秀的品质，其实这是对人的基本要求，而对领导干部来说，讲求的是不说空话。"其次，"勇于担责，是领导干部必备的品质"。再次，"权为民用，是官品的核心"。最后，"出以公心，是官员立品之本"。人品是官品的基础，官品是人品的升华。"人，无品不正，而官，品优则立。""官品不优，则不立。"这个"立"，不是官位稳固，而是"立足群众之中，立稳工作的脚跟，在可能出现的风风雨雨里立于不败之地。立言、立身、立业，哪一项都

---

① 张保振：《"民信"比天大》，《学习剪报》第65本，2016年。

离不开优良品质。只有拥有优良的品质，牢记权为民所用、情为民所系、利为民所谋，才能成为好领导、好干部，成为真正的人民公仆"。①

Z书记在学习中深入认识到，"领导干部的'德'，核心是党性"。② 什么是党性？刘少奇指出："党性，就是人们这种阶级性最高而集中的表现。""共产党员的党性，就是无产者阶级性最高而集中的表现，就是无产者本质的最高表现，就是无产阶级利益最高而集中的表现。"③ "党性修养是共产党员站在党性立场上，按照党性原则的要求锻炼和改造自己，使自己成为一个合格共产党员的过程，是党员自我教育、自我改造和自我完善的统一。""在好公民、好党员、好干部这三个层次上，做好公民是基础。社会上每个人都需要注重自身的品德修养。"但是，对一名党员，尤其是党的领导干部来说，人品修养应该有更高的起点、标准和追求，这就是党性修养。④ 党员干部要"讲党性、重品行、作表率，做到立身不忘做人之本、为政不移公仆之心、用权不谋一己之私，永葆共产党人政治本色"。⑤

那么，新时期党员干部应如何加强党性修养呢？①加强马克思主义理论修养，坚定理想信念是根本。"理论是管全局、管方向、管思想、管灵魂的。"党员干部要加强理论学习，坚定马克思主义信仰。要"始终高举中国特色社会主义伟大旗帜，坚定不移地走中国特色社会主义道路"，要"不断增强政治意识、大局意识，在政治、思想、行动上与党中央保持高度一致，模范贯彻执行党的路线、方针、政策"，要"坚决站在党和人民的立场上立身、处

①　陈原：《为官之基　品优则立》，《学习剪报》第38本，2012年。
②　李小三：《领导干部应是一本厚重的书》，《学习剪报》第26本，2011年。
③　刘少奇：《人的阶级性》（1941年6月），中共中央文献研究室、中共中央党校编《刘少奇论党的建设》，中央文献出版社，1991，第224—225页。
④　曹乃生：《领导干部要切实加强党性修养》，《学习剪报》第20本，2009年。
⑤　徐泽洲：《党员领导干部应作加强党性修养的表率》，《学习剪报》第30本，2011年。

世、从政，时时处处把党、国家和人民的利益放在大于一切、高于一切、重于一切的位置上，以自己的全部工作为党分忧、为国建功、为民造福"。②坚持实事求是这个生命线。"实事求是是一种科学精神、一种政治品格、一种优良作风。"要深刻理解实事求是的丰富内涵，在坚持实事求是中锤炼党性。③牢记和践行全心全意为人民服务的根本宗旨。"我们党的发展历史，就是为民族求解放，为社会求进步，为人民求幸福的历史。"要"坚持权为民所用、情为民所系，利为民所谋，带着与人民群众的深厚感情做事，切切实实为群众解决实际问题"；要坚持"从群众中来，到群众中去，向群众和基层的同志学习，善于做先进经验的发现者、总结者、提炼者和推广者"。④立足本职岗位奉献，争创一流业绩。党员干部要"正派做人，勤恳为官"；要"对工作尽力，对职位尽责，对事业尽心"；"要把中央领导同志关注、部里局里关注、人民群众期盼、社会反映强烈、工作发展急需解决的问题，作为工作的重中之重"；工作中要开拓创新，"创新是推进各项事业科学发展的动力和源泉"。⑤加强品行修养，在品行端正、情趣健康上作表率。党员干部要"陶冶情操，讲操守、重品行"；要"情趣健康，洁身自好"。⑥加强纪律修养，严守清正廉洁这个底线，在遵章守纪、为政清廉上作表率。党员干部要"带头遵守党的政治纪律"，"带头维护党的组织纪律"，"带头执行党的廉政纪律"。"在各种诱惑和考验面前把握住自己，万不可心存侥幸。"⑦重视家风建设，以家风涵养党性，涵养官德政德。"中华民族历来重视家风的建设和传承。"毛泽东同志始终恪守"三原则"："恋亲，但不为亲徇私；念旧，但不为旧谋利；济亲，但不以公济私。"焦裕禄同志留下家训："带头艰苦、不搞特殊"，"工作上向先进看齐、生活条件跟差的比"。习近平总书记多次强调，要"注重家庭、注重家教、注重家风；尤其各级领导干部，要把家风建设摆在重要位置，廉洁修身、廉洁齐家"。领导干部须时刻铭记"一人不廉，全家不圆"的道理，廉洁修身齐家。① 总之，党员干部全面加强自身的党性修养，就会成为优秀的领导干部，在人民群众中树立起一面旗帜，在为社会求进步、为人民求幸福的奋斗中，成就一番事业。

2. 内练修养，外树形象

形而上的修养是形象的内在根据，形而下的形象是修养的外在展现。人民群众往往是通过党员干部展现出来的具体形象，认识党、评价党，形塑自己的政治认同。每个党员干部都是党的形象宣传员，决定着党在群众心中的分量和威望。因此，党员干部要内练修养，外树形象，获得人民群众的拥护和支持。外树形象当然不是搞形式主义的"形象工程"，而是要和党员干部的道德品质、能力素质、党性修养内在统一起来。

新时期党员干部应树立怎样的形象？Z 书记学习到，主要有"五大形象"，形成统一整体，这就是：第一，"重理论修养、讲知行统一，树立信念坚定的形象"；第二，"追求事业、淡泊名利，树立一心为公的形象"；第三，"敢讲真话、爱听真话，树立老实做人的形象"；第四，"务实际、干实事、求实效，树立真抓实干的形象"；第五，"管得住自己，把得住操守，树立严于律己的形象"。②

"敢讲真话、爱听真话"才能求真务实，为群众谋福利，这是党员干部取信于民的重要形象。党员干部不仅自己敢讲真话，而且爱听下属和群众讲真话，反映着坚持实事求是的政治品格和优良作风。在现实生活中，为什么"讲真话"与"听真话"比较难？为什么群众冷嘲热讽、反感抵制的假话、空话、套话、官话、大话屡禁不止呢？Z 书记关注与思考了这一问题。他学习到，为什么人们不愿意讲真话？从利益理性的角度看，"主因是讲真话的成本

① 傅兴国：《加强党性修养　永葆共产党人本色》，《学习剪报》第 26 本，2011 年；徐泽洲：《党员领导干部应作加强党性修养的表率》，《学习剪报》第 30 本，2011 年；陈浙闽：《一人不廉　全家不圆》，《学习剪报》第 65 本，2016 年。
② 张恩波：《领导干部应树立什么形象》，《学习剪报》第 23 本，2010 年。

太高、收益太少，有时甚至是负效应。讲真话，领导不爱听，没有好处不说，轻者被'扣帽子'、'穿小鞋'，前途受影响，重者还可能遭受打击报复。讲真话的成本太高，风险太大，而巧言令色、说假话的人倒易于'获利'。在'利润'这根'指挥棒'下，还有多少人愿意讲真话呢？因此，'上有所好，下必甚焉'，人们不愿意讲真话的根子在一些领导身上"。那么，如何更好地鼓励人们讲真话？强调领导要有"听真话"的道德品质，强调干部的修养胸襟，是一个方面，但还远远不够。"一方面，要建立促进'听真话'需求的科学机制"；"另一方面，要有'讲真话'的激励机制和保护机制"。有了"听真话"的条件，"讲真话"就会成为必然。①

领导干部的气质、胸襟、形象升华，就会涵养出共产党干部应有的大气象，成就一番大事业。领导干部如何涵养出大气象？Z书记学习到，可从"观、想、行、学"四个方面来进行。第一，"观"，就是"仰望星空"。要保持崇高的精神追求，升华思想境界。崇高的理想和坚定的信念，是领导干部大气象的根本所在。第二，"想"，就是"心怀民生"。第三，"行"，就是"脚踏实地"。第四，"学"，就是"志存高远"。邓小平同志曾说："不注意学习，忙于事务，思想就容易庸俗化。"要把学习变成一种生活需要，充实自己，提升境界，追求就会远大，气象就会高迈。② 广大党员干部对自身的修养和形象有更高的追求，涵养出大气象，真正成为无产阶级先锋战士，社会主义道路就会越走越宽广。

3. 广泛学习党员干部的做人之道

一个人在社会上有多重身份。对广大党员干部来讲，在做"好公民、好党员、好干部"这三个层次上，做好公民是基础。做好党员、好干部，必须先做好人。千百年来人民群众对做人有个

---

① 王兰：《"讲真话"与"听真话"到底难在哪儿?》，《学习剪报》第27本，2011年。

② 李小三：《领导干部应有"大气象"》，《学习剪报》第27本，2011年。

基本价值导向，那就是做人就要做个"好人"，并形成"好人有好报""报应通三世""积善之家必有余庆，积不善之家必有余殃"的因果报应观念，引导人心积德向善。党员干部信仰马克思主义，神秘主义的因果报应观念是被破除了，但首先做个人民群众公认的"好人"，才能在群众中有号召力，进一步升华为好党员、好干部，成为良好社会风气的引领者。这就是以党风、政风带动民风的深意。如果一部分党员干部在做人方面还不如一般的人民群众，贪污腐化、奢靡享乐、道德败坏，就会极大地损害党和政府的公信力，败坏社会风气，引发信仰与价值危机。

Z 书记在学习中认识到，"好人未必能做好官，但做好官必须先做好人"。领导干部的"德"内涵丰富，但首先是做人的道德。那么，什么是好人？如何做个好人？其实很简单，好人就是想到别人的时候比想到自己的时候更多一点。"那些为大多数人带来幸福的人是最幸福的人。""道德常常能填补智慧的缺陷，而智慧却永远填补不了道德的缺陷。""领导干部的职责定位决定了领导干部应该比普通群众站得更高一些，看得更远一些，本领更强一些，方法更多一些。"领导干部必须"以平常心处世，以高标准自律，不断提升道德水平"。①

一个人在成长的不同阶段，对做"好人"的理解和感悟是不同的。Z 书记学习到，人生大致可分为两阶段，"四十岁前，一味想做个能人，像火一样执着地追求着成功；四十岁以后，随着对人生的感悟，想做个好人的愿望越来越强烈"。智者的人生，"既不把人生看得那么悲观而不作为，也不把人生看得那么完美而胡乱作为，而是在有限的人生中，追求生命的质量，追求最大限度地对社会的贡献"。②对社会贡献越多，带给别人的幸福越多，好

---

① 李能伟、李向红、钟林：《艺大德厚　辉映千秋》，《学习剪报》第 10 本，2005 年；李小三：《领导干部应是一本厚重的书》，《学习剪报》第 26 本，2011 年；习骅：《世上没有单翅的鸟》，《学习剪报》第 62 本，2016 年。
② 仁升：《追求智慧人生》，《学习剪报》第 10 本，2005 年。

人的成色就越纯。

做人要坚守原则。原则决定选择，选择决定命运。没有原则，就会迷失自我。Z 书记学习到，"原则是为人处世的根本，是党员德才兼备的基础"。"人生的道路虽然漫长，但紧要处常常只有几步。""你的世界，就是你的选择；你的选择，就是你的命运。紧要的选择，决定一生；细小的选择，影响行为。"共产党员不仅要有做人的原则，还必须讲政治原则。在实际工作和生活中，有些党员、干部在坚持原则上存在一些问题，需要警惕，"一是办事人情化"，"二是当'老好人'，不愿得罪人"，"三是自己不正，不敢管人管事"，"四是无责任心，私字当头"，这些都是缺乏党性修养的表现，丧失了共产党人的基本原则。杨善洲说过："无论是做事还是做人，总得有个标准，有个原则。要老老实实做人，踏踏实实做事。""做人选择老实，做事选择本分，处事选择诚信，从政选择奉公。"只要有坚定的信念信仰，我们就有能力作出正确的选择。①

做人坚守原则，就要树立正确的义利观。Z 书记学习到，"树立正确的义利观，是广大党员干部的人生必修课"。"见利思义是中国传统道德中处理群己关系的一条基本准则，也是中华民族重要的传统美德。""见利思义，见危授命，久要不忘平生之言，亦可以为成人矣。"见利思义并不是一味地反对"利"，而是指面对利益，应该想一想是否符合道义，进而决定取舍。古往今来，"'见利思义'还是'见利忘义'，始终是衡量人品高下的重要准则"。② 在市场经济条件下，利欲熏心、见利忘义会导致世风日下、道德蜕化。今天，继承和弘扬传统"义利观"的积极方面，对我们提高修养、处世为人仍然大有裨益。

---

① 刘建华：《领导干部要敢于坚持原则》，《学习剪报》第 32 本，2012 年；马祖云：《要选择，更要有坚守》，《学习剪报》第 58 本，2015 年。
② 马誉炜：《"见利思义"与"见利忘义"》，《学习剪报》第 54 - 1 本，2014 年。

上善若水，以其至柔而善下。党员干部要谦和善下，才能赢得民心。Z 书记学习到，做干部不能端着架子，"在很多情况下，注意一下亲和力问题，把姿态放低一些，对群众谦和一些，不仅不会削弱领导力，反而会有助于领导力的增强。也就是说，亲和力也是一种领导力"。"亲和力实际上就是与群众打成一片的能力。"领导干部如何培养亲和力呢？首先，"应在'亲'字上下功夫。亲者，如古人所讲，'谓父母'也"。领导干部要有亲和力，就一定要放下架子，视群众为父母，满腔热情为群众办事，真心实意为人民服务。其次，"应在'和'字上做文章。和者，温和、谦和之谓也"。"领导干部只有温和一些，谦和一些，才能赢得人心。"①

"善下"，是一种人生智慧，更是一种政治品格。"善下斯为大，能虚自有容。""善于低处经营的人，最后往往能到达人生的高处。""善下"，就是要眼睛向下，心系百姓。这是一种美德，一种胸怀，一种境界，体现一个干部的党性、官德、学识和人品。"一个国家要兴旺发展，民众是根基，爱民、惠民根基才牢固。""'善下'与'善上'，虽只一字之差，却反映了一个干部，尤其是领导干部的思想品行。"官僚主义者善上欺下，共产党干部则服从组织、一心为民，两者有本质的差别。②

做人，要清清白白做人；做事，要认认真真做事。Z 书记学习到，"世界上怕就怕'认真'二字，共产党最讲认真"。"认真，是一种承诺。""认真，是一种状态。""认真，是一种坚守。"什么样的人真认真，什么样的人假认真，群众看得最清楚。有些人，"对工作，他们敷衍了事；对待遇，他们锱铢必较；对群众，他们冷漠无情；对权力，他们紧追不舍"。只有坚守正确的价值观，才能做到真认真。"仁义之道，守之而不失；俭约之志，始终而不

① 张保振：《亲和力也是领导力》，《学习剪报》第 20 本，2009 年。
② 张峰：《守得住低处的人》，《学习剪报》第 16 本，2008 年；怀銮：《"善下斯为大"》，《学习剪报》第 40 本，2013 年。

渝。""讲认真，党组织才会得到人民的信任；讲认真，党员才有良好的形象；讲认真，我们的事业才能蒸蒸日上、兴旺发达。"[1]

对干部而言，做事又有"会来事"与"会做事"之别，反映的是做人的高下，党性的纯污。"会来事"者善为己谋，"会做事"者履职尽责、业务精良。如果选人用人风气不良，就会出现所谓"做得好不如说得好，说得好不如拍得好""'会来事'的能跑会送，易被提拔使用；'会做事'的不跑不送，常原地不动"，这种现象存在，势必损害单位的发展大局。各级领导干部要对"会来事"的人保持警惕，既要坚持党性原则、端正思想作风选拔干部，关键还要建立科学的考核评价机制，提拔重用德才兼备、群众公认的干部。[2]

Z书记学习到，"治天下必先治己，治己必先治心"。党员干部如何治心？习近平总书记对广大党员干部提出了"心中有党、心中有民、心中有责、心中有戒"的殷切期望。具体来说，第一，心有忠诚强信念。"党员干部心中有党，就是要时刻谨记自己的身份，对党忠诚，做到在党爱党、在党为党、在党忧党，铸忠诚之'魂'。"第二，心装群众固根本。"全心全意为人民服务是我们党的根本宗旨。是否把群众放在心上，是检验党员干部宗旨意识强不强的标尺。心里没有群众就是忘本，漠视群众疾苦就是变质。""得天下有道，得其民；得其民有道，得其心。"对党员干部而言，治心最重要的是要在心灵深处树立群众至上的理念。"谁为人民着想，谁就会得到群众由衷的拥护。"第三，心系事业敢担当。习近平总书记指出，"好干部的一个重要标准就是敢于担当。尽责担当是党员干部的终身课题，有多大担当才能干多大事业，尽多大责任才会有多大成就。敢于担当源于对事业的忠诚，没有责任感的人难有大作为"。第四，心存敬畏守底线。"心有敬畏，行有依归；

---

① 袁建达：《谈认真》，《学习剪报》第29本，2011年。
② 匡吉：《"会来事"与"会做事"》，《学习剪报》第27本，2011年。

心无敬畏，堤必溃决。敬畏体现的是一种为官态度与为人境界。党员干部心存敬畏，才会'思'出乎理智、'做'有所顾忌、'行'不忘法纪。"①

对个人修身而言，治心则要有"发耻心、发畏心、发勇心"。这是明代后期曾任宝坻知县，勤政爱民、政声卓著的袁黄践行的修身之道，也是其传之后世的家训。他是"功过格"的积极实践者，他同妻子把每天所为都记入《治心编》，可谓古代"严以修身、严以律己"的典范。②

做人要发羞耻之心，就是要明善恶，知荣辱。荣辱观具有时代性。Z书记认真学习了社会主义荣辱观："以热爱祖国为荣，以危害祖国为耻；以服务人民为荣，以背离人民为耻；以崇尚科学为荣，以愚昧无知为耻；以辛勤劳动为荣，以好逸恶劳为耻；以团结互助为荣，以损人利己为耻；以诚实守信为荣，以见利忘义为耻；以遵纪守法为荣，以违法乱纪为耻；以艰苦奋斗为荣，以骄奢淫逸为耻。"③ 社会主义荣辱观是社会主义社会的基本道德规范。树立社会主义荣辱观，为人处世才能知何所为与何所不为，做一个有道德的人、有益于社会和人民的人。

做人要发畏惧之心。那么，为何要存畏惧之心？何为畏惧之心？Z书记学习到，"人生在世，就需有所敬畏"，"有所畏惧能够使人严于律己、谨慎为官、堂堂做人"。懂得敬畏，"一是要敬畏历史"，"二是要敬畏人民"，"三是要敬畏组织"。党员干部要时刻谨记共产党人除了人民的利益没有自己的特殊利益，敬畏人民、敬畏事业、敬畏权力，谨慎为官。④ 这是马克思主义者的敬畏心，

---

① 武雪梅：《社会管理从"心"开始》，《学习剪报》第 27 本，2011 年；柳行：《好干部从"心"强起来》，《学习剪报》第 58 本，2015 年。
② 陈浙闽：《一人不廉　全家不圆》，《学习剪报》第 65 本，2016 年。
③ 卓九成：《做人首先要知荣辱》，《学习剪报》第 13 本，2006 年。
④ 郭庆晨：《有所畏惧》，魏地春：《领导干部要有敬畏之心》，《学习剪报》第 24 本，2010 年；后强：《心态彰显品格》，《学习剪报》第 33 本，2012 年。

共产党人的敬畏心，敬畏的不是天地鬼神，不是己身的福祸报应，敬畏的是历史，敬畏的是人民，敬畏的是为人民的利益奋斗的组织。历史，是人民书写的；立党是为人民幸福、人类解放而奋斗的。人民就是信仰。对掌握权力的领导干部而言，心存畏惧，就要心中有戒，严以律己。Z书记学习到，领导干部应心存"八戒"，这就是："一戒私欲膨胀，心存侥幸"；"二戒定力不足，深陷诱惑"；"三戒唯我独尊，骄横跋扈"；"四戒胆大妄为，无所顾忌"；"五戒平庸无为，不思进取"；"六戒心浮气躁，作风不实"；"七戒闭关自守，不听善言"；"八戒忽视学习，不重内涵"。①

　　做人要发勇心。何为勇心？Z书记学习到，首先，"知耻近乎勇"。在中国传统文化中，知耻、明耻历来是修身向善的先决条件。"自暴自弃，这是一条永远腐蚀和啃噬着心灵的毒蛇。"背对耻辱和错误，不能勇于面对、自我革新，也就无法脱胎换骨、走向新生。② 其次，勇于担当、攻坚克难、开拓创新、掌握主动，是成就一番事业的必备品质。"勇于担责，是领导干部必备的品质。""中华民族追逐梦想的百年长剧，正进入高潮部分；当代中国实现梦想的接力探索，又站在新的起点。勇于担当、演绎精彩，奋发有为、不辱使命，这是我们应有的雄心壮志。""办法总比问题多，攻坚克难勇者胜。""'大事难事看担当，顺境逆境看襟度。'逆境和挫折，是阻挡弱者的高山，也是冶炼勇者的熔炉，更是砥砺强者的砺石。""惟其艰难，才更显勇毅；惟其笃行，才弥足珍贵。""当前，我们既面临机遇，又面对挑战。要迎难而上，寻求突破，就需要有一股不达目的绝不休止的勇气和力量，有一种坚忍不拔、锲而不舍的精神和毅力。"解放思想、实事求是、与时俱进、勇于创新、突破成规，是中国共产党人成就历史伟业的重要精神品质。"领导干部应经常深入一线，靠前指挥，对大事抓住不放，对新事

① 李长江：《为政者应守"八戒"》，《学习剪报》第58本，2015年。
② 向贤彪：《不做背对错误的蠢事》，《学习剪报》第56本，2015年。

勇于开拓，对难事善于攻坚，对急事当机立断，确保干一件事情成一件事情，取得实实在在的成效。""从不利到有利，主观上的坚忍勇毅至关重要。"只有坚忍勇毅，迎难而上，善于攻坚，才能化不利为有利，牢牢掌握主动权。① 最后，有智有义而后勇。"五德者，智、信、仁、勇、严"，相辅相成。领导干部谋事成事，所谓胆子要大、步子要稳，"胆子大靠的是信念、勇气，步子稳取决于谋略、智慧"。有勇无谋，或有识无胆，终难成事。"勇敢的能量是正还是负，取决于目的和时机。""君子有勇而无义为乱。"宋代理学家张载曾评价自己："平生于公勇，于私怯，于公道有义，真是无所惧"，可谓为人处世法则。公事要勇往直前、义无反顾，私事须退避三舍、淡泊功名，方可成就崇高事业，清廉人生。②

　　党员干部要成就事业，需要淡泊明志，涵养一颗宁静的心。Z书记学习到，"欲速则不达，见小利则大事不成"。"浮躁之风盛行，会导致这样的现象：为官者盼望一步登天，为学者盼望一步到位，为商者盼望一夜暴富，为艺者盼望一举成名。""结庐在人境，而无车马喧。问君何能尔？心远地自偏。"人活一辈子，要想给社会给后人留下点东西，实现崇高价值追求，"就必须避开社会的喧嚣，拒绝外来的诱惑，祛除内心的焦躁"，不被外界的喧嚣浮

---

① 王锦春：《为官避事平生耻——兼谈"敢于负责"》，《学习剪报》第 20 本，2009 年；中共中央党校中国特色社会主义理论体系研究中心：《中国道路与党的创新精神》，《学习剪报》第 29 本，2011 年；陈原：《为官之基　品优则立》，《学习剪报》第 38 本，2012 年；郑剑：《我们就是要有雄心壮志》，张涛甫：《治理环境需要"三心"同行》，《学习剪报》第 40 本，2013 年；青海省中国特色社会主义理论体系研究中心：《推动科学发展须按规律办事》，《学习剪报》第 41 本，2013 年；斯日古楞：《下去还比上来难》，《学习剪报》第 48 本，2013 年；评论员：《千难万难，畏难才真难——三论领导干部要奋发有为》，《学习剪报》第 52 本，2014 年；李斌：《非常之功必待非常之人》，《学习剪报》第 59 本，2015 年。

② 张保振：《多练人谋天下雄》，《学习剪报》第 48 本，2013 年；马祖云：《胆子与步子》，《学习剪报》第 50 - 2 本，2014 年；李斌：《于公勇，于私怯》，《学习剪报》第 54 - 1 本，2014 年。

躁裹挟，宁神静心、扎扎实实、聚精会神地做事。①

　　做人要讲良心，这是积淀于中国文化血脉的妇孺皆知的做人根本。那么，什么是做人的良心呢？Z书记学习到，要"良心做人、尽心做事"。"良心做人，实质上是做人要讲道德。"讲道德的核心，就是要"有仁爱之心"。②

　　Z书记学习到，领导干部要保持"五平"之心。对领导干部而言，位置会变，权力会变，眼界会变，但"五平"之心要保持，那就是：为人处世讲平等，谋事干事重平实，发展进步需平稳，名利得失要平衡，精神境界求平和。第一，谋事干事重"平实"。"一步一个脚印，事情才能一桩一件干出来，业绩才能一点一滴聚起来。把每一件简单的事情做得不简单，把每一项平凡的工作做得不平凡。"第二，精神境界求"平和"。"居功不傲、得意不狂、受挫不悲、浮财不图"，才能在喧闹浮躁中凝神静气，不为纷繁万象所扰。持"五平"之心，领导干部就会少些官气、暮气、俗气、乌烟瘴气乃至歪风邪气，多些干事业的心气、和气、大气与浩然正气。③

　　领导干部要加强"五项修炼"。一是"惜时如'金'，抓紧学习"。要"树立终身学习理念，把学习作为一种精神追求、一种生活方式，做到活到老、学到老。二是"奋发如'木'，昂扬向上"。三是"包容如'水'，维护团结"。四是"激情如'火'，忘我工作"。五是"奉献如'土'，提升修养"。④

　　党员干部本来就是人民群众中的一员，贵在保持一颗"平常心"，懂得平淡而不平凡的人生境界。Z书记学习到，"平淡其实是人生的一种真谛！""平淡是人生的一大境界，它的前提是宁静。"

---

① 林治波：《愿宁静成为心灵的常态——让我们的人生更开阔》，《学习剪报》第62本，2016年。
② 张保振：《良心做人　尽心做事》，《学习剪报》第21本，2009年。
③ 易炼红：《领导干部要有"五平"之心》，《学习剪报》第24本，2010年。
④ 周银芳：《领导干部的"五项修炼"》，《学习剪报》第33本，2012年。

"人生如航船，心态如航仪。心态失衡，人生方向往往会迷失。党员干部要想在事业上有建树，在群众中有威望，就必须端正心态，始终保持一颗平常心。""保持平常心，体现的是一种宝贵道德品格。""保持平常心，彰显的是一种崇高价值追求。""宠辱不惊，闲看庭前花开花落；去留无意，漫随天外云卷云舒。"平常心实则不平常。只有坦然超脱了人世间种种名与利的诱惑，才能达到宁静的心境。"无论到哪个地方、去哪个部门、任哪样职位、干哪项工作，都是党员干部实现人生价值的重要平台。"抱着平常心去做，也会干得风生水起。"广大党员干部只要保持一颗平常心，无怨无悔地服务人民，矢志不渝地推动发展，就会赢得群众的良好口碑，树起共产党人的不朽丰碑。"[1]"心不为物所役，行不为名所累，我们才能品味来之不易的幸福生活，不断涵养我们时代的新风尚。"[2]

党员干部以淡泊之心做人为官，难在超脱名利权。名利之心人皆有之，名利是无时不在的诱惑。如何看待名利，是检验一个人品格修养的试金石。党员干部如何才能淡泊名利呢？Z 书记学习到，第一，党员干部淡泊名利，就要有事业追求。"名为招祸之本，利乃忘志之媒。"胡锦涛同志反复强调："领导干部要常修为政之德、常思贪欲之害、常怀律己之心。"对共产党人来说，领导岗位是为党和人民服务的平台，不是个人谋求私利的途径；共产主义事业是我们的终身事业，献身事业是党员干部的真正价值。第二，党员干部淡泊名利，就要管得住自己。"苟非吾之所有，虽一毫而莫取。"要"培养高尚的道德情操"，"珍重人格、珍爱声誉、珍惜形象"；要"以平和之心对待'名'，以淡泊之心对待'位'，以知足之心对待'利'，以敬畏之心对待'权'，以精进之

---

① 田诗：《平平淡淡才是真》，《学习剪报》第 11 本，时间不详；后强：《心态彰显品格》，《学习剪报》第 33 本，2012 年。

② 辛士红：《别让"斗富心态"消解了幸福》，《学习剪报》第 51 本，2014 年。

心对待'事'"。"老实做人、埋头做事、公道做官。"① 第三，党员干部淡泊名利，就要"心安"。"去贪欲之念、戒浮躁之心、弃非分之想。领导干部得心安，既是己之福，更是民之幸。"② 何为"己之福"？《朱子治家格言》云："德不配位，必有灾殃。"有的人暴得大名、巨富、高位，却未修得相应的品德以处之，最终因难御诱惑、放纵欲望而堕落败亡。这难道不值得我们警醒吗？③ 第四，党员干部淡泊名利，应该保持"嚼得菜根"的精神。"宁谢纷华，而甘淡泊，遗个清名在乾坤。"要懂得"嗜欲如猛火，权势似烈焰。若不带些清冷气味，其火焰不至焚人，必将自烁矣"。"无论何时，都须'嚼得菜根'，筑牢思想堤坝，提高拒腐防变能力，如此方能百事可为。"④

面对人的欲望和世间的种种诱惑，"做人不可侥幸"。Z书记学习到，人没那么大的免疫能力，别倚仗心存良知同乌七八糟的事周旋。"'出污泥而不染'，它的毒害性即它的欺骗性。"因此，"远离污泥，比研究怎么钻污泥又开放一朵圣洁的花更安全"。⑤ 远离污泥的认识，与"勿以恶小而为之"的修身名言有相通之处。以"出淤泥而不染"加上心灵的安慰和救赎，效果未必真能如想象的那般无染。对领导干部而言，"权、钱、色是考验从政者品质的三大难关，哲人甚至以'三大魔鬼'表示对三者的戒备之心。道理在于，倘人生观、价值观扭曲，权会迷魂，使人丧德作恶；钱会熏心，使人疯狂攫取；色会花眼，使人泯灭伦理"。"为官者，不能把权、钱、色带到坟墓；但权、钱、色却能把为官者送进地狱。"⑥ "共产党人只有守好自己的精神高地，才会具有精神境界、

---

① 郭嘉：《谈名利》，《学习剪报》第 30 本，2011 年；周为民：《淡泊"做官"心理》，《学习剪报》第 33 本，2012 年。

② 李荣东：《心安是福》，《学习剪报》第 23 本，2010 年。

③ 纪东冲：《"寒门巨贪论"遮蔽了什么》，《学习剪报》第 54 - 2 本，2014 年。

④ 赵兵：《嚼得菜根　百事可做》，《学习剪报》第 58 本，2015 年。

⑤ 鲍尔吉·原野：《出污泥必染之》，《学习剪报》第 1 本，时间不详。

⑥ 马祖云：《党员的"保质期"应是一辈子》，《学习剪报》第 55 本，2015 年。

精神支柱和精神力量。"党员干部要抵御权力、金钱、美色"三大诱惑","关键要具有恒久的定力。定力是强大的精神力量,也是自律的最高境界,它源于坚定理想、坚守党性、淡泊名利、珍视操守"。①

干部贪腐多为财。领导干部正确看待名利,要树立正确的财富观。不义之财是祸,积财不若积德,才技最可倚靠。Z 书记学习到,"财产是身外的靠,技能是身内的靠。身外靠有时靠不上,身内靠何时皆可靠。无论有多大家产,不可忽于学技能"。"积财不若积技,积技不若积功,积功不若积德。""以善自处易,以善养人难。""不义之财,就是祸害。无钱不算穷,无职业乃是真穷。""俭字用在消耗上可,用在发展上不可。""理财要在本身节省,不可在对方节省。反之,众叛亲离,财尽人散。"②"有的时候,富有比贫穷更能考验人。""再大的家业,也经不住折腾;再多的财富,没了精气神也只是物质围城。"③"世上没有单翅的鸟,物质无虞、精神充盈,乃是人生的一对翅膀。"④

做人知足,便得心安。Z 书记学习到,知足常乐,知足得福,乃千古箴言。"终日奔波只为饥,才得饱来便思衣。衣食两般俱丰足,房中又少美貌妻。娶下娇妻并美妾,出入无轿少马骑。骡马成群轿已备,恨无田地少根基。买得良田千万顷,叹无官职被人欺。七品五品犹嫌小,四品三品仍觉低。一品当朝为宰相,又想君王做一时。心满意足为天子,更望万世死无期。种种妄想无止息,一棺长盖抱恨归。""官大官小,没完没了;钱多钱少,够用就好;健康身体,无价之宝;知足常乐,憾事全了。"⑤ 在物质越来越丰裕的消费社会,知足常乐的生活智慧似乎引不起年青一代

① 康晓晖:《守好共产党人的精神高地》,《学习剪报》第 62 本,2016 年。
② 《阎锡山的财富观（日记辑录)》,《学习剪报》第 32 本,2012 年。
③ 辛士红:《别让"斗富心态"消解了幸福》,《学习剪报》第 51 本,2014 年。
④ 习骅:《世上没有单翅的鸟》,《学习剪报》第 62 本,2016 年。
⑤ 张呈富:《知足谣》,《学习剪报》第 16 本,2008 年。

的兴趣了。快乐的真谛是什么？为什么会出现"穷得只剩下钱了"的唏嘘？Z书记学习到，快乐不只是享受，它需要在更高层次上去体会。"只有信念使快乐真实。""人要有理想、有追求、有信念。只有在这样的层面上去生活，快乐才是永久的、真实的。"①

做人要懂得舍得的人生智慧。Z书记学习到，"舍得舍得，不舍不得，有舍才有得，要得就要舍"。"舍得是亏也是盈，舍得是出也是入，舍得是因也是果。""舍得是一种抉择，还是一种美德，更是一种境界。"对党员干部来说，舍得的人生境界，就是讲奉献，懂吃亏，得民心。"吃亏"是年轻干部难得的历练。"'吃亏是福'是句好话。也许你吃了物质的'亏'，收获了精神的'福'，也许你吃了小亏，得到的是大福。"河南有个叫李天成的村干部，他有一首《吃亏歌》，值得深思。歌中写道："当干部就应该能吃亏，能吃亏自然就少是非；当干部就应该肯吃亏，肯吃亏自然就有权威；当干部就应该常吃亏，常吃亏才能有所作为；当干部就应该多吃亏，多吃亏才能有人跟随；能吃亏、肯吃亏、不断吃亏，工作才能往前推……"②

做人的本质在于实现人生价值。Z书记学习到，"作为一个人活在世上，官是当不到头的，钱也是难以挣尽的。那么，考虑的应该是怎样活得更有价值"。"人活着的目的不在金钱、名利、权位的高低，而在自我价值的实现。"③ 那么，如何实现自我价值呢？Z书记进一步学习到，每个人最初的价值都是"一碗米"，它的价值可以被开发为一块钱的米饭、四五块钱的粽子、一二十块钱的一瓶酒。因此，要提升自己的价值，就要善于开发自己的价值空间。"提升自己的价值，贵在有一颗勇敢的心。""拓宽自己的价

---

① 刘乃季：《信念使快乐真实》，《学习剪报》第36本，2012年。
② 陈俊宏：《"舍得"的哲学》，《年轻干部当自醒》（无作者），《学习剪报》第20本，2009年。
③ 狄马：《智者马继来》，《学习剪报》第8本，时间不详；江琳：《沈浩　永远的明镜》，《学习剪报》第51本，2014年。

值，还要有长远的眼光。""要想成功，唯有一心一意、精力专注，靠读书生灵气，用学习筑底气，以积淀养才气。"学习是实现自我价值的最佳途径。"终身学习的人，眼界才会越来越开阔、思想才会越来越深刻、境界才会越来越高远、价值才会越来越厚实。"①

对领导干部而言，贵在敢于担当，这是实现人生价值的基础和前提。Z书记学习到，"为官避事平生耻"。"人而无责，于世何益。"实践反复证明，责任感是做好一切事情、实现人生价值的基础和前提。"责任心是谋事、干事、成事的关键所在。""歌德说：尽力履行你的职责，那你就会立刻知道你的价值。""陈毅元帅有诗云：应知天地宽，何处无风云。应知山水远，到处有不平。"人生之路，事业之途，遇到一些矛盾和困难是必然的。遇到矛盾和困难时，不给自己找借口，勇于担责，才能成就一番事业，赢得信赖和尊重，实现人生价值。这是人生的辩证法："困难越多，越能提高能力素质；风险越大，越能体现自身价值；条件越差，越能干出一番事业。"对党员干部来讲，"不患无策，只怕无心"。这里的"心"，就是对党和人民事业的责任心。"'我们的责任，是向人民负责'，这不是口号，而是庄严的承诺，要用行动来证明。"②

心怀对党和人民事业的责任心，就要有"功成不必在我"的平常心。Z书记学习到，领导干部应该懂得："功成之前，有无数前辈奠定了坚实之基；名就之际，不可抹杀诸多前任增续的砖瓦。"领导干部要"不戚戚于任上就干出惊天政绩，不耿耿于任上就有显赫声名，只问自己在任上为百姓做过什么，为后代留下什么，甘于'自己栽树，让后人乘凉'，而'功成不必在我'"。③

中国共产党十九大报告强调："中国共产党从成立之日起，既是中国先进文化的积极引领者和践行者，又是中华优秀传统文化

① 桑林峰：《"一碗米"的价值》，《学习剪报》第21本，2009年。
② 王锦春：《为官避事平生耻——兼谈"敢于负责"》，《学习剪报》第20本，2009年。
③ 陈家兴：《功成不必在我》，《学习剪报》第41本，2013年。

的忠实传承者和弘扬者。"① 党员干部还应重视从优秀传统文化中汲取营养，加强道德修养。Z 书记学习到，中华文化的血脉里积淀和赓续着君子品格与风范。千百年来，人们对于君子人格的尊崇与追求，不外是对人生境界的提高与全面自由发展的向往。中国共产党党员身为觉悟崇高的先锋战士，君子之道、君子之境自然也应成为其精神追求与品格。共产党员如何涵养君子之风呢？第一，君子之道重言。"君子欲讷于言而敏于行。""君子重言，强调言思忠，即不说空话套话假话，要说真话实话，不能言之无物，脱离实际。""君子慎言，就是不妄自断言，言则必行，行则必果。"第二，君子之道重行。君子尊道而行。共产党员的品格力量，在于理论联系实际，投身实践，积极行动，在实践中检验真理和发展真理。"一个行动胜过一打纲领"，"喊破嗓子不如甩开膀子"。第三，君子之道重气质。所谓知书达理、不骄不躁、泰然自若、谦谦自知等，说的就是君子的气度与品格。第四，君子之道重好。君子追求积极健康的兴趣爱好和生活方式。共产党员要践行"三严三实"，就要深谙君子之道，重言、重行、重貌、重好，进而达到"知行合一，形神俱佳，才能始终彰显共产党人的品格追求与人格风范"。② 将具有深厚文化传统的君子之道进行马克思主义的解释和创造性转化，倡导党员干部从"重言、重行、重貌、重好"四个方面加强品格境界修养，具有重要的时代价值。

综上所述，"人无德不立，国无德不兴"。在"德才兼备、以德为先"的人生境界追求上，Z 书记围绕如何做一个好人、好党员、好干部，如何修官德、政德，如何树立党员干部的良好形象，进行了深入系统的学习。这些内容精粹深刻、适应时代，既是做人准则，又是为政箴言，对于新时代广大党员干部的自我教育、

---

① 习近平：《决胜全面建成小康社会　夺取新时代中国特色社会主义伟大胜利——在中国共产党第十九次全国代表大会上的报告》（2017 年 10 月 18 日），第 44 页。
② 朱永刚：《党员当有君子之风》，《学习剪报》第 58 本，2015 年。

自我提升，具有极强的现实意义。

（三）学农村基层党建

毛泽东时代的社会主义政治建设突出一个原则：加强党的一元化领导。但是，如何加强与实现党的领导，根本规律是什么，仍是社会主义政治文明建设实践中需要探索总结的重大问题。改革开放以来，中共理顺党政关系经历了一个从党政不分、以党代政，到党政功能分开，再到以党领政的深刻转型和制度变迁过程。① 随着对建设中国特色社会主义规律认识的深化，中共十九大报告着重指出，"中国特色社会主义最本质的特征是中国共产党领导，中国特色社会主义制度的最大优势是中国共产党领导"，强调"党是最高政治领导力量"，要"坚持党对一切工作的领导"。② 这是对改革开放以来探索党和国家领导体制改革的历史总结，也对新时代加强党的建设提出了根本要求。

农村基层党组织是中国共产党组织体系的重要组成部分，是农村各类组织和各项工作的领导核心。高度重视加强农村基层党组织建设，对于坚持党的领导，巩固党的执政根基，推动农村发展具有重大意义。1990 年 8 月，中共中央组织部、中央政策研究室、民政部等联合在山东省莱西县召开了全国村级组织建设工作座谈会（简称"莱西会议"）。会议的中心议题是研究新形势下加强以党支部为核心的村级组织建设，密切党和政府同农民群众的血肉联系，团结和带领广大农民坚定不移地走共同富裕的社会主义道路。会上，时任中共中央政治局常委、中组部部长宋平同志作了题为《努力增强以党支部为核心的村级组织的凝聚力和战斗力》的讲话。莱西会议把加强以村党支部为核心的村级组织建设作为推动农村工作的一项"重要而紧迫的任务"来抓，翻开了改

① 王长江主编《党政关系研究》，中共中央党校出版社，2015，第 137 页。
② 习近平：《决胜全面建成小康社会 夺取新时代中国特色社会主义伟大胜利——在中国共产党第十九次全国代表大会上的报告》（2017 年 10 月 18 日），第 20 页。

革开放时代农村基层党建的新篇章。① 2018 年 12 月新修订施行的《中国共产党农村基层组织工作条例》强调："必须坚持党的农村基层组织领导地位不动摇。"② 这些部署，充分说明执政的中国共产党历来高度重视加强农村基层党组织建设。这可以说是中国共产党领导革命、建设、改革事业胜利发展的一个历史基因。改革开放以来的乡村治理与发展的实践也充分表明，加强农村基层党组织建设，以党建引领推动乡村发展，具有重大的实践意义。"要想脱贫致富，必须有个好支部"，"帮钱帮物，不如建个好支部"，是广大农民群众从实践中得出的根本经验。

Z 书记退休前是一个长期做教育工作、没有农村工作经验的干部，在退休回乡推选为新支书后，如何不负上级党组织和群众的重托，尽快由外行变内行，当好村支书？他结合工作实际需要，首先从加强学习入手，对如何加强农村基层党组织建设进行了深入系统的学习和思考。

1. 抓党建，促发展

新的时代条件下如何当好村支书？Z 书记学习到，今天当好村支书，重点是两件大事，一是发展，二是党建。①谋发展是第一要务。发展是群众最大的愿望，也是最大的民心。对穷村而言，谋发展才能解决脱贫致富的问题；对富村而言，谋发展是要实现协调可持续的问题。②抓党建是首要职责。"党要管党，从严治党，关键在各级党组织书记。""党要管党，从严治党，首先要把各级党组织书记选好。"不抓党建，不会抓党建，抓不好党建，就不能当党组织书记。农村要发展，核心是抓好党建，让永葆先进性的党组织真正成为村民的"主心骨"。无论农村社会结构如何变化，无论农村各类经济社会组织如何发育成长，农村基层党组织

---

① 中共中央组织部办公厅编《改革开放 30 年组织工作大事资料摘编》，党建读物出版社，2009，第 143 页。

② 中国法制出版社编《中国共产党农村基层组织工作条例》，中国法制出版社，2019，第 1 页。

的领导地位不能动摇，战斗堡垒作用不能削弱，这是"坚持党在农村领导地位的内在要求，也是实现农村经济社会健康发展的根本保证"。坚持和发挥农村基层党组织的领导核心作用，既要在思想上不动摇、不含糊，又要在实践中找办法、找路径。③发展与党建两件大事，其实是一个问题的两个方面。"如果说党建是农村一切工作的基础，那么村集体经济的快速发展就是农村工作的关键。"① 将抓党建、促发展两件大事辩证统一起来，就抓住了基层党组织书记做好农村工作的关键。

如何深刻理解农村基层党组织的领导核心地位？Z 书记进一步学习到，农村基层党组织的领导核心地位是具体的而不是抽象的，主要体现在：①农村基层党组织是确保党的路线方针政策在农村得到贯彻落实的领导核心，"在执行中央和各级党组织的决策部署中起着组织者、推动者的作用"。②农村基层党组织是农村各类组织的领导核心。农村的行政组织、经济组织和社会组织等，"都要在党组织领导下，按照法律和各自章程开展工作"。③农村基层党组织是农村各项工作的领导核心。农村经济社会发展各方面的重要工作、重要问题，"都要由党组织在广泛征求意见的基础上讨论决定、领导实施"。④农村基层党组织是团结带领群众创造美好生活的领导核心，"肩负着组织群众、动员群众、教育群众、引导群众的重要责任，肩负着改善群众生产生活、维护群众合法权益的重要责任，发挥着凝聚群众的主心骨作用"。②

在深刻认识农村基层党组织领导核心地位的基础上，怎样才能发挥好农村基层党组织的领导核心作用？Z 书记学习到，重要的

---

①　纪雅林：《今天怎么当村支书：一靠发展，二靠党建》，孟兆琪、刘正双：《两位村支书的苦恼》，《学习剪报》第 23 本，2010 年；李建华：《不抓党建，就不能当书记》，《学习剪报》第 54－1 本，2014 年；仲祖文：《始终坚持农村基层党组织领导核心地位不动摇——二谈学习贯彻全国农村基层党建工作座谈会精神》，《学习剪报》第 57 本，2015 年。

②　仲祖文：《始终坚持农村基层党组织领导核心地位不动摇——二谈学习贯彻全国农村基层党建工作座谈会精神》，《学习剪报》第 57 本，2015 年。

是要做到"四个好"：做好自身，建好班子，把好方向，抓好落实。村党支部书记作为"班长"，必须吃苦在前、工作在前、业绩在前，做农村发展的领航人、村干部的撑腰人、村项目的引进人，坚决不做要权、要钱、要闲的"一把手"。一个不够合格、不够优秀的农村基层党组织书记，对农村的发展和农民的根本利益会造成巨大的损害。同时，要重视"用制度强化党的领导核心作用"，保障和行使好村党支部的"三大权力"，"即大事决策权、人事分工权、财务监督权"。①

农村基层党建是一项复杂的系统工程，既包括农村基层党组织的政治建设、思想建设、组织建设、作风建设、纪律建设和反腐败斗争，又包括贯穿党建各个方面的长期执政能力建设、先进性和纯洁性建设，目标是与时俱进地提升农村基层党组织的战斗能力和领导能力，从而带领广大农民群众建设欣欣向荣的社会主义现代化新农村，实现乡村振兴。因此，不仅农村基层党建的各个方面、各个构成要素是相互联系、辩证统一的，农村基层党建和乡村发展也是紧密联系、辩证统一的。就党建而论党建，并不能真正解决党建的根本问题，因此抓好党建，要有系统思维和宏观视野。Z书记在学习中认识到，"发挥农村基层党组织在建设社会主义新农村中的领导核心作用，需要将发展现代农业、培养新型农民、带领群众致富、维护农村稳定等任务体现和落实到农村基层党组织的一切活动和工作中"。② 这就是一个大党建的视野。朝着这样的目标加强农村基层党组织建设，才能实现巩固党的执政根基和推动农村持续发展的统一。

加强农村基层党组织建设，首先要一切从实际出发，实事求是地认识党组织所处的时代大环境和农村社会的发展变化，紧跟

---

① 雷亚军：《怎样发挥好村党支部的领导核心作用》，《学习剪报》第 46 本，2013 年。
② 杨时云：《提高农村基层党建工作水平的有力举措》，《学习剪报》第 33 本，2012 年。

时代发展的要求，解决时代提出的新挑战、新问题，这样党组织才能保持旺盛的生命力，紧跟时代，继续发挥好战斗堡垒作用。Z书记学习到，目前农村基层党建面临六大挑战：第一，农村社会组织形式和农民生产、生活方式等发生的新变化，使基层党组织的组织功能不能完全适应。第二，农民的生产组织形式和活动方式发生的新变化，使农村基层组织形式不能完全适应。第三，农村经济结构发生的新变化，使基层党组织自身活动以及组织农民开展各种必要的集体性质的农村公益活动所需资金来源产生新的困难。第四，农村基层党组织的功能转换和任务变化，对农村党员，特别是基层干部的能力、作风等方面都提出了更高的要求。第五，"实现党对农村工作的领导和村民自治的有机统一，使农民既能享受到充分的自治权利，又能始终在党的正确领导下为实现自己的幸福生活而奋斗"，对农村基层党员干部的素质和能力提出了新要求。第六，"农村社会利益结构发生的新变化，使农民的利益诉求更为多样化，为实现其利益的民主要求日益强烈"。这种民主权利日益强烈的诉求表现在对村干部的选举权，以及对农村公共事务的知情权、参与权、监督权等各项权利有效落实的要求。这些新情况，既给农村基层党建提出了新挑战，也是农村基层党组织建设实现新飞跃的时代机遇。① 面临这些新挑战和新机遇，着力培养选拔党和农民需要的优秀基层干部，依靠这些干部带领农民去解决基层党组织建设和农村发展面临的新问题，是解决问题的关键。而优秀农村基层干部资源的稀缺，又是最大的难题。

改革开放后，随着城镇化进程的加快，发展相对落后的农村地区人才大量流入城市，留守农村的党员干部队伍素质大大下降，党组织能够依靠的治理与发展乡村的人才资源匮乏，这给农村基层党建带来了极大的挑战，也是基层党组织书记开创工作新局面面临的突出困境。在解决困境的实践探索中，很多地方推行了

---

① 戴焰军：《农村基层党建面临六大挑战》，《学习剪报》第41本，2013年。

"能人治村"模式。Z书记在学习了地方政府推行"能人治村"，强化基层组织领导班子，立足区位优势，促进农民增收的典型经验后，结合本村实际写下了这样的治村思考："本村'两委'班子在实际工作中做出了点成绩，村民是比较满意的，但远远赶不上时代的要求，和兄弟村比起来差距还很大，关键是班子还不是硬班子。"一是老人化，整体年龄偏大。村"两委"共9人，只有1人是37岁，其余都是五六十岁以上的人了。二是文化程度偏低。9人中只有2人是高中文化程度，其余就是初中或高小程度。三是家庭拖累大，不能全身心投入工作。9人中家庭困难户就有4家，占44%。①村"两委"领导班子是党员干部队伍的精英，是农村基层组织的领导核心。这样的基层领导核心群体往往由乡村精英构成，这样才能实现对乡村社会的有效整合与领导。然而，在快速城镇化和城乡二元社会结构影响依然存在的时代背景下，农村基层党政组织的领导核心非但不能吸纳集聚乡村精英阶层，反而出现年龄老化、素质弱化和相对贫困化等特征，依靠这样的领导班子去建设社会主义现代化新农村，带领农民群众致富奔小康，其困难与挑战可想而知。N村党建面临的难题，在发展相对落后型农村地区具有一定的普遍性。Z书记在学习中关注到贫困农村地区党员队伍建设存在的共性问题："农村党员年龄偏大、文化偏低；流动党员管理难、青壮年党员发展难、基层组织活动开展难；个别党员带头作用不明显。"破解困境，需要创新党员学习教育的内容和形式，提高农村党员参与的积极性和实效性。②如何创新制度机制，通过学习教育有效提高"两委"班子能力素质，同时加强基层党组织的精英吸纳能力，为党员干部队伍输送新鲜血液，最终调动党员干部队伍带领群众干事创业的积极性并取得发展成效，确实

---

① 惠晓翠、姚琼：《选好带头人　富裕老百姓》，《Z书记工作日记》第17本，2008年。

② 郑平：《农村党员教育瞄准"节"点》，《学习剪报》第38本，2012年。

是一个需要着力探索解决的重要问题。

作为班子带头人，抓班子、带队伍、强组织的一个重要工作是团结广大党员，带动党员发挥积极性，形成组织凝聚力，带领群众谋发展。Z书记积极学习了很多优秀农村党支部书记的工作经验。陕西省岚皋县东风村党支部书记张青义任村书记35年，将一个环境条件差的特困村建成远近闻名的新农村建设示范村。2001年该村农民人均纯收入仅有530元，2007年提高到2150元。2008年6月，中共安康市委授予东风村"五个好村党组织"。Z书记认真学习了这位优秀农村党支部书记的治村经验：第一，"当干部要能带好队伍"。"当干部不是你一个人干，一定要把大家的积极性，把各方面的积极性都调动起来。"第二，当干部要时刻想着百姓。"干部要有威信，办事必须公开、公正、公平。"只有换得民心，工作才会得到群众支持。①　村干部要做到办事公开、公正、公平，就要推动"党务、村务、财务、重大事项、工作情况的'五公开'"，尊重与保障村民的主体地位，以制度建设推动基层民主化治理。②　关于凝聚党员干部队伍的力量，Z书记在学习沈浩书记的工作经验时认识到，"一个人，能力再强，也只有一个人的力量；一个班子，个体能力再弱，但只要拧成一股绳，就能形成巨大合力"。要最大限度地把班子团结凝聚起来，最大限度地激发党员干部的创造性、主动性、积极性，在推动科学发展的实践中充分彰显"一个支部一个堡垒、一个党员一面旗帜"的强大力量。③

如何有效激发和充分发挥基层党组织战斗堡垒作用和党员先锋模范作用？领导干部带头，层层带动、层层示范、层层推动，是中国共产党实现政治动员的重要历史经验和动员技术。Z书记学

---

①　钟庆明：《百姓心中的好支书——记岚皋县东风村党支部书记张青义》，《Z书记工作日记》第20本，2009年。

②　杨时云：《提高农村基层党建工作水平的有力举措》，《学习剪报》第33本，2012年。

③　陈家兴：《基层党组织书记怎样学沈浩》，《Z书记工作日记》第32本，2010年。

习到，"用身边人带动身边人，是加强基层党组织建设的重要途径"。① "作风转变是否彻底，取决于领导带头是否坚决。" "坚持领导带头，关键就是一级做给一级看，一级带着一级干。"② 总之，全面加强基层党组织建设，以党建引领推动农村各项工作发展，坚持领导带头都是根本的工作规律，反映着中国共产党的无产阶级先锋队性质，是中国共产党的根本政治品格和政治优势。党员干部只有学在前、用在前、干在前，才能始终掌握领导权。

"抓党建、促发展"的党建理念，基层党组织和广大党员"做给群众看，带着群众干"先锋模范作用的发挥，鲜明地体现在 S 县的"创先争优"基层党建活动中。2010 年 5 月，中共中央办公厅转发《中央组织部、中央宣传部关于在党的基层组织和党员中深入开展创先争优活动的意见》提出，在党的基层组织和广大党员中深入开展"创建先进基层党组织、争当优秀共产党员"活动，是全党深入学习实践科学发展观的重要举措，是党的建设一项重要的经常性工作。Z 书记深入学习了该县贯彻落实中央部署的要求。在深入开展"创先争优"党建活动中，S 县紧密结合发展苹果主导优势产业，瞄准群众期盼，把加快农民增收作为最大的发展实践，提出到 2015 年实现苹果亩产值达万元，农民人均纯收入过万元的"双万目标"。围绕"双万"目标的阶段性要求，该县制定了基层党组织和党员"六带头两争当一创建"的争创标准，使活动的开展有章可循。"六带头"就是要求果农党员做到："带头创建一亩产值过万元的苹果园；带头新建一亩有机苹果示范园；带头应用新技术，带动群众实行'果、畜、沼、草、水'五配套生产模式；带头开展物资、信息扶持，帮助一户困难户；带头参加专业合作社，实现规模生产、诚信经营；带头调整产业结构，

---

① 盛若蔚：《赵乐际在河南调研时强调　充分发挥基层党组织的战斗堡垒作用》，《学习剪报》第 62 本，2016 年。

② 评论员：《把领导带头贯穿始终》，《学习剪报》第 44 本，2013 年。

在推进产业优化升级中实现农民人均纯收入过万元。"这就要求党员承担起带领群众走共同富裕道路的历史使命，自己先要会致富，成为掌握现代农业生产技术和经营管理理念的致富带头人。"两争当"就是要求在村党组织领导下争当有机苹果示范村和苹果亩产值过万元先进村；争当农民人均纯收入过万元先进村，实现"双万"目标。在推动科学发展上，按照"以苹果产业为核心、以畜牧养殖为支撑、以设施农业为补充、以劳务经济为辅助"的发展思路，多种渠道增加农民收入。"一创建"就是在活动中"创建实现'双万'目标'五个好'乡镇党委，达到转变作风干部形象好，依托优势产业发展好，多措并举群众收益好，化解难题发展环境好，强化措施实现'双万'机制好的要求"。通过创先争优活动，始终按照"做给群众看，带着群众干"的党建引领理念，做到"乡镇党委有产业示范基地，村组有示范园，户有增收标杆"。同时，制定"双万"目标责任量化考核办法，利用三至五年实现"双万"奋斗目标。① 可见，这次创先争优基层党建活动，理念是先进的，举措是务实的，制度机制保障是有力的。扎实推进，能够实现"抓党建、促发展"的基层党建目标。

　　农村基层党组织在乡村治理和发展中发挥着领导核心作用，党组织书记是班子"带头人""领头雁"，选用什么样的带头人，是否能将带头人培养成为德才兼备的优秀领导人，对基层党组织领导核心作用的发挥和乡村发展具有非常关键的作用。Z书记在学习中充分关注到基层组织带头人的关键作用，这既是对自己全面提高政治素养和领导能力的紧迫要求，又意味着培养年轻干部和后备领导人才工作的重要性。他学习到，"给钱给物，不如给个好支部"，"选对一个人，富了一个村"，"一将无能，累死三军"，

---

① 潘磊、王云龙、井智军：《组织争先进位　党员建功立业　S县给力"双万"　农民增收新目标》，《学习剪报》第 24 本，2010 年。

"兵熊熊一个，将熊熊一窝"，"没有本领难领路，不讲方法领错路"。① 人民群众从长期实践中总结的这些认识，蕴含深刻的乡村治理道理。

对领导干部队伍而言，选拔人才是前提，选拔重于培养。选拔培养党的领导干部，评价标准和体系是风向标。只有健全公正的选拔和激励机制，使德才兼备的好干部在物质、精神和职务升迁上占优势，才能净化政治生态，为党和人民的事业提供强有力的组织保障。如何加强干部队伍建设，将德才兼备的用人标准落到实处？作为班子建设的带头人，Z书记学习了以下重要内容：要在评价体系、考察途径、激励机制上下功夫，"真正把政治上靠得住、工作上有本事、作风上过得硬、人民群众信得过的干部选拔上来"。关于干部"德"的评价体系，必须科学全面、具体可行。党的十七届四中全会提出"是否忠于党、忠于国家、忠于人民，是否确立正确的世界观、权力观、事业观，是否真抓实干、敢于负责、锐意进取，是否作风正派、清正廉洁、情趣健康"这四条考察干部德的标准。在健全激励机制，建立好的用人导向方面，"一应健全精神激励机制。把干部德的表现纳入经常性的表扬与批评、评选先进、树立典型等渠道之中，通过多种形式弘扬好的、鞭策差的，形成讲党性、重品行、作表率的良好氛围。二应健全物质激励机制。通过政府、组织和民间等多种渠道，对品德优秀的干部进行适当的物质奖励和困难帮助，使好人有好报。三应健全职务激励机制。真正把干部德的表现作为选拔任用和调整处置的重要依据，使品德优秀的干部得到重用，使道德败坏的干部得到处罚"。② 实际工作中真正落实完善这些干部选任考评的制度机制，对党的干部队伍建设和事业发展具有重大意义。

---

① 辛士红：《干部不领，水牛掉井》，《学习剪报》第45本，2013年。

② 李泽泉：《把德才兼备、以德为先落到实处》，《学习剪报》第22本，2008年。

中国历史悠久，积淀了很多治国理政的智慧。作为村"两委"班子的带头人，领悟这些为政智慧，对抓好基层党建和乡村治理工作，都是很有益处的。Z书记深入学习领悟了"治大国如烹小鲜"的治国理政智慧。如何理解其深刻含义呢？他学习到，"治大国如烹小鲜"的第一要义是以正治国。《道德经》有言："以正治国，以奇治兵，以无事取天下。""治国以'正'，就是要光明正大，不能搞歪门邪道；而治兵要'奇'，则要求出其不意，攻其不备。用领兵打仗的'诡道'来治国是不行的；同样，用治国的'正道'来领兵打仗也不一定行得通。""具体来说，就是要有一套保障国家机器自发运作的良性规则，而且这一规则能够一以贯之，不因人而废，因事而止。"这一与时俱进的解读，就是要推动国家治理走向现代意义上的制度化法治化治理。"治大国如烹小鲜"的第二要义是选贤与能。"具体来说，就是要将合适的人安置在合适的位置，充分发挥其角色作用，而不是对具体的事务进行干预。"从历史经验来看，刘邦上马不能征战，下马不能抚民，却最终取得天下，个中原因，刘邦最为清楚，他总结说："夫运筹帷幄之中，决胜于千里之外，吾不如子房。镇国家，抚百姓，给馈饷，不绝粮道，吾不如萧何。连百万之军，战必胜，攻必取，吾不如韩信。此三者，皆人杰也，吾能用之，此吾所以取天下也。项羽有一范增而不能用，此其所以为我擒也。"毛泽东同志总结说："领导者的责任，归结起来，主要地是出主意，用干部两件事。"邓小平同志总结自己的领导经验也说："我的抓法就是抓头头，抓方针。"由此看来，"出主意，就是抓方针；用干部，就是抓头头"，他们说的其实是一回事。党的领导干部，只要抓住了这两条，也就抓住了做好领导的根本。"治大国如烹小鲜"的第三要义是无为而为，准确地说，就是在合乎事物自身规律的前提下有所作为。就领导干部而言，即要把主动权交给人民，多体察民心民意，顺势而为，而不是拍脑袋决策瞎折腾。"天下神器，不可为也，不可执也。为者败之，执者失之。"① 领导干部深刻领悟这些治国智慧，加以现代性的理解、阐释和运用，对于推动事业发展也具有重要的时代价值。

作为基层党组织的领导干部，Z 书记深知善于选用人才对成就事业的重要性。他进一步学习到，刘邦的"三不如"说，既有自知之明，也有知人之智，并且把帅才与专才的关系说清楚了，不仅每每为史家所称道，而且经常被成大事业者借鉴。其实，最早发表类似见解的是春秋时期的齐国名相管仲。管仲任齐相三月之后，即请求与桓公选任官员。管仲说：举动讲规范、进退合礼节、言辞刚柔相济，我不如隰朋，请封他为大行，掌管外交；垦荒筑城以聚人口，辟天耕作以增收入，发挥土地最大效益，我不如宁戚，请封他为大司田，掌管农业；治军严明，带兵有方，统帅三军视死如归，我不如王子城父，请封他为大司马，掌管军事；断案公明，判决适当，不诬陷、杀害无辜，我不如宾胥无，请封他为大司理，掌管刑律；犯颜进谏，忠于社稷，不避死亡，不挠富贵，我不如东郭牙，请封他为大谏官，掌管督查。这五个人的专长，我都比不了，但我的本事他们也无法替代。国君若想富国强兵，有这五人就够了，若想成就霸业，则须有我管仲在此。桓公同意管仲的建议，并按照他的提名完成组阁。齐桓公之所以能开创春秋首霸的历史功业，与采纳管仲的建议，配置好领导班子有很大关系。因此，"知人善任、选贤任能，必须服从全局需要，人才结构配置得当，才能发挥整合效应"。②

关于以正治国，着力建设政府和社会组织自发运作的良性规则这一重大理论与实践问题，Z 书记学习到，"制度是用来监督、规范、约束和制衡权力的，只有'把权力关进制度的笼子里'，才能保证权力不被滥用"，从而引导权力发挥服务社会公共利益的应有作用。在这一方面，值得警惕的是，"人情会弱化制度""关系

① 祝和军：《治大国如烹小鲜》，《学习剪报》第 41 本，2013 年。
② 王兆贵：《"桓管五杰"的组合效应》，《学习剪报》第 44 本，2013 年。

会简化制度""利益会腐化制度"。怎样才能把权力关进制度的笼子里，而不任由权力"玩弄"制度呢？这就要"强化制度意识""净化制度执行环境"，最后还要"加强制度执行情况的监督"。[①]由此可见，乡村社会走向制度化法治化治理需要培育一系列的条件，是一个系统工程，面对人情关系观念盛行的乡村熟人社会土壤，还需要很多实践探索和制度机制的创新。

2. 建设学习型、服务型、创新型基层党组织

"建设学习型、服务型、创新型的马克思主义执政党，确保党始终成为中国特色社会主义事业的坚强领导核心。"[②] 这是党的十八大报告对新形势下党的建设提出的重要目标。"学习型是基础。善于学习是我们党的优良传统。""服务型是目的。全心全意为人民服务，这是我们党的根本宗旨。""创新型是关键。创新是党的事业发展的不竭动力。"[③] "基层党组织是党联系群众的桥梁和纽带，是贯彻落实党的路线方针政策和各项工作任务的战斗堡垒。"[④] 只有建设学习型、服务型、创新型党组织，才能确保基层党组织始终成为密切党群关系的枢纽、推动发展的坚强战斗堡垒，更好地实现基层党组织的功能，使党组织成为乡村振兴与发展的领导核心。

关于学习型党组织建设，Z书记学习到，"建设学习型党组织是建设马克思主义学习型政党的基础工程"。要不断提高学习型党组织建设的科学化水平。当前，学习型党组织建设正深入推进，但必须清醒地看到，一些党组织和党员干部的学习状况不容乐观，存在的主要问题有：一些党员干部"热衷应酬不勤学，装点门面不真学，浅尝辄止不深学，学用脱节不善学"。一些党组织缺乏长

---

① 成收：《莫让制度在权力的笼子里挣扎》，《学习剪报》第48本，2013年。

② 胡锦涛：《坚定不移沿着中国特色社会主义道路前进，为全面建成小康社会而奋斗》（2012年11月8日），《十八大以来重要文献选编》（上），第39页。

③ 许忠明：《如何理解党的建设"三型"目标——学习党的十八大精神》，《学习剪报》第39本，2012年。

④ 评论员：《让服务成为基层党组织的鲜明主题》，《学习剪报》第51本，2014年。

效制度支撑，学习任务不能够有效落实；一些党组织思路闭塞、方法陈旧，开展学习吸引力不足；一些党组织重形式轻内容，学习实际效果不佳。这些问题，就是总结规律，提高学习型党组织建设科学化水平必须破解的突出问题。如何有效建设学习型党组织？Z书记学习到：①"建设学习型党组织，优良学风是灵魂。""要引导党员干部把向书本学习、向实践学习、向群众学习统一起来"，"真正做到学以立德、学以增智、学以创业"。②"建设学习型党组织，科学制度是保障。""衡量一个党组织是不是学习型党组织，很重要的一条标准，就是看有没有科学完备、行之有效的学习制度。""有了完善而管用的学习管理、督查、考核等方面的制度，才能把学习由'软任务'变成'硬约束'，由'一阵风'变成'常态化'，'单个学'变成'团队学'，从而为推进学习型党组织建设提供根本保障。"③"建设学习型党组织，改革创新是动力。"新形势下的建设学习型党组织，需要与时俱进，创新学习理念，实现从"要我学"到"我要学"的转变。具体来说，在学习内容上要对接党员干部的知识需求，不断激发学习兴趣。在学习方式上，应着力提倡互动式学习、研讨式学习、共享式学习、与工作相结合的学习等方法和形式。此外，党组织还应注重搭建学习交流的平台和载体，积极拓展学习阵地，不断开发学习潜能，促使广大党员干部在学习中互动交流，在互动交流中共同进步，不断探索总结适用有效的学习形式。要注重把学习与工作紧密结合起来，在学习中思考运用，在思考运用中提高解决实际问题的能力。最后还应该充分认识到学无止境，"学习型党组织建设永远都不是'完成时'，而是'进行时'"。要持之以恒地推进学习型党组织建设，奋力开拓马克思主义学习型政党的新境界。①

---

① 评论员：《为乐学勤学善学提供不竭动力——论提高学习型党组织建设科学化水平》，卿建中：《把握学习型党组织建设的重要环节》，《学习剪报》第32本，2012年。

在加强学习型党组织建设的实践探索和学习思考中，Z 书记还关注了一些地方的党支部建立长效学习机制的好经验。四川省青川县积极探索贫困山区支部工作法，创造了一些以学习推动发展的好的经验和机制。小荆村强化学习，完善党支部学习制度，"开办夜校、开设周末讲堂，并出台实施《十二户联学》、《十二化联帮》等 8 项制度"，促使曾经偏远贫困的小山村发生"蝶变"。①

关于服务型党组织建设，Z 书记学习到，广大党员干部首先要增强宗旨意识，深化服务群众、服务科学发展的理论认识。"一切为了人民，一切依靠人民，是由马克思主义的唯物史观和价值观决定的，是中国共产党的力量源泉。""中国共产党全心全意为人民服务的根本宗旨，要落实到每个党员特别是领导干部的实际行动中，真正为老百姓办实事，解决老百姓的实际问题，让老百姓得到实惠。"②"民心向背是决定一个政党和政权兴衰成败的根本性因素。""我们党是全心全意为人民服务的马克思主义政党"，"真诚倾听群众呼声、真实反映群众愿望、真情关心群众疾苦是党的一个优良传统和重要法宝"。③中国社会主义建设事业能够取得辉煌成就和历史性进步，最重要、最根本的一条经验就是：中国共产党始终是中国特色社会主义事业的坚强领导核心。我们要牢记，办好中国的事，关键在党。党要始终成为坚强领导核心，就要"坚定不移以保持党同人民群众的血肉联系为核心，大力加强党的作风建设"。"我们党来自于人民、植根于人民、服务于人民，党的最大政治优势是密切联系群众，党执政后的最大危险是脱离群众。"④"我们党的宗旨是为人民谋利益的，党的干部不论职务高

① 王明峰、王生伟：《四川青川县"支部工作法"促特困村"蝶变"》，《学习剪报》第 50 - 2 本，2014 年。
② 逄先知：《关于中国共产党的基本历史经验》，《学习剪报》第 27 本，2011 年。
③ 朱文鸿：《言能听　道乃进》，《学习剪报》第 16 本，2008 年。
④ 全国党的建设研究会：《确保党始终成为中国特色社会主义的坚强领导核心》，《学习剪报》第 37 本，2012 年。

低，都是人民的'公仆'，只有兢兢业业为人民服务的义务，没有任何理由享受特权或利用特权谋私利的权力。"① "领导干部的工作岗位是为人民服务的平台，而不是谋取个人利益的工具。在这个平台上，比的是为人民服务的贡献大小和本领高低，而不是个人的名利待遇如何。"② "领导干部作为组织中的一员，任何时候都要以组织需要为第一需要，以人民利益为最高利益，真正把党的纯洁性体现在服务科学发展上，落实在全心全意为人民服务和尽心尽责为人民谋幸福的实践中。"③

加强基层服务型党组织建设，要紧密结合农村实际，着眼于群众的需要、期盼，不断提高基层服务型党组织建设的科学化水平。Z书记学习到，近年来，随着农村经济社会的发展，群众的致富发展要求、民主参与愿望、公共服务需求越来越强烈。对比而言，一些基层党组织的服务能力存在"四弱"："一是服务主体弱。年龄偏大、文化偏低的村干部仍占有相当比例。二是服务意识弱。一些村干部的工作理念还停留在'管事'上，而不是'服务'上。三是基础条件弱。据调查，河北省48%的村无集体经济收入，31%的村集体年收入在5万元以下，服务群众有心无力。四是服务机制弱。为群众办事的制度不规范，缺手段、少平台。"可以说，这种群众的强服务需求与党组织的弱服务能力之间的反差，已经成为农村服务型党组织建设必须研究和解决的重要问题。④这就需要创新组织设置，健全服务机制，加强技能培训，强化监督管理。⑤

"建设基层服务型党组织，核心在服务，重点在建设，根本在

---

① 李奎松：《干部要"干干净净做事"》，《学习剪报》第21本，2009年。
② 孙正森：《领导干部须增强"四感"》，《学习剪报》第26本，2011年。
③ 周为民：《淡泊"做官"心理》，《学习剪报》第33本，2012年。
④ 梁滨：《使服务成为农村基层党组织建设的鲜明主题》，《学习剪报》第46本，2013年。
⑤ 鞠进增：《探索建立农村服务型党组织》，《学习剪报》第39本，2012年。

群众满意。"一个行动胜过一打纲领。建设基层服务型党组织，最需要"落地生根"。① Z 书记重点关注与深入学习了一些地区建设基层服务型党组织的探索实践中创造的富有实效性的制度机制，比如党员履职纪实管理制，并结合村情加以吸收借鉴，提升农村服务型党组织建设水平。他学习到："党员是党的组织肌体的细胞和党组织活动的主体，党员队伍建设是党的建设基础工程。"中共汉中市汉台区委在农村推行了党员履职纪实管理制度，将党组织对党员的要求和党员应履行的义务，分解转化为服务农民日常生活的 8 大类 26 个方面的事项，进行公开承诺、纪实管理、星级评议，激活了农村党员服务群众的热情和动力，提高了服务型党组织建设的科学化水平。通过履职的分类细化，"让党员知晓'该做什么、不该做什么'"。其主要做法，"一是建立履职纪实台账"。台账人手一册，逐月记录，一年一换，由村党组织确定专人进行记录、登记。"二是实行履职纪实积分。""三是推行履职纪实公示"，接受群众监督。党支部一是抓评议，二是抓考核，三是抓奖惩。这一制度激活了党员的积极性，促进了农村基层党组织主动发挥好服务群众、凝聚人心、推动发展的作用，取得了良好效果。这一制度的优势，"一是对农村党员的日常行为有要求、有记载、有积分，其先锋模范作用发挥的好与坏，凭数据说话，让党员服气、群众满意，建立了一本农村党员教育管理的明白账"。"二是将党组织生活延伸落实到党员的具体行动上，搭建了农村党员联系和服务群众的新平台，实现了'党员受教育，群众得实惠'的互动双赢。"在党员履职管理制度的推动下，老君镇 868 名农村党员、入党积极分子踊跃解民忧、帮民富，累计为群众办好事实事 2810 余件，深受群众欢迎。"三是党员模范作用的发挥由模糊转变为清晰、由被动转变为主动，党员比学习、比服务、比奉献的氛

---

① 评论员：《让服务成为基层党组织的鲜明主题》，《学习剪报》第 51 本，2014 年。

围日趋浓厚，激发了农村基层党组织的生机与活力。"① 此外，Z 书记还学习了四川省青川县白家乡佛山村党支部推行"七步议事法"的工作机制，充分发扬民主为民服务，把"民事民议民决策民实施"的理念落到了实处，仅 4 个多月时间，就为村民办了很多实事，新修漫水桥 1 座、排洪渠堤 1150 余米，全村 152 户全部吃上了自来水。② 只有在治理理念和机制上真正发扬民主，尊重人民群众的主体地位，才能服务好群众，办好人民群众真正需要的事。

关于创新型党组织建设，Z 书记首先学习了创新的重大时代意义。我们正处在一个大发展大变革的时代，一个迫切需要创新的时代。"创新是一个民族进步的灵魂，是一个国家兴旺发达的不竭动力，也是一个政党永葆生机的源泉。"③ "创新是推进各项事业科学发展的动力和源泉。"④ "解放思想、开拓创新是领导干部提高执行力必备的精神状态"，是履行好职责的必备素质。党组织贯彻执行党的路线、方针、政策，并非僵化地当"收发室"，简单地照发照转。应吃透上级精神，掌握本级情况，摸清下级底数，将党的路线、方针、政策与本地区、本部门、本单位的实际结合起来，因时、因地、因事、因条件创造性地开展工作，才能更有效地推动发展。⑤

对于建设创新型基层党组织来说，以创新为着力点，选拔培养"创新能力强"的基层党组织书记和干部队伍是关键。Z 书记学习到，在基层党组织创先争优党建活动中，陕西省白水县紧紧围绕"选准一个能人，配强一个班子，富裕一方百姓"的目标，

---

① 楚晓龙、卓九成、耿薇：《凝聚农村基层党组织的"正能量"——汉中市汉台区对农村党员实施"履职纪实管理"调查》，《学习剪报》第 42 本，2013 年。
② 王明峰、王生伟：《四川青川县"支部工作法"促特困村"蝶变"》，《学习剪报》第 50－2 本，2014 年。
③ 李世黎：《创新是一种责任》，《学习剪报》第 33 本，2012 年。
④ 傅兴国：《加强党性修养　永葆共产党人本色》，《学习剪报》第 26 本，2011 年。
⑤ 唐珂：《领导干部如何提高执行力》，《学习剪报》第 29 本，2011 年。

以创新为着力点，按照"严格选、精心育、大胆用"的思路，始终遵循"政治坚定、作风正派、遵纪守法、勤劳致富、热爱家乡、乐于奉献"的原则，从招商引资跑项目、发展经济懂经营、从事运销闯市场、运用科技办产业、复转退休高素质五类人才中选用村干部。"把能人迎进组织，把党员迎进课堂，打造了一支致富能力强、带富能力强、服务能力强、创新能力强的'四强'型干部队伍"，涌现出一批"四强"型村党支部书记典型。① 扩大基层党组织书记和干部队伍的选拔视野，创新干部选拔培养的制度机制，从"五类"人才中选拔"四强"型村干部，有利于解决农村党员干部队伍年龄偏大、文化素质偏低、服务创新能力偏弱的难题，能够极大地推动基层服务型、创新型党组织建设和农村发展。

在基层学习型、服务型、创新型党组织建设中，学习好是基础，善创新是途径，服务好是目的。要将创新型党组织建设贯穿于基层党组织建设的各个方面和全过程，这样才能确保党组织紧跟并引领时代发展潮流，永葆生机活力。具体而言，如何将创新型党组织建设贯穿于基层党组织建设？Z书记学习到，就是要以改革创新精神着力推进基层党组织建设的"三大创新"，即理念创新、方法创新、制度创新，提高基层组织建设科学化水平。在推进基层党组织建设理念创新上，应突出三个方面："一是着力在服务大局、推动发展上创新"；"二是着力在服务群众、凝聚人心上创新"；"三是着力在服务和谐、加强社会管理上创新"。在推进基层党组织建设方法创新上，"工作方法是'桥'和'船'的问题，方法对头，事半功倍"。具体而言，有三个工作方法值得发扬光大："一是典型示范"；"二是分类指导"；"三是社会参与"。在推进基层党组织建设制度创新上，要"不断推进党的建设制度化、规范化、程序化"。当前，有三个方面制度需要进一步强化："一是党

① 潘磊、王云龙、井智军：《组织争先进位　党员建功立业　S县给力"双万"农民增收新目标》，《学习剪报》第24本，2010年。

建工作责任追究制";"二是服务群众工作制度";"三是基层民主政治制度"。① 只有基层党组织建设理念、方法、制度等系统性地改革创新与有效推进，才能全面提高农村基层党建的科学化水平，确保基层党组织成为引领群众、推动发展、凝聚人心、服务大局的坚强战斗堡垒。

3. 全面从严治党

党的十八大以来，以习近平同志为核心的中共中央以极大的政治责任感和使命感坚定推进全面从严治党，坚持思想建党和制度治党紧密结合，从制定和落实"八项规定"入手，相继开展了党的群众路线教育实践活动、"三严三实"专题教育、"两学一做"学习教育，集中整饬党风，严厉惩治腐败，着力净化党内政治生态，管党治党取得显著成效，创造积累了管党治党的新经验，创新发展了马克思主义党建理论。作为基层党组织带头人，Z 书记及时深入地学习了中央全面从严治党的一系列部署精神，并在工作实践中加以贯彻，切实加强农村基层党组织建设。

"干部作风是人民群众观察评价党风的晴雨表。"② 2012 年 12 月 4 日，中共中央政治局审议通过关于改进工作作风、密切联系群众的"八项规定"，首先要求中共中央政治局作表率，改进工作作风。2013 年 1 月，习近平总书记在第十八届中央纪律检查委员会第二次全体会议上的讲话中强调："工作作风上的问题绝对不是小事，如果不坚决纠正不良风气，任其发展下去，就会像一座无形的墙把我们党和人民群众隔开，我们党就会失去根基、失去血脉、失去力量。"③ 整饬党风，改进作风，反对"四风"，发扬党密切

---

① 宋俭生：《牢牢把握核心任务和基本职责要求　扎实推进基层组织建设改革创新》，《学习剪报》第 30 本，2011 年。

② 习近平：《在党的十九届一中全会上的讲话》（2017 年 12 月 31 日），新华网，http://www.xinhuanet.com/politics/2017 – 12/31/c_1122191624.htm。

③ 习近平：《把权力关进制度的笼子里》（2013 年 1 月 22 日），《习近平谈治国理政》第 1 卷，第 387 页。

联系群众的优良传统和作风，巩固党和人民群众的血肉联系，在党的群众路线教育实践活动和"三严三实"专题教育中得到深入贯彻。

2013 年 6 月 18 日，党的群众路线教育实践活动工作会议在北京召开，中共中央总书记习近平出席会议并发表重要讲话，对全党开展教育实践活动进行了部署。习近平总书记强调："开展党的群众路线教育实践活动，就是要使全党同志牢记并恪守全心全意为人民服务的根本宗旨，以优良作风把人民紧紧凝聚在一起，为实现党的十八大确定的目标任务而努力奋斗。"① 教育实践活动的主题是"为民、务实、清廉"，主要任务聚焦作风建设，集中解决"四风"问题。

Z 书记认真学习了教育实践活动的要求。他关注到新加坡《联合早报》、美国彭博新闻社、法国新闻社、香港《南华早报》等重要媒体对党的群众路线教育活动的关切，可见中共中央强力整饬党风的重大意义和影响。他学习到，全党开展党的群众路线教育实践活动，主要任务聚焦于作风建设，集中解决"四风"问题。习近平总书记警示全党："党内脱离群众的现象大量存在，集中表现在形式主义、官僚主义、享乐主义和奢靡之风这'四风'上。我们要对作风之弊、行为之垢来一次大排查、大检修、大扫除。"② 习近平总书记对执政的共产党进行"大扫除"，表达了全面从严治党的坚定决心。

党员干部脱离群众现象大量存在的思想根源是什么？如何有针对性地解决？Z 书记学习到，"理想的滑坡是最危险的滑坡，信念的动摇是最致命的动摇。""在作风问题上，起决定作用的是党性。""作风问题说到底是党性问题，党性纯则作风正。""抓住党

---

① 习近平：《群众路线是党的生命线和根本工作路线》（2013 年 6 月 18 日），《习近平谈治国理政》第 1 卷，第 367 页。
② 《中共要对党风之弊进行"大扫除"》，《学习剪报》第 44 本，2013 年。

员干部的理想信念和思想觉悟，才是根本，才能为反'四风'筑牢思想防线，为改进作风涵养心理认同，为联系群众强化精神动力。""圣人常无心，以百姓心为心。"为政者只有不存私心、不谋私利，自觉"去甚、去奢、去泰"，才能做到"以百姓心为心"。背离党的群众路线的"四风"之弊，究其实质就是私心作祟，没有做到"以百姓心为心"。"'四风'问题绝非行事风格、生活小节之类的问题，而是一个严重违背党的宗旨、动摇执政之基的大问题。""人民群众是历史的创造者，民心稳则社会稳、政权固。""脱离群众，我们就会失去根基、失去血脉、失去力量；强化宗旨意识，把人民放在心中最高的位置，我们就能永立不败之地。"①

关于群众路线教育实践活动主题和时代内涵的认识，Z书记学习到，群众路线是党的生命线和根本工作路线。这次教育实践活动的主题是"为民、务实、清廉"。首先，为民，就是要牢记党的宗旨。"我们党是马克思主义政党，全心全意为人民服务是党的宗旨。"毛泽东同志总结中国革命成功经验时特别强调："有无群众观点是我们同国民党的根本区别。""共产党的路线，就是人民的路线。""讲为民，就要在全党进一步牢固树立人民群众是真正英雄的历史观，以人为本、人民至上的价值观，立党为公、执政为民的执政观，努力做到在任何时候任何情况下都不忘本、不变色。"② 其次，务实，是党的鲜明特点，也是党的优良传统和作风。邓小平同志曾经指出："世界上的事情都是干出来的，不干，半点马克思主义也没有。"在新形势下讲务实，就是要"大力弘扬求真务实、真抓实干之风，坚决反对和克服形式主义、官僚主义"。在

① 周鹏：《作风建设从提高党性修养抓起》，《学习剪报》第44本，2013年；张剑伟：《"以百姓心为心"的启示》，《学习剪报》第48本，2013年；评论员：《解决好党员干部的角色定位问题——三论贯彻习近平在听取河南兰考教育实践活动情况汇报时讲话精神》，《学习剪报》第53本，2014年。
② 曲青山：《为民务实清廉：群众路线的时代内涵》，《学习剪报》第50-2本，2014年。

实际工作中如何贯彻务实之风？"务实就要问政于民、问需于民、问计于民，立足现实、着眼长远，从现在做起，从具体事情抓起，从群众最不满意的地方改起，扎扎实实推进改革发展，扎扎实实为民造福。"最后，清廉，就是要维护党的形象。清廉是党的本质属性和突出特征。在新形势下讲清廉，就是要"继续大力弘扬艰苦朴素、清正廉洁之风，坚决反对、摒弃和扫除享乐主义和奢靡之风"。党员干部在新的时代条件下如何做到清廉？"必须加强党员干部思想道德建设和党性修养；加强制度建设，把权力关进制度的笼子里；加强监督，让权力在阳光下运行。"① 只有把党的思想建设和制度建设统一起来，消除享乐主义和奢靡之风存在发展的根源，才能永葆共产党人的清廉本色，切实维护好党在人民群众中的良好形象和威信威望。

从严治党，改进作风，须破立结合。着力整饬人民群众深恶痛绝的"四风"问题，这是"破"；同时，中共中央对广大党员干部特别是领导干部提出了改进作风的"三严三实"的要求，这是"立"。只有优良作风真正树立起来了，"破"才有意义，才能在党的领导下实现我们的奋斗目标。2014 年 3 月 9 日，国家主席、中共中央总书记习近平在参加十二届全国人大二次会议安徽代表团审议时，专门就加强党员干部作风建设发表重要讲话，强调党员干部特别是各级领导干部都要做到"严以修身、严以用权、严以律己，谋事要实、创业要实、做人要实"。这就是"三严三实"的作风建设新要求。Z 书记深入学习了中央对广大党员干部作风建设提出的新要求。他学习到，"'严'是慎独慎微的自律，勤于自省的审慎，严守纪律的敬畏，坚持党性的觉悟；'实'是脚踏实地的干劲，敦本务实的精神，当官不避事的态度，为官一任造福一方的追求"。在全面深化改革的今天，提出"严"与"实"的作风

---

① 曲青山：《为民务实清廉：群众路线的时代内涵》，《学习剪报》第 50 - 2 本，2014 年。

建设要求，更有着时代性和针对性。"作风建设是一项持久战，有他律，更要有自律；有制度导向，更要有价值指向。""作风建设的要求，不仅要落实为制度，更要升华为价值。"成为制度准则，只意味着人人遵循；成为价值追求，才意味着人人信守。① 关于党员干部为政履职贵在"实"，Z 书记学习到，"为政贵在实，以实则治，以文则不治"。"百姓谁不爱好官？为官一任，造福一方，关键在一个'实'字。""有什么样的作风，就有什么样的作为。""作风上的实与虚，折射的是思想上的公与私，'捧着一颗心来，不带半根草去'。"鲁迅先生说："事实是毫无情面的东西，它能将空言打得粉碎。""所谓'实绩'，求实是基础，绩效是结果。"②

　　作风建设，根本上还要落实到干事创业上。Z 书记学习到，胡锦涛同志曾在不同场合多次强调领导干部要"干干净净做事"。为什么领导干部要"干干净净做事"？这是由党的根本宗旨决定的。"党的宗旨是为人民谋利益的，党的干部不论职务高低，都是人民的'公仆'。"各级干部特别是领导干部怎样做到"干干净净做事"？"首先就必须保持高尚的精神追求，始终树立正确的理想信念，以共产党人'为民、务实、清廉'的政治本色，坚持'为官一任，造福一方'的从政理念，从思想上真正解决好'为谁当官、怎样用权、为谁服务'的问题"，打牢干干净净做事的思想根基。"其次要注重培养健康的生活情趣，在利益和荣誉面前'心静如水'……不以荣辱改节，不以得失易心，时时警醒自己不仁之事不为，不义之财不取，不正之风不染，不法之事不干，堂堂正正做人，踏踏实实做事。""其三要严于律己，从大处着眼，小事着手，严格要求自己，常怀律己之心，做到横不攀，纵不比，见微知著，防微杜渐，在种种名利的诱惑面前做到眼不花、心不乱、

① 评论员：《为政莫忘"三严三实"》，《学习剪报》第 50 - 1 本，2014 年。
② 詹勇：《实是绩效，检验作风——为政莫忘"三严三实"》，《学习剪报》第 50 - 1 本，2014 年。

志不移，在干净干事的事业追求中实现自身的人生价值。"①

　　好的风气是维持社会健康发展的一双"隐性的翅膀"。中共十八大强调以优良党风凝聚党心民心，带动政风民风。十八届中央政治局带头制定和严格执行改进作风的"八项规定"，发出了作风建设的动员令，迈出了转作风、正党风的有力步伐。那么，党风、政风、民风有什么内在联系？搞好党风建设对全社会有什么重大影响？Z书记学习到，邓小平同志曾指出："党是整个社会的表率"，"要搞好我们的党风、军风、民风，关键是要搞好党风"。由于党的长期执政地位，"党风一头挑着政风，一头挑着民风。党风决定政风、民风"。"优良党风不仅事关党的形象，更是推动各项事业发展的有力保障。老百姓不仅要看你说什么，更重要的是看你怎么做，也就是看你的实际状态和作风怎么样。""作风出凝聚力战斗力、出号召力感染力，决定着党员和人民群众是不是拥护你、跟着你。""在一定意义上，党风就是政风，直接决定政风，政风正不正，实际上反映着党风的状况。""有什么样的党风，必然会有什么样的政风、民风。""正人先正己，打铁还需自身硬。"只有搞好党风，对广大干部群众的教育引导才能更有说服力、更有效。如何以优良党风凝聚党心、民心，带动政风、民风？Z书记学习到，首先，"最关键的是要从处理好同人民群众的关系上带，这不仅是党风的核心问题，也是政风、民风的核心问题"。"对马克思主义执政党来说，联系群众是最大优势，脱离群众是最大危险。""我们党长期形成的理论联系实际、密切联系群众、批评与自我批评等优良作风中，密切联系群众是核心。"其次，"改进作风，关键是领导带头"。对领导干部来说，"要求别人做到的自己先要做到，要求别人不做的自己坚决不做"。"如果'上面害病，下面吃药'，甚至说一套做一套，基层干部和群众不会服气，不会支持，改进作风就可能成为一阵风。"再次，"改进作风，重在制

──────────

　　① 李奎松：《干部要"干干净净做事"》，《学习剪报》第 21 本，2009 年。

度保障落实"。加强作风建设，不能停留于一般原则号召，必须有具体措施，建章立制，用"硬杠杠"来衡量，以标准细则来保障，使转作风、正党风落脚到求真务实、真抓实干，不搞虚情假意，不搞形式主义。要对照中央部署要求，结合本地本部门实际，认真查找作风建设方面存在的突出问题，制定切实管用的改进办法，建立健全转作风、正党风的目标体系、考核办法、奖惩机制，为讲实话、干实事提供制度激励，为敢作敢为、勇于担当提供制度支撑，为言必信、行必果提供制度约束。最后，"改进作风，根本在于依靠群众。'只有让人民来监督政府，政府才不敢松懈。只有人人起来负责，才不会人亡政息。'"①

党的十八大以来，根据全面深化改革的时代要求，中共中央发展了党建理论，提出了加强党的政治建设，以党的政治建设为统领，把制度建设贯穿其中，全面推进党的政治建设、思想建设、组织建设、作风建设和纪律建设。② "两学一做"学习教育活动就是全面从严治党新时期，中共中央为深化党内教育作出的一项重要部署，是推进思想政治建设常态化制度化、推动管党治党工作向基层延伸的重大举措。

Z书记认真学习了习近平总书记对全党开展"两学一做"学习教育作出的重要指示，认识到："'两学一做'学习教育是加强党的思想政治建设的一项重大部署，是协调推进'四个全面'战略布局特别是推动全面从严治党向基层延伸的有力抓手。"习近平总书记指出，"加强党的建设，首要任务是加强思想政治建设，关键是教育管理好党员、干部"。他强调，"基层是党的执政之基、力量之源"。"开展'两学一做'学习教育，要把全面从严治党落实到每个支部、每名党员。""'两学一做'学习教育，基础在学，

---

① 杨胜群：《以良好党风带动政风民风》，《学习剪报》第40本，2013年。

② 《中国共产党第十九次全国代表大会闭幕　习近平发表重要讲话》（2017年10月24日），新华网，http://news.xinhuanet.com/politics/19cpcnc/2017－10/24/c_1121849894.htm。

关键在做。"" "组织开展'两学一做'学习教育，是各级党组织及其负责人的主体责任，要坚持区分层次，突出问题导向，抓紧抓实抓好，确保取得实际成效。"① Z书记认识到党中央部署"两学一做"教育活动的重大意义。"要按照党中央部署精心组织开展'两学一做'学习教育，引导党员特别是党员领导干部坚定理想信念，提高党性觉悟，增强政治意识、大局意识、核心意识、看齐意识，争做合格党员、争做合格党员领导干部，在决胜全面小康中积极作为、敢于担当、建功立业。"②

如何理解和贯彻开展"两学一做"学习教育"基础在学、关键在做"的基本要求呢？Z书记进一步学习到，其一，"基础在学，就是要坚持'学习、学习、再学习'"。"学好党章党规、学好习近平总书记系列重要讲话，是这次学习教育的重要任务。"不懂得马克思主义基本原理，不学习党的创新理论，不信奉党的政治主张，不履行党员义务，不遵守党规党纪，不是一名合格的共产党员。其二，"关键在做，就是要做一名合格的共产党员"。共产党员要做到"四讲四有"。"讲政治、有信念"，就是要保持共产党人的信仰，不忘初心，对党忠诚，举起理想信念的旗帜；"讲规矩、有纪律"，就要增强组织观念，服从组织决定，严守政治纪律和政治规矩；"讲道德、有品行"，就要弘扬党的优良作风，践行社会主义核心价值观，情趣健康，道德高尚；"讲奉献、有作为"，就要牢记宗旨，干事创业，时时处处体现先进性。其三，学做统一。"以知促行、知行合一，是马克思主义认识论和实践论的重要观点。"" "学"是"做"的基础，"做"是"学"的目的。要把学

---

① 姜洁：《习近平对开展"两学一做"学习教育作出重要指示强调，突出问题导向，确保取得实际成效，把全面从严治党落实到每一个党支部 "两学一做"学习教育工作座谈会在京召开，刘云山出席并讲话》，《学习剪报》第62本，2016年。

② 盛若蔚：《赵乐际在河南调研时强调 充分发挥基层党组织的战斗堡垒作用》，《学习剪报》第62本，2016年。

和做统一贯穿于学习教育的全过程。[①]

如何落实主体责任，扎实开展"两学一做"学习教育活动？Z书记学习了中共中央书记处书记刘云山在"两学一做"学习教育工作座谈会上的讲话。讲话强调，开展学习教育，要"注意区分层次、区分对象，增强针对性和实效性"。"要坚持以学促做，引导广大党员增强政治意识、大局意识、核心意识、看齐意识，按照党员标准严格要求自己，做合格共产党员。要强化问题导向，带着具体问题学，针对具体问题改，把解决问题贯穿学习教育全过程。要突出经常性教育特点，贯彻好'三会一课'，组织生活会、民主评议党员等制度，发挥好党支部在从严教育管理党员中的应有作用。"[②]

学好党章党规，才能做合格的共产党员，这是"两学一做"教育活动的重要内容，Z书记就学好党章党规进行了深入的学习。首先，为什么要学好党章党规？"党章党规是共产党员的行动指南和精神之钙。"遗忘党章，就会产生执政危机。"要让8700多万名党员远离腐败侵蚀、避免小错酿成大祸，必须追本溯源，从党章党规抓起，强化党章意识，让党章真正成为党员、干部防腐拒变的'护身符'、廉洁奉公的'紧箍咒'。"其次，怎么开展学习，才能让党章党规入脑入心？"加大教育培训力度，是让党章入脑入心的一种有效手段。"经常性组织主要领导干部参加党章党规考试，成绩全部公示，是有效的制度机制。同时，学习党章，不仅要学其内容，更要学其精神，内化为共产党人遵纪守法、一心为民的精神追求。还要发挥网络平台的作用，制作喜闻乐见的内容，

---

① 评论员：《基础在学 关键在做——一论扎实开展"两学一做"学习教育》，《学习剪报》第62本，2016年。

② 姜洁：《习近平对开展"两学一做"学习教育作出重要指示强调，突出问题导向，确保取得实际成效，把全面从严治党落实到每一个党支部 "两学一做"学习教育工作座谈会在京召开，刘云山出席并讲话》，《学习剪报》第62本，2016年。

"讲好党章故事，做到入眼、入脑、人心"。最后，学党章党规应
该建立常态化机制，抓日常管理，用党章党规约束党员、干部的
一言一行。"在对党员、干部的日常管理中，将党章党规作为尺子
对其进行严格要求，决不能放任自流，对一些'小节'不闻不
问。"要加强纪律约束，把党章学习和支部日常管理结合起来，纳
入考核评价体系。要加大奖惩力度，加强执纪问责，强化党章党
规执行力。"党风廉政建设主体责任和监督责任是党章赋予的重要
职责，是深入推进党风廉政建设和反腐败斗争的'牛鼻子'。""高
压线带电，人们才不敢碰。"党章党规意识很大程度上来源于党章
党规的效力和权威。"只有强化其执行力，做到有纪必依、执纪必
严、违纪必究，才能使党员、干部心有所畏、言有所戒、行有所
止。""要让党章'硬起来'，让党员、干部树立底线意识，明确触
犯党章要付出的巨大代价。"①

　　在确保学习教育活动扎实开展、取得实效上，Z书记学习到，
"坚持领导带头、以上率下，层层立标杆、作示范"，是中共十八
大以来党风廉政建设的一个鲜明特点，也是党内教育活动取得成
效的重要经验。"两学一做"学习教育面向全体党员，但领导干部
这个"关键少数"的作用依然十分关键。"教者，效也，上为之，
下效之。"扎实开展"两学一做"学习教育，关键就是坚持领导带
头、以上率下，"在'学'上用真功，在'做'上见真章"。领导
干部在学习教育中"如何学得更多一些、更深一些？""如何要求
更严一些、更高一些？"这就需要解决好"五个带头"问题："带
头坚定理想信念、带头严守政治纪律和政治规矩、带头树立和落
实新发展理念、带头攻坚克难敢于担当、带头落实全面从严治党
责任。""群众看党员、党员看干部，领导干部以身作则、率先垂
范，大家就会跟着学、照着做。""层层示范、层层带动，上级带
下级、班长带队伍，就能形成上行下效、整体联动的总体效应，

---

①　姜洁、孟祥夫：《让党章党规成为带电高压线》，《学习剪报》第58本，2015年。

引领整个学习教育扎实有效展开。"①

"民心是最大的政治，正义是最强的力量。""夺取全面建成小康社会决胜阶段的伟大胜利，关键在党。""'打铁还需自身硬'是我们党的尊严承诺，全面从严治党是我们立下的军令状。"② 全面从严治党，永远在路上，要常抓不懈，进行到底。

（四）　学农村建设发展

全面协调推进社会主义新农村建设，实现乡村振兴，到2035年基本实现农村现代化，是农村基层党员干部学习的奋斗目标。Z书记紧紧抓住"抓党建、促发展"的核心要务，全面学习和探索农村建设与发展。

1. 学农村经济建设

经济建设的根本任务是解放和发展生产力。"全面建成小康社会，实现社会主义现代化，实现中华民族伟大复兴，最根本最紧迫的任务还是进一步解放和发展社会生产力。"③ 社会主义现代化新农村建设包括经济建设、政治建设、文化建设、社会建设、生态文明建设五个方面，经济建设又起着决定性的推动作用。

新中国成立60年来，农村、农业的面貌发生了翻天覆地的变化，农业生产力持续发展，农民逐渐富裕起来，为实现中国的稳定繁荣富强做出了历史性贡献。总结、学习这些历史经验，对宏观把握农村发展思路和趋势大有裨益。在新的历史发展阶段，如何从国情出发，推进农村改革发展事业？Z书记学习到，"一是从我国人多地少、农业资源紧缺的实际出发，保障农产品有效供给"。"二是从我国农户规模小、经营分散的实际出发，推进农业

---

① 评论员：《领导带头　以上率下——二论扎实开展"两学一做"学习教育》，《学习剪报》第62本，2016年。

② 习近平：《坚持全面从严治党依规治党　创新体制机制强化党内监督》，《学习剪报》第61本，2016年。

③ 习近平：《切实把思想统一到党的十八届三中全会精神上来》（2013年11月12日），《十八大以来重要文献选编》（上），第549页。

经营体制机制创新。""三是从我国农村生产力水平低、生产方式
较为粗放的实际出发，加快推进农业科技进步"，努力提高农业经
济发展的质量效益。"四是从我国农业比较效益低的实际出发，构
建支持农业发展、促进农民增收的长效机制。""五是从我国破解
城乡二元体制任务艰巨的实际出发，努力形成城乡发展一体化新
格局。""六是从我国农产品市场与国际市场融合日益加深的实际
出发，保障国内产业和供给安全。""七是从我国农村地域广、农
业发展不平衡的实际出发，积极探索建设现代农业的多元模式。"

　　因地制宜，坚持市场导向，加快农业结构调整，优化农村经
济结构，不断提高农村经济发展的质量和效益，是推动农村经济
发展的历史经验，也是农业农村现代化的发展趋势。Z书记认真学
习了本市市委书记对农业产业结构调整的思考。当前该市农业产
业存在的主要问题是：第一，"农业产业结构不合理，主导产业不
强……优化农业产业结构任务还很繁重"。第二，"农产品产业化
水平低，严重制约了农村经济的发展和农民收入水平的提高"。第
三，"农业投入不足，发展后劲乏力"。针对这些问题，未来应采
取什么举措，推动现代农业发展？"一是加强对农业产业化龙头企
业的运行监测，加大扶持力度。""二是大力开发无公害食品、绿
色食品、有机食品，加大'三品'申报认证力度……努力提高农
产品的质量和市场竞争力。""三是加强农产品促销。……努力实
现以销促农。"①

　　在全市大力加强农业产业结构调整、发展现代农业产业体系
的背景下，2009年，N村所在市农业局对全市农业结构调整进行
了深入的调查和分析，以指导农村经济建设。Z书记认真学习了报
告内容：①深刻认识农业结构调整的重大意义。"农业结构调整既
是一项战略任务，又是一项系统工程，是农业经营方式的深刻变

---

① 康传义：《没有完善的农业结构就不能称为现代农业——访E市市委书记、人
　大常委会主任》，《学习剪报》第20本，2009年。

革。""农业结构调整既是农业自身发展的内在要求，更是适应农业发展新阶段的客观需要。"随着农村经济改革的不断深入，"农业产业结构调整已成为发展农村经济的迫切要求和相当长时期内的艰巨任务"。②农业结构调整应遵循的原则。做好区域农业结构调整，应该遵循科学原则，坚持以市场为导向，"按照'区域调特、规模调大、品种调优、效益调高'的思路，围绕农业产业化经营，优化品种品质结构，推进产品市场化、经营产业化、区域特色化、生产多元化和组织现代化"，最重要达到"科学、合理、优化"的产业结构调整和现代农业发展目标。③今后农业结构调整如何推进。Z 书记学习到，要特别注意"发展区域特色经济"。要"找准比较优势，对本区域的资源条件、自然环境、交通区位、历史传统等一切与经济发展有关的因素全面分析，认真研究，找出自己的优势和劣势"；要"发挥比较优势，结合区域综合优势，因地制宜，扬长避短，以优势为立足点制定产业发展重点，使之成为有竞争力的主导产业、支柱产业"。①

　　产业兴则农村兴、农民富。S 县发展现代农业的主导产业是苹果种植业，其苹果因优良的品质被誉为"中华名果"，具有品牌优势。农民群众人均纯收入的 70% 来源于苹果。N 村的主导产业就是苹果种植业，是脱贫致富的关键产业。Z 书记在学习中对苹果产业的发展给予了极大的关注和思考。他学习到，目前全县苹果栽种面积达到 55 万亩，但管理水平低、果园老化、栽植密度大，这些问题已成为制约苹果产业化再上新台阶的关键问题。未来苹果产业的发展趋势是什么？如何使苹果这一传统富民产业得到永续、健康、高效益发展？怎样在政府产业政策和市场需求的双重夹缝中谋求发展？这是该县农业产业结构优化升级面临的主要问题。在对国家产业政策进行认真研究和对市场形势进行科学分析的基

---

① 《深化农业结构调整　加快现代农业发展——市农业局关于全市农业结构调整的调查与分析》，《学习剪报》第 21 本，2009 年。

础上，在探索发展现代生态农业的产业升级道路上，S县围绕苹果主导产业，以"果品升级、果业增效、果农增收"为目标，发挥现代科技优势，选择了由绿色、无公害苹果向有机苹果发展的道路，对苹果产业进行二次攻坚革命，打响了有机苹果产业化发展的攻坚战，走"果—畜—沼—草"一体化的生态循环经济发展模式，加快苹果标准化示范园建设，大力发展现代农业。

发展现代农业，第一个核心要素就是用现代科技去改造传统农业，这是农业现代化的强大动力。围绕苹果主导产业，加快科技创新，推广先进技术提升果业科技含量，是"果品升级、果业增效、果农增收"的关键。在推广应用现代科技方面，S县以有机果品为目标，大力推广苹果管理四项关键支撑技术——"大改形、强拉枝、减密度、有机肥"，重点是果园减密度和施用有机肥，生产优质有机苹果，不断提高果品科技含量，提高优果率。当然，要在果农中推广果品升级的新技术并不是轻而易举的事。在政府层面，需通过抓点带面，示范带动，真正做到"做给果农看，带着果农干"，通过样板示范的办法，引领果农，培训果农，使科技全部渗透到果业管理的各个层面。为了顺利推广果业管理新技术，Z书记在学习中还特别关注到当地有说服力的典型事实。本县果农赵某的6亩果园在2007年实施间伐时，他老伴实在想不通："果树都减了一半，产量还能上去，这不是瞎折腾是什么！"经过试验站的专家和乡苹果站的技术人员耐心地做思想工作，她才勉强同意进行间伐。间伐后，2008年，老赵的果园虽然产量少了些，但苹果的个头和品质提高了一大截，销售价格也高出很多，往年收入不上万元的6亩果园当年就收入2万多元。到今年老赵的苹果成了抢手货，每公斤5.6元还抢不到手，每亩果园收入超过万元，着实让周边果农羡慕不已。在他的带动下，间伐技术在该乡得到了大力推广，全乡90%以上果园实施了间伐。从这一典型事例可以看出，在现代农业技术推广过程中，只有善于利用身边实事来给农民讲效益，才能顺利地推广新技术，优化提升产业。

　　生产有机苹果，施用有机肥是关键。要施用有机肥，延伸优化果业产业链，发展"果—畜—沼—草"一体化生态循环果园是道路和方向，这样才能生产品质更好的有机苹果，给农民带来更多的就业机会和更高的经济效益。S县以有机苹果产业化为龙头，以畜牧业为支撑，以沼气池为纽带，按照一亩果园三头猪的要求，带动养殖业发展，大力推行"果—畜—沼"生态产业一体化建设，推动有机苹果龙头产业发展，优化延伸有机苹果产业链，建设一批高标准现代生态果业示范村。当地一个村主任石某算过一笔账：过去每亩果园每年投入复合肥得花500—600元。饲养生猪后，一头猪可产1000多公斤的猪粪，每亩果园养3头猪，有机肥就有了保证。这样一来，不仅省了复合肥的钱，还使苹果品质极大地提升。若按增值5%—10%计算，每亩苹果就能多卖200—300元。过去养猪卖猪肉，现在养猪攒猪粪，在果农中已形成共识。在"果—畜—沼"产业一体化建设的推动下，该县家庭养殖业得到了大规模发展。2009年以来，全县发展年出栏百头以上生猪的家庭适度规模养殖户近800家，全县实现畜牧业总产值1.2亿元，农民人均畜牧业收入680元。发展沼气池是"果—畜—沼"一体化产业的纽带。沼气可做燃气，沼液可做叶面有机肥，还是有机杀虫剂，沼渣是熟化的有机肥。因此，发展沼气在能源产出、经济效益和生态效益方面能够发挥出巨大的综合效益。在"果—畜—沼"产业一体化发展的基础上，S县还新引进"白三叶草"果园草皮。Z书记学习到，"这种草有保水、保温、固氮、防止水土流失的作用，这样一来就使苹果树夏天就像打着伞，冬天就跟盖着棉被一样，每个季节都能受到呵护"。"白三叶草"种植技术引进后，不仅节约了大量地表、地下水，而且繁衍了很多害虫天敌，减少了各种病虫、草害所造成的损失，大大提高了果品的质量。

　　在推广果业升级的四项关键技术、发展"果—畜—沼—草"一体化生态循环果园的同时，S县还利用信息化手段推广机械化，提高果业生产效率和水平。充分利用现代信息化手段，是提高科技务农的有效途径。S 县建立了农村信息服务站，形成以技术指导为纽带、以示范户为核心连接果农的技术传播网络，加强城乡、工农业的紧密联系。围绕苹果生产环节，S 县积极推广应用实用性农业机械，先后示范推广了苹果枝杆还田机、施肥机、翻耕机等一系列果园实用农机具，深受广大果农的欢迎，取得了良好的生产效益。①

改造传统小农经营，培育新型农业经营主体是发展现代农业的重要支撑和关键问题。Z 书记在学习中重点关注到，"建设现代农业的一个关键问题就是如何创造一个好的政策环境，使一部分年富力强、有文化、懂技术、会经营的职业农民占用和使用较多的农业资源，成为从事现代农业的主体和主力军"。"必须通过体制机制创新来加快发育以农户为基础的新型农业经营主体。"② 在河南省延津县，有 1710 家合作社，入社社员 2.3 万户，市级龙头企业 19 家；在山东省章丘市，农民专业合作社有 1000 多个，家庭农场有 300 多个。"农业后继乏人，种地确实要换个种法。快速成长的种粮能手、家庭农场、产业合作社等新型主体被寄予厚望。"③ 为什么要"积极培育家庭农场、专业大户、农民合作社、农业产业化龙头企业等新型农业经营主体"？Z 书记学习到，大力推进农业现代化，要着力构建现代农业产业体系、生产体系、经营体系，构建现代农业经营体系是发展现代农业的重要内容。要从国情出发，坚持以农户家庭经营为基础，支持新型农业经营主体和新型农业服务主体成为建设现代农业的骨干力量，充分发挥多种形式

---

① 《果、畜、沼——生态农业的产业链》，《学习剪报》第 20 本，2009 年；史优胜：《大力发展现代果业　促进果农持续增收》，《学习剪报》第 21 本，2009 年；井智军、王云龙：《"绿色"向"有机"的跨越式发展——S 县大力发展有机苹果纪实》，李玉红：《生态园里果香飘——S 县 Y 乡发展有机苹果记事》，《学习剪报》第 22 本，2009 年。
② 张晓山：《增收难的根本》，《学习剪报》第 43 本，2013 年。
③ 赵永平、常钦、马跃峰：《地，究竟该咋种？——来自河南、山东两个农业大县的调查》，《学习剪报》第 65 本，2016 年。

适度规模经营在农业机械和科技成果应用、绿色发展、市场开拓等方面的引领功能。①

重点依靠新型农业经营主体实现适度规模化经营，有利于提高农业劳动生产率、土地利用率和产出率；有利于调整农业结构，加快农业产业化进程，提高农业综合生产能力。S 县在发展现代农业的转型升级中，为培育新型农业经营主体，主要采取了以下举措。第一，"加快果园经营权的流转，允许果农以转包、出租、互换、股份合作等形式流转果园，通过'公司＋农户＋基地'、'支部＋协会＋农户'等形式，使果业合作社、务果大户和涉果龙头企业实现规模化、产业化的苹果生产经营，扩大生产规模，增加果农收入"。第二，"发展果业专业合作社"。S 县已发展果业专业合作社 50 余个，"通过规范引导，有效地发挥土地、资金和人力等生产要素的集聚效应，提高果业生产和经营的组织化程度，解决了果农一家一户所解决不了的问题"。第三，"扩大大户经营。扶持和壮大苹果大户，是推进苹果产业提升的重要举措"。该县的果农大户在扩大他们自己的种植规模时，都保持了原来的土地用途不变，自发地承包经营不善或转产农户的果园。因此，"要不断地扶持壮大一大批大户务果农民"。这也是"加快培育新型职业农民"，"把职业农民培养成建设现代农业的主导力量"的重要举措。②

当然，"成为合格的职业农民并不容易。除了作为生产者之外，他必须是经营决策者，也是投资者，还是市场风险和自然风险的承担者。除了劳动报酬外，职业农民还应该得到他们作为经营决策者、投资者、风险承担者的收入，职业农民的收入应该高于他们外出的打工收入 2—3 倍以上"。这个收入的取得主要不是靠提价或补贴，而是靠占有及使用更多的农业资源，在资金、技

①　《中共中央、国务院关于落实发展新理念加快农业现代化实现全面小康目标的若干意见》，《学习剪报》第 61 本，2016 年。
②　史优胜：《大力发展现代果业　促进果农持续增收》，《学习剪报》第 21 本，2009 年。

术与管理方面有更多的投入，从而提高农业劳动生产率、获取更多农产品剩余而取得。[①]

Z 书记任职前，N 村是一个经济发展落后村，因此在学习与思考如何发展农村经济的过程中，那些由贫困村转变为经济快速发展村的成功经验，是他关注与学习的重点。他学习到，陕西省岚皋县东风村原先是个特困村，2001 年农民人均纯收入仅有 530 元。在村党支部书记带领下，2007 年人均纯收入增加到 2150 元。2008 年 6 月中共安康市委授予东风村"五个好村党组织"，东风村成为远近闻名的新农村建设示范村。东风村实现跨越发展的主要经验是什么？村党支部书记张青义总结道："当干部的肚子里一定要有'货'。"他重视学习理论、学习科技知识，善于思考问题、研究问题。他因地制宜，根据该村海拔高、生态环境好的优势，结合市场需求，发展无公害蔬菜 1000 多亩。他提倡运用"循环经济理论"指导发展产业，大力发展养猪，全村人均达 3 头，用猪粪做沼气池原料。沼气可以照明、做饭，沼液可以追肥，循环往复，持续发展，是实践科学发展观的生动体现。[②] 可以看出，更新农业发展理念，利用现代科技，发展生态农业，满足绿色健康消费需求，能给农民带来更好的经济效益，推动农村经济现代化。

在深入学习中国农业产业发展历史经验、规律趋势和本县农业产业结构优化升级政策，重点抓好有机苹果生产主导产业的同时，Z 书记还积极关注果业市场多元需求，充分利用苹果生产的农闲期，发展农业多种经营，给农民带来更大的经济效益和更多的致富门路。他上任伊始即关注到，蒲城县龙阳镇东王村村民康堂民栽了一棚（即一亩）金寿杏，出售价格为每公斤 12 元，一棚金

---

① 张晓山：《增收难的根本》，《学习剪报》第 43 本，2013 年。

② 钟庆明：《百姓心中的好支书——记岚皋县东风村党支部书记张青义》，《学习剪报》第 20 本，2009 年。

寿杏可收入1.5万元，远高于同面积苹果的收入。该村党支部书记介绍，全村挂果的金寿杏共有100棚，平均每棚可产商品果1500公斤左右。4月初上市以来，各地果商纷纷前来收购，销售顺畅，价格最初高达每公斤20元，后来每公斤也在12元以上。预计4月底可全部售完，100棚金寿杏可为村上带来200万元经济收益。Z书记看到该报道后，上任第九天的晚上即与村中致富能人深入讨论交流，就发展大棚杏问题分析，认为科学管理是突出的问题，果农掌握不了种植管理技术就得不到好收获。2007年已发展的大棚杏由于管理不到位，有的出现病斑，有的出现果毛锈，更严重的是裂果很多，商品率最高只能达到30%左右，因此经济效益并没有预期的好。经过认真讨论分析，对今后大棚杏发展的看法是，发展大棚杏对农民来讲是好事，具体讲主要有：第一，面积少，劳动强度小；第二，有时间差，能避开农忙季节；第三，效益高，每棚只有0.5亩，可收入5000—10000元。关键是如何掌握技术。如果技术到位，今后每家果农应再多发展一个大棚，增加经济收入。[①]

S县在农业产业结构优化升级的过程中，提出了"以苹果产业为核心、以畜牧养殖为支撑、以设施农业为补充、以劳务经济为辅助"的发展思路，多种渠道增加农民收入，发展农村经济。[②] 在快速城镇化的大背景下，一些不善于经营现代农业的农民和农村的富余劳动力向城市转移就业，增加收入，也是发展经济的一条路子。Z书记利用该村离县城很近的区位优势，在学习过程中，对发展劳务经济也给予了关注。他了解到，2010年全国农民工总数达到2.4223亿人，农民工月均收入达到1690元。"目前，农民工工资性收入日益成为农村居民的主要收入来源，达到50%以上"，

---

① 韩乐：《金寿杏销售火暴　百棚杏为村民增收200万元》，《与吴某某交谈》，《Z书记工作日记》第1本，2007年4月24日。

② 潘磊、王云龙、井智军：《组织争先进位　党员建功立业　S县给力"双万"　农民增收新目标》，《学习剪报》第24本，2010年。

打工经济已成为农民增收的主要渠道。[①]

　　Z 书记还从国家惠农政策和农民需求的角度进行了深入学习，深刻把握希望脱贫致富的农民对国家惠农政策的期望和需求。国家的惠农政策可分为"解决民生问题的利民政策，拉动内需增长的经济政策，促进农业发展的产业政策，解决农村问题的社会政策"等四类。"政策调整与优化首先要处理好短期应急性政策与长期基础性制度、拉动经济增长的政策与促进社会和谐的政策、解决民生的政策与夯实农村发展基础的政策这三对关系。"政策安排要考虑经济政策与社会政策的区别。"民生性政策毕竟不能培育农民的增收能力，不能提高农业的生产能力，也不能增强农村的发展后劲。""处理好上述三对关系的关键就是要与时俱进，根据农民的需要，根据经济社会政治形势，把握好政策出台的时机，把握好政策转型的时点，及时推进惠农政策的转型和机构调整。""目前可以考虑推进民生性政策的转型，提高政策成效和结构效率。"农民希望能够提升增收和经营能力。"农民希望国家能够实施'技术下乡'，让农民能够跟上农业技术创新的步伐，以技术提高生产力，以技术增收。"农民反映，"打工没有技术、经营没有本钱"，希望国家能够推动"培训下乡、金融下乡"。[②] 可见，对希望脱贫致富的农民来讲，最需要的惠农政策是"技术下乡、培训下乡、金融下乡"，培育农民的就业和增收能力。

　　党的十八大报告对"三农"问题作了许多重要阐述，明确提出了加快发展现代农业、增加农民收入、建设新农村、推进"四化同步"等重大任务，Z 书记认真学习了相关内容。"全面建成小康社会，基础在农业，难点在农村，关键在农民。小康不小康，关键在'老乡'。"解决好"三农"问题任重道远，必须把"重中

①　王炜：《农村居民过半收入来自打工》，《学习剪报》第 26 本，2011 年。

②　邓大才：《惠农政策要适时调整和优化》，《学习剪报》第 23 本，2010 年。

之重"的要求贯穿我国社会主义现代化建设始终。当前，相对于工业化、城镇化和信息化，"农业现代化明显滞后，是实现现代化的短板；城乡分割、城乡失衡，是最大的社会结构性矛盾"。"我国已经到了传统农业加快向现代农业转变的关键时期。""要围绕农业稳定发展和农民持续增收的目标要求，坚持走中国特色农业现代化道路，着力强化政策、科技、设施装备、人才和体制支撑，不断提高土地产出率、资源利用率、劳动生产率、科技贡献率，稳步提高农业综合生产能力。"①

在全面建成小康社会的决胜阶段，在深入学习和不懈探索努力下，N 村的产业结构优化升级已经稳步推进，探索出以有机苹果产业为龙头，抓苹果、建大棚、养生猪、投劳务"四轮驱动"的经济发展模式，经济发展质量和效益大幅提高，为全面建成小康社会奠定了坚实的物质基础。

2. 学农村政治建设

加强农村政治建设，核心是切实加强农村基层党组织建设，在基层党组织领导下，完善村民自治制度体系，加强民主法治建设，保障农民民主权利和主体地位，为实现社会公平正义提供政治保障。

加强农村政治建设，首先要从大局上清醒认识社会主义政治文明的本质和建设社会主义政治文明的根本原则。Z 书记学习到，"人民民主是中国共产党始终高扬的光辉旗帜"。"没有民主就没有社会主义，就没有社会主义现代化，人民当家作主是社会主义民主政治的本质和核心。""发展社会主义民主政治，必须坚持中国特色社会主义政治发展道路，关键是要坚持党的领导、人民当家作主、依法治国有机统一。"中国特色社会主义是亿万人民自己的事业。要积极稳妥推进政治体制改革，以保证人民当家作主为根本，以增强党和国家活力、调动人民积极性为目标，

① 韩长斌：《巩固发展农业农村经济好形势》，《学习剪报》第 39 本，2012 年。

推进社会主义民主法治国家建设，发展社会主义政治文明。"中国特色社会主义制度，坚持把根本政治制度、基本政治制度同基本经济制度以及各方面体制机制等具体制度有机结合起来，坚持把国家层面民主制度同基层民主制度的有机结合起来，坚持把党的领导、人民当家作主、依法治国有机结合起来，符合中国国情，集中体现了中国特色社会主义的特点和优势，是中国发展进步的根本制度保障。"① 具体到农村来说，坚持党的领导和人民当家作主的有机统一，坚持国家层面民主制度同基层民主制度的有机结合，制度性的主要体现就是坚持党的领导和村民民主自治的有机统一。"如何实现党对农村工作的领导和村民自治的有机统一，使农民既能享受到充分的自治权利，又能始终在党的正确领导下为实现自己的幸福生活而奋斗，成为农村基层党组织必须解决好的一个重要问题，也成为对农村基层党员干部素质和能力的一个新要求。"②

人民当家作主是社会主义民主政治的本质和核心。那么，如何在党的领导下更好地保障与实现人民当家作主的民主权利？Z 书记进行了广泛的学习和思考。

首先，"办好中国的事情，关键在党"。要大力推进与完善党内民主制度建设，以党内民主引领与带动人民民主，发展社会主义政治文明。Z 书记就如何推进党的制度建设学习到，"推进党的制度建设，要坚持以党章为根本、以民主集中制为核心，坚持和完善党的领导制度，改革和完善党的领导方式和执政方式，发展党内民主，积极稳妥推进党务公开，保障党员主体地位和民主权利，完善党代表大会制度和党内选举制度，完善党内民主决策机制，保障党的团结统一，增强党的创造活力，坚决克服违反民主

---

① 胡锦涛：《在庆祝中国共产党成立 90 周年大会上的讲话》，《学习剪报》第 29 本，2011 年；习近平：《紧紧围绕坚持和发展中国特色社会主义 学习宣传贯彻党的十八大精神》，《学习剪报》第 38 本，2012 年。

② 戴焰军：《农村基层党建面临六大挑战》，《学习剪报》第 41 本，2013 年。

集中制原则的个人独断专行和软弱涣散现象。全党同志都要牢固树立法律面前人人平等、制度面前没有特权、制度约束没有例外的观念，认真学习制度，严格执行制度，自觉维护制度"。[1]

其次，在培育民主的制度机制上，要探索落实村民的知情权、参与权、表达权、监督权。具体落实很重要，没有具体落实，社会主义民主的本质就无法真正体现。Z书记学习到，"知情是民主的前提和基础，参与是民主的重要渠道"。[2] 为了充分保障党员、村民的知情权、参与权，基层党组织、村委会应大力推行党务公开、村务公开。"一方面，公开越充分、越及时，越能让更多人参与进来，在不断实践中提升民主素养；另一方面，公众的民主意识、民主实践，也对公开提出了进一步要求，促使这一现代民主政治生活的典型方式更科学、更完善。"这样，政治的公开程度与社会的民主素养就形成了相辅相成的良性循环。"实际上，民主不仅是政治形式，更是一种相互关联的生活方式。"[3] 要大力推行村务公开制度，增加村级事务的透明度。坚持将村里财务、村务等涉及村民切身利益的事项进行公开，增强村级事务办理的透明度。[4] "民可近，不可下。""保国之大计，在结民心。""你跟百姓有多近，百姓就对你有多亲；你跟百姓有多远，百姓就与你有多远。"一些地方探索"开放式村委会"的实践，使群众办事更方便了，村务更透明了，民心更近了，干群关系更融洽了，构建了基层组织的亲民形象、服务意识和公开作风。[5]

村民委员会直选，是社会主义民主在农村基层的制度性保障

① 胡锦涛：《在庆祝中国共产党成立90周年大会上的讲话》，《学习剪报》第29本，2011年。
② 张荣臣：《实现党的基层组织的功能转变》，《学习剪报》第37本，2012年。
③ 张铁：《公开是一种民主训练》，《学习剪报》第50-1本，2014年。
④ 李积国：《村级财务管理存在的问题需引起重视》，《学习剪报》第23本，2010年。
⑤ 詹勇：《"开放式村委会"的启示》，《学习剪报》第23本，2010年。

和最广泛的民主实践形式，对社会主义民主政治建设意义重大。Z
书记在学习中，对村委会民主选举工作给予了充分的重视，进行
了深入的学习。

　　第一，关于做好村委会选举工作的重大意义的认识，Z书记
学习到，村"两委"换届选举"是一项民主工程、民权工程，
意义重大"，"各级一定要高度重视，严把条件，严格程序，严
明纪律"。不断加强和改进村民委员会选举工作，完善选举程序，
做深做细做实选举各个环节工作，有利于保障村民依法直接行使
民主权利，发展农村基层民主政治；有利于密切党群干群关系，
维护农村社会和谐稳定；有利于调动亿万农民群众建设社会主义
新农村的积极性、主动性和创造性，推动农村全面建设小康社会
进程。

　　第二，关于与时俱进地认识村"两委"换届选举工作的新形
势、新情况，增强选举工作的预见性，掌握工作主动权，Z书记学
习到，2014年12月本市陆续展开的村级党组织领导班子和第九次
村民委员会选举，是在党的十八大以来全面从严治党初见成效的
背景下展开的，面临一些新形势新情况。从有利的因素来看，一
是"各级高度重视"。二是经过党的群众路线教育实践活动，"干
部作风明显转变"。三是经过几轮换届选举工作的宣传、参与和历
练，"群众民主观念不断提高"，权利意识、参与意识、主人翁意
识不断提升。从不利因素来看，一是竞争更加激烈。二是"选情
更加复杂"。有些村党员队伍老化，存在"无人可选"的问题；有
些村家族派性矛盾突出，存在"选不出人"的问题；有些经济薄
弱村、偏远山区村，集体收入少、遗留问题多，存在合适人选
"不愿干"的问题。三是"组织更加困难"。部分人口流出严重的
空心化农村，人员难召集，会议难组织，参选率和投票率难保证。
四是"精力难集中"。村镇综合改革、土地确权登记和村"两委"
换届选举三项重点工作交织在一起，时间紧，任务重。五是"违
规竞争难消除"。拉票贿选问题依然个别存在，需要下大力气予以

根除。

第三，关于村"两委"换届选举工作的新要求、新安排，特别是选人用人标准、资格条件，Z 书记学习到，"村'两委'换届选举工作要真正回答好为谁选人、选什么人、怎么选人的问题"，特别是对村党组织书记和村委会主任候选人，提出了"三有三带"的更高要求，即"有理想信念和奉献精神，能带来希望；有经济头脑和致富本领，能带领发展；有良好品行和公道之心，能带出和谐"。要提高村党组织书记、村委会主任"一肩挑"的比例，提高村"两委"班子成员"双向进入、交叉任职"的比例，但没有对比例做硬性规定。"要把推进农村妇女参选参政作为重点，重视培养使用女干部"，保证 100% 的村"两委"班子成员中至少有一名女干部。

第四，关于选举的程序和步骤，Z 书记学习到，总的来说要做到"五先五后"，即按照"先支部后村委、先合并后选举、先审计后换届、先测评后推荐、先容易后攻坚"的步骤，有序推进。村级党组织换届全面实行"两推一选"办法，根据党员和群众推荐、镇党委推荐的情况，"由村党组织研究提出候选人预备人选"。"党组织推荐要理直气壮、旗帜鲜明"，这一条很重要。过去，村"两委"班子换届选举暴露出一些漏洞，"贿选、宗族势力、团团伙伙、黑恶势力干扰，用合法选举程序窃取农村公权的现象屡见不鲜"。要真正把"村民信服、组织看好"的人选推荐好，解除村民选举顾虑。

第五，关于村级换届选举工作纪律，Z 书记学习到，要严格执行"六个严禁""三个全程""四个一律"的要求。对正式候选人在选举过程中实施或者指使他人实施暴力、威胁、欺骗、贿赂、伪造选票等行为的，一经查实，一律取消其资格；已经当选的，一律宣布当选无效。选举委员会不作为或者乱作为的，一律终止其资格；相关部门对违法违纪行为查处不力、造成严重后果的，一律严肃追究责任。①

　　农村民主政治建设是一项复杂的系统工程。村委会民主选举是村民享有民主决策、民主管理和民主监督权利的前提条件，"是村民自治系统工程的基础"，"是村民自治的启动程序，是农村基层民主政治建设的起点"。② 然而，仅做好民主选举工作对于积极稳妥推进农村民主政治建设而言是远远不够的。Z书记进一步学习到，"民主监督，既是人民民主的重要组成部分，也是实现人民民主的重要保障"。③ "以前只注重民主选举，忽视了民主决策、民主管理、民主监督其他三方面，三条桌腿有缺陷，桌子肯定稳不了。""四条桌腿都齐了，桌子还能不稳？""乡村是贯彻落实党和国家大政方针、决策部署的最后一米。这一米很要命，就像一根水管，上面再通畅，这一米生锈堵塞了，水就浇不到田里，庄稼就长不好，老百姓就有怨气，就直接损害党的形象。一米的关键就在乡村干部。"④ 只有全面加强农村民主政治建设，让人民群众真正享有知情权、参与权、表达权、监督权，才能使国家政权真正扎根在人民中间，避免选举民主，选后没民主，"村民自治"变成"村官自治"，干群之间出现"油水关系"甚至"水火关系"。总之，要以系统思维全面构建更高水平的村民民主自治和农村政

① 中共中央办公厅、国务院办公厅：《关于加强和改进村民委员会选举工作的通知》，庞革平、谢建伟：《李源潮在全国村"两委"换届选举工作座谈会上要求切实加强党对村"两委"换届选举工作的领导》，潘跃：《中办国办下发通知要求加强和改进村民委员会选举工作　坚决查处村委员会选举中的贿选》，《学习剪报》第21本，2009年；毕旭：《市委组织部就村"两委"换届选举工作答记者问》，《学习剪报》第54－2本，2014年；《全市村"两委"换届选举暨镇村综合改革工作会议召开》，《Z书记工作日记》第128本，2014年；刘亮明：《山西阳泉郊区织密权力"围栏"选好管严乡村干部　这里的"村官"撑起一片天》，《学习剪报》第61本，2016年。

② 马俊军：《农村基层民主法律保障机制研究》，广东人民出版社，2012，第16—17页。

③ 莫于川：《让人民监督权力》，《学习剪报》第38本，2012年。

④ 刘亮明：《山西阳泉郊区织密权力"围栏"选好管严乡村干部　这里的"村官"撑起一片天》，《学习剪报》第61本，2016年。

治文明。

建设社会主义民主政治离不开全面推行依法治国，依法治国是党领导人民治理国家的基本方略。只有通过法治才能保障人民充分享有和行使民主选举、民主协商、民主决策、民主管理、民主监督的权利。Z书记就加强农村法治建设，特别是用法治加强对农村公权力的监督，治理"村官腐败"问题，进行了深入的学习。

第一，党员干部要充分认识依法治国的重要性、必然性。法治兴则国兴，法治强则国强。"什么时候重视法治、法治昌明，什么时候就国泰民安；什么时候忽视法治、法治松弛，什么时候就国乱民怨。"中国共产党领导中国人民走上了建设社会主义法治国家的道路。"法治是坚持和发展中国特色社会主义的必然要求，是我们党坚持立党为公、执政为民的必然选择。""法治，凝结着现代社会的制度向往；全面推进依法治国，意味着中国迈向现代国家的治理革命。""从法制向法治的转变"，"从依法治国向法治中国的迈进"，都是中国政治文明进一步提升的极为重要的契机。"法治中国建设是实现中国梦的重要组成部分与有力保障。"要实现经济发展、政治清明、文化昌盛、社会公正、生态良好，必须更好地发挥法治的引领和规范作用。①

第二，领导干部要树立法治思维。领导干部是中国共产党治国理政的骨干力量，在事业发展和社会生活中具有重要作用。对各级领导干部而言，坚持依法治国基本方略，首先要让法治成为一种思维方式。法治思维，就是按照法治的观念和逻辑来观察、分析和解决问题的思维方式。领导干部是否具有法治思维，直接关系权力能否得到正确行使，直接影响依法治国的成效和经济社

---

① 吴永明：《充分发挥法治的重要作用》，《学习剪报》第37本，2012年；江必新：《法治中国，通往良法善治之路》，《学习剪报》第44本，2013年；评论员：《为中华民族伟大复兴提供法治保障——一论深入学习贯彻十八届四中全会精神》，《学习剪报》第54-1本，2014年；评论员：《改革离不开法治思维——三论在新起点上乘势而上》，《学习剪报》第54-2本，2014年。

会发展。树立法治思维，主要有三个方面的内涵和要求。一是"树立法治信仰"，"就是尊重法律的权威，在法律的框架内行使权力、保障权利"。二是"克服特权思想"。"平等是法律的生命。只有坚持法律面前人人平等，法律才有权威和公信力，法治才能得到实现。"三是"增强程序意识"。"实体公正和程序公正是法治的两大要件。程序公正是实体公正的必经之路，没有程序公正就没有实体公正。"领导干部树立法治思维，必须切实增强程序意识，真正做到懂程序、讲程序，按程序办事。缺乏程序意识，实质上是缺乏科学执政、民主执政、依法执政意识。[1] 对领导干部而言，"实际上，法律法规和纪律规矩不仅是约束，也是爱护和保护"。领导干部"不越从政'安全线'，关键在于讲纪律、守规矩，在法治轨道上用权、行事"。"作决策、部署工作，要多想一想法律的依据、法定的程序、违法的后果，正确处理公与私、情与法、利与法的关系，做到办事依法、遇事找法、解决问题用法、化解矛盾靠法，不断提高运用法治思维和法治方式深化改革、推动发展的能力。"[2]

第三，用法治来规范和约束公权力，确保人民赋予的权力用来为人民谋利益。"全面推进依法治国是一个系统工程，是国家治理领域一场广泛而深刻的革命。"用法治规范和约束公权力，确保人民赋予的权力用来为人民谋利益，是这场革命的关键。[3] "在大力推进新农村建设的过程中，大量资金流入农村，大批项目在农村展开，又增大了村官腐败的可能。"涉农职务犯罪呈现职务低、发案率高的显著特征。在一些省份，村"两委"负责人案件超过整个涉农扶贫领域职务犯罪的半数以上，有些市县甚至高达近80%。"村官是党和政府在基层不折不扣的形象代言人，他们是否

---

① 何民捷：《让法治成为一种思维方式》，《学习剪报》第 42 本，2013 年。
② 马玉生：《不越从政"安全线"》，《学习剪报》第 59 本，2015 年。
③ 田哲：《国家治理领域的一场革命》，《学习剪报》第 54 – 1 本，2014 年。

依规依纪依法办事，关涉百姓的切身利益，也关乎基层社会的有序运行。现实中，大部分村官都能尽心尽责，构筑了良好的执政根基。然而，也有少数村官成了基层治理的'病原体'，甚至成为触发集体上访、群体事件的火药桶。从大吃大喝、奢靡浪费，到蚕食扶贫资金、粮食补贴，再到鲸吞征地补偿款、土地出让金，群众身边有了腐败蚊蝇嘤嘤嗡嗡，对党和政府的公信力而言不啻为一次塌方。""从没有哪个历史时期像今天的基层干部这样，握有如此之多的公共资源和治理权限。村官虽小，牵涉甚巨，能不慎乎？""法治照亮农村，廉洁促进和谐。""全面推进依法治国，基础在基层，工作重点也在基层。农村不应是反腐败的死角，治理村官腐败，理应上升到推进基层治理法治化的高度。"基层是国家权力的末梢，但不应成为权力监督的强弩之末。如果"同级监督太软，上级监督太远，结果就是'上面九级风浪，下面纹丝不动'"。"对于基层来说，最有效的监督来自群众。""执纪监督，应该发挥村民自治的优势，不让'村民自治'变成'村官自治'。"用法治方式和制度手段管住村官的"绝对权力"，才是纠治村官违纪违法的治本之策。"让党纪国法的笼子更贴近实际，才能避免基层权利跑偏"，实现用权清廉。①

社会主义法治要实现从"反腐"到"防腐"的跨越，腐败问题才算既治了标，又治了本。"'防腐'，意味着不能腐、不敢腐、不想腐。""'不能腐'，意味着制度健全、监督到位"；"'不敢腐'，就是法律面前真正做到人人平等"；"'不想腐'，就必须营造社会风气健康、法治意识浓厚的氛围"。② 同时，我们也应当清

---

① 《村委会组织法将审议：避免村霸当村官》，《学习剪报》第 21 本，2009 年；李斌：《以治理法治化铲除"村官腐败"》，《学习剪报》第 54 - 1 本，2014 年；彭波：《2013 年至今年 5 月，全国检察机关查办涉农和扶贫领域职务犯罪 2.9 万人　今后两年集中盯防涉农贪腐》，《学习剪报》第 57 本，2015 年；李斌：《完善监督，畅通基层毛细血管》，《学习剪报》第 59 本，2015 年。

② 张璁：《法治社会下的"防腐"》，《学习剪报》第 53 本，2014 年。

醒认识到用制度监督权力、用法治铲除腐败斗争的长期性。"即便将来形成了'不敢腐的惩罚机制、不能腐的监督机制、不易腐的防范机制',法治、制度、民主、科技的手段更加健全了,也仍然要和腐败分子作长期的斗争。"①

3. 学农村文化建设

党的十九大报告从民族复兴的高度充分强调了文化建设的重要地位,提出了"建设社会主义文化强国"的战略任务。报告指出,"文化自信是一个国家、一个民族发展中更基本、更深沉、更持久的力量"。"文化是一个国家、一个民族的灵魂。文化兴国运兴,文化强民族强。没有高度的文化自信,没有文化的繁荣兴盛,就没有中华民族伟大复兴。""中国特色社会主义文化是激励全党全国各族人民奋勇前进的强大精神力量。"发展中国特色社会主义文化,"必须坚持马克思主义,牢固树立共产主义远大理想和中国特色社会主义共同理想,培育和践行社会主义核心价值观,不断增强意识形态领域主导权和话语权,推动中华优秀传统文化创造性转化、创新性发展,继承革命文化,发展社会主义先进文化,不忘本来、吸收外来、面向未来,更好构筑中国精神、中国价值、中国力量,为人民提供精神指引"。② 这些重要论述,为新时代建设中国社会主义文化提供了理论自觉与行动指南。

Z 书记在学习和工作实践中,不仅注重抓党建,促进经济发展,建设生产发展、生活富裕的新农村,也十分注重文化建设的学习与探索,用先进文化培育文明乡风和社会主义新农民,促进农村全面现代化。甚至可以说,由于 Z 书记长期从事教育工作,是从机关单位退休回村任职的基层干部,比一般内部选拔的农村干部具有更高的文化素养和理论学习能力,他更能深刻理解和充

---

① 完颜平:《抓住腐败分子是反腐硬道理》,《学习剪报》第 48 本,2013 年。
② 习近平:《决胜全面建成小康社会　夺取新时代中国特色社会主义伟大胜利——在中国共产党第十九次全国代表大会上的报告》(2017 年 10 月 18 日),第 17、23、40—41 页。

分重视形而上的文化在社会主义现代化新农村建设中的重要作用。文化建设的机制创新和显著成效恰恰是 N 村社会主义新农村建设的最大特色和亮点。

人们无时无刻不生活在文化的空气中，那么，什么是文化？Z 书记学习到，"文化是一个民族的血脉，是共同体的重要基因，是人民的精神家园，文化的作用力、影响力可谓无处不在、无时不在"。"少数人靠觉悟，多数人靠制度"，所有人靠什么呢？文化。同时，也不能把文化当个筐。作为概念，外延越大内涵越小，当外延无限大的时候，内涵就趋近于零，实质上也就消解了这一概念。逻辑学有个发现，一些抽象度极高的概念，对它们严格定义是非常困难的，只能加以描述。文化当属此类。英国社会人类学家泰勒说，文化包括知识、信仰、艺术、法律、道德、风俗、习惯等。这是说文化的构成要素，是文化的特殊性。法国政治学家赫利奥特认为，"文化就是当我们把一切都忘记后最后剩下的那个东西"。这是说文化的普遍性。正是这种特殊性与普遍性的统一，构成了完整的文化概念。[1]

为什么要重视文化建设？文化建设有什么重要作用？Z 书记学习了党的领导人对文化建设的重要论述。邓小平同志指出，"精神文明建设是实现四个现代化的重要保证"。"不加强精神文明的建设，物质文明的建设也要受破坏，走弯路。光靠物质条件，我们的革命和建设都不可能胜利。"[2] 在文化越来越成为当今世界综合国力竞争重要因素的新形势下，我们必须以高度的文化自觉和文化自信，在中国特色社会主义伟大实践中进行文化创造，大力发展社会主义先进文化，引领世界发展潮流。

然而，在实践中，对一些地方干部来说，文化不仅很难同 GDP

---

① 张凭：《不能把文化当个筐》，《学习剪报》第 50 - 2 本，2014 年；邓联繁：《以文化思考看待腐败问题》，《学习剪报》第 55 本，2015 年。

② 中共中央宣传部、中共中央文献研究室：《论文化建设——重要论述摘编》（一），《学习剪报》第 31 本，2012 年。

挂钩，而且相对于盖大楼、修公路、上项目、搞开发而言，对政绩的贡献率显然差多了。在谋求快出政绩的焦虑中，文化常常被当成一种虚饰和摆设，以至于"说起来重要，做起来次要，忙起来不要"。这种认识在地方政府的实际工作中，往往会造成文化建设的疲软无力。"中国什么进步的最快，什么倒退的最深？认真思考后不难发现：凡是表面看得见的，进步的最快，比如道路、高楼、照明等；凡是看不见的，社会倒退的最深，比如文化、信仰、道德等。"其实，"中华文化的一个重要特点，就是非常重视人的精神生活和需求、人自身的教化和塑造"。"我们在现代化过程中面临的一个严重问题是人的物质生活与精神生活失去了平衡，物质追求在社会中占据统治地位，而精神活动和追求被忽视了。"事实上，"社会的发展与进步，依靠的是精神与物质的二元一体"。"文化之用首先就用于精神构建。"文化"是培育真、善、美的沃土，是根除假、丑、恶的良药"。"文化发展与经济发展绝不矛盾，而是相得益彰。文化不仅是经济发展和社会进步的精神动力，也越来越成为经济发展的直接参与者和有力支持者。一方面，文化以提升人的素质为中介而推动经济发展，另一方面，文化作为一种特殊商品，也通过产业化的形式而实现经济增量。"① 文化是一种软实力。然而，"软"只是文化的表现形态而非其本质作用。文化又有"硬"作用。② "为什么说增强文化软实力是硬任务？首先是因为，在综合国力竞争中，在一国经济社会发展的整体布局中，文化越来越成为一种重要的因素和支撑力量。""文化是衡量一国经济社会发展水平的硬指标：如果一个国家文化软实力强，迟早会强大起来；如果文化软实力很软，即使有强大的硬实力也很难

---

① 艾斐：《文化有什么"用"》，《学习剪报》第 33 本，2012 年；薛蛮子：《微人微语》，《学习剪报》第 41 本，2013 年；叶朗：《文化给养提升境界》，《学习剪报》第 42 本，2013 年。

② 艾斐：《文化的"软"与"硬"》，《学习剪报》第 31 本，2012 年。

保持下去。"① "文化更是一个国家的心灵和大脑，它的思想有多深厚、想象力有多活泼、创意有多灿烂，它自我挑战、自我超越的雄心有多旺盛，彻底决定一个国家的命运和未来。"②

文化发展的根本目的又是什么？Z 书记学习到，"文化是民族的血脉，是人民的精神家园。没有文化的积极引领，没有人民精神世界的极大丰富，没有全民族精神力量的充分发挥，一个国家，一个民族不可能屹立于世界民族之林"。"文化发展的根本目的是什么？无疑，就是不断满足人民群众的精神文化需要、促进人的全面发展，概言之就是以文化人。"什么是"以文化人"？"就是用文化教育人、熏陶人、感染人，让文化以潜移默化的方式影响人的思想意识和言行举止，从而提升人的思想觉悟、道德修养、精神境界和综合素质，促进人的全面发展。""发展文化事业是满足人们基本文化需求、保障人民基本文化权益的必然要求。"社会主义文化建设的基本任务是满足人民基本文化需求，这主要由发展文化事业来承担。"发展文化产业是社会主义市场经济条件下满足人民多样化精神文化需求的重要途径。"然而，"文化产品既具有商品属性，又具有意识形态属性。这决定了发展文化产业不能仅仅注重经济效益，必须同时注重社会效益，而且从优先性上说必须把社会效益放在首位"。"文化产业发展的目的最终也要落到满足人民群众的精神文化需要、促进人的全面发展上。"③

在社会主义国家，文化建设与发展又具有自身的特质和价值取向。如何认识和发展中国特色社会主义先进文化？Z 书记学习到，"社会主义先进文化是马克思主义政党思想精神上的旗帜"。在前进道路上，我们要"坚持发展面向现代化、面向世界、面向未来的，民族的科学的大众的社会主义文化"，持续推动社会主

①　邵思蜜、田力夫：《软实力与硬任务》，《学习剪报》第 32 本，2012 年。
②　李为民：《文化乃现代社会之基础》，《学习剪报》第 48 本，2013 年。
③　李鑫：《文化发展重在以文化人》，《学习剪报》第 33 本，2012 年。

文化发展繁荣。中国特色社会主义文化发展的一个突出特点，就是把社会主义核心价值观的培育和践行作为核心内容贯穿融入其中。文化总是同一定的价值取向和价值观密切联系着。文化的价值维度体现在两个方面："一是文化的核心内容是价值观念；二是文化本身的发展受一定价值目标的引领。"① 在社会主义价值体系中，马克思主义居于指导地位。马克思主义是先进的科学理论，是引领中华民族复兴发展的光辉旗帜。"文化可以有多样性，指导思想不能多元化。"在中国，作为指导思想理论只能是马克思主义。② 要始终坚持用马克思主义理论武装全党、教育人民，坚定理想信念。中国特色社会主义表现在文化方面就是："意识形态，既反对西方的自由化，也不搞思想垄断，而是坚持马克思主义的一元指导和多样兼容并存，以社会主义核心价值体系引领社会思潮，增强社会主义意识形态的吸引力和凝聚力；思想教育，既反对资产阶级利己主义，又不硬性灌输社会主义思想，而是在坚持进行爱国主义、社会主义、集体主义教育的同时也关心和照顾个人利益，使各方面的积极性和创造性都能得到充分发挥。"③ 这些论述，是对社会主义文化建设规律性认识的深化。

文化发展的根本目的是促进人的全面发展。社会主义新农村建设开启以来，农村硬件全面改善，能否有效提升农民的精神生活状况，培育新农民，关乎全面建成小康社会的软件支持。Z 书记学习到，"成就新农民，是建设新农村的关键"。如何成就新农民？关键就要靠乡村文化建设。具体来看主要有四点：第一，"成就新农民，不仅要住上好房子，还要留住乡愁、革除陋习、播种文明，

---

① 郝立新：《文化建设的价值维度》，《学习剪报》第 49 本，2014 年。

② 逄先知：《关于中国共产党的基本历史经验》，《学习剪报》第 27 本，2011 年；胡锦涛：《在庆祝中国共产党成立 90 周年大会上的讲话》，《学习剪报》第 29 本，2011 年。

③ 中共中央党校中国特色社会主义理论体系研究中心：《深入把握中国特色社会主义的科学内涵》，《学习剪报》第 36 本，2012 年。

让人改造环境、环境培塑人，形成良性循环"。第二，"成就新农民，不仅要过上好日子，还要聚得拢、留得住、能致富，用发展成果凝聚人、用幸福指数润泽人"。第三，"成就新农民，不仅要物质富农，还要精神富农，把精神文明送到村、入到户、落到人"。第四，"成就新农民，不仅要打掉坏风气，更需形成好风气，发挥农村党支部示范带动作用，以党风带乡风、促民风"。①

培育新农民，关键要靠乡村文化建设。乡村文化建设应如何开展？首先要明确，核心价值观是文化的精髓。在价值多元的现代社会，加强乡村文化建设，需要着力培育和践行社会主义核心价值观，进而"凝聚文化共识，加强价值认同"。要把"培育和弘扬社会主义核心价值观作为凝魂聚气、强基固本的基础工程，作为一项根本任务，切实抓紧抓好"。如何抓紧抓好？"道不可坐论，德不能空谈。""再崇高的道德准则，如果缺乏化大为小的传承播撒，也只是空洞的理念；再恒远的价值目标，如果没有每个人的奋力以求，也会变得遥不可及。"农村培育核心价值观，关键是落小、落细、落实，融入农民的日常生活中，占领农村思想文化阵地。"在农村思想文化这块阵地上，正确的思想不去占领，错误的思想必然去占领；真善美不去占领，假恶丑必然去占领。"②

"文化的深层因素是道德观念和伦理价值。"③ "道德建设是社会和谐稳定的基础工程。"加强道德建设对文化建设而言具有重大意义。如何加强道德建设？Z书记学习到，"把道德建设与人们日常生产生活结合起来，是道德建设取得实效的重要途径"。"道德建设生活化"需要从四个方面着力："道德建设生活化离不开细节

---

①　李刚：《新农村关键在"新农民"》，《学习剪报》第59本，2015年。

②　评论员：《小处着手，人人可为——二论把社会主义核心价值观落细落小落实》，《学习剪报》第51本，2014年；葛慧君：《打造弘扬核心价值观新阵地——关于浙江省农村文化礼堂建设的实践与思考》，张彦：《让核心价值观旗帜飘扬在文化阵地上》，《学习剪报》第53本，2014年。

③　高鸿钧：《拉动法治的三驾马车》，《学习剪报》第56本，2015年。

养成""道德建设生活化离不开载体创新""道德建设生活化离不开典型引领""道德建设生活化离不开制度规范"。①

Z 书记在学习中关注到乡村文化建设现状及存在的一些问题。2012 年，记者在皖北农村采访时发现，一些民间剧团的表演内容粗俗不堪，宣扬"挣钱不分美和丑，哥哥有钱跟你走……"小孩子睁大眼睛，看得津津有味。2014 年，一位西北农村的老村支书谈起村里的文化现状，摇头不已。"村里年轻人外出务工，留守在家的妇女和老人除了下地，就只能闲坐打牌和扯扯是非，最可惜的是很多上学的娃娃，书读得不咋样，打起牌来却是高手。"② 一些农村青年对农村建小康社会的看法是，"如今是饱了肚子空了脑子，文化生活越来越单调贫乏"。"好山好水好无聊"，这是返乡青年对乡村文化生活的调侃。他们希望在发展经济、全面建设小康社会的同时，不要忘了建设"文化小康"。须知，精神上的匮乏比物质上的贫穷更可怕。当农村有效的文化供给长期处于不足，甚至缺位、错位的状态时，村民难免会发出"除了打牌，还能干些什么"的感叹。③ 这些现象，折射出当前农村文化的一些现状和问题，需要加强先进文化建设以丰富和提升农民的精神文化生活。

在全面建成小康社会的攻坚期，站在新的时代高度，党的十八大将公共文化服务体系建设作为全面建成小康社会的重要内容，明确提出了到 2020 年"基本建成公共文化服务体系"的目标。Z 书记学习到，习近平同志多次指出，全面小康社会是"国家物质力量和精神力量都增强，全国各族人民物质生活和精神生活都改善的全面小康，是经济、政治、文化、社会和生态文明协调发展的全面小康"。没有文化的小康，全面建成小康社会无从谈起。"构建现代公共文化服务体系的重点在基层，难点也在基层。"要

---

① 宣言：《让道德建设生活化》，《学习剪报》第 36 本，2012 年。
② 朱磊：《请重新把脉农村文化市场》，《学习剪报》第 53 本，2014 年。
③ 樊振忠：《农村呼唤"文化小康"》，《学习剪报》第 3 本，2004 年；吕晓勋：《乡村之美，更在安放心灵》，《学习剪报》第 61 本，2016 年。

坚持重心下移、资源下移、服务下移，进一步完善覆盖城乡的基层公共文化设施网络，重点推动基层公共文化设施资源整合、共建共享，统筹建设集"宣传文化、党员教育、科学普及、普法教育、体育健身"等多功能于一体的基层公共文化服务中心。[①]

为了落实发展新理念和党的十八届五中全会通过的《中共中央关于制定国民经济和社会发展第十三个五年规划的建议》对做好新时期农业农村工作的重要部署，2015 年 12 月 31 日，中共中央、国务院出台了实现全面小康目标的若干意见，确保亿万农民与全国人民一道迈入全面小康社会。Z 书记进一步关注与学习了其中关于全面加强农村公共文化服务体系建设的内容。在推动城乡协调发展、提高农村公共服务水平过程中，要"全面加强农村公共文化服务体系建设，继续实施文化惠民项目。在农村建设基层综合性文化服务中心，整合基层宣传文化、党员教育、科学普及、体育健身等设施，整合文化信息资源共享、农村电影放映、农家书屋等项目，发挥基层文化公共设施整体效应"。[②]

在全面建成小康社会、丰富与提升农民精神文化生活的进程中，借助基层公共文化服务体系建设，创办农家书屋，推广读书学习活动，这一路径对农民群体而言是否有效、如何可行？Z 书记围绕这一问题展开了深入的学习、思考和探索。

关于普及阅读对提升文化素养、充实精神世界、促进人的发展的重要性，Z 书记学习了培根关于读书价值的经典论述。"读史使人明智，读诗使人聪慧，演算使人精密，哲理使人深刻，道德使人高尚，逻辑修辞使人善辩。""精神上的各种缺陷，都可以通过求知来改善——正如身体上的缺陷，可以通过适当的运动来改善一样。"[③] 全民阅读对国家发展也具有举足轻重的影响。可以说，

---

① 雒树刚：《加快构建现代公共文化服务体系》，《学习剪报》第 57 本，2015 年。

② 《中共中央、国务院关于落实发展新理念加快农业现代化实现全面小康目标的若干意见》，《学习剪报》第 61 本，2016 年。

③ 陈先达：《一世读书抵封侯》，《学习剪报》第 48 本，2013 年。

"读书声就是强国路"。犹太民族被誉为世界上最爱读书的民族，每年人均阅读 64 本书。他们诺贝尔奖获得最多，科学发明世界人均第一，世界上人均拥有论文发表量第一，转化为科学技术的比例世界第一。"文化不体现在一个国家高楼大厦的多寡，也不体现在一个国家的基本建设，但一定关于一个民族的魂魄和整体素质。抽掉文化这根筋，这个民族将会成为植物人。读书，带给人们文化。读书，可以凝聚一个民族的精神，可以升华一国民众的灵魂，可以让一个民族获得取之不竭、用之不尽的文化力量。""在不少人看来，'文化强国'是一个很宏大很遥远的概念。然而，文化建设是一个全民工程，离不开每一个个体的努力。当一个国家的民众洋溢着清新的书卷气，每个国家才会历久弥新、朝气蓬勃，激发出不可遏抑的创造活力。从这个意义上说，读书不仅是有益个人身心、提升幸福指数的生活方式，也是一个国家和民族寻求文化发展的基础工程。"①

　　既然读书学习对一个民族、一个国家如此重要，Z 书记在学习中对建设乡村书屋，通过读书活动推动文化建设的探索给予了很多关注，思考以农家书屋为载体的现代文化下乡活动如何落地生根，持续发挥吸引力和文化育人效果。

　　2005 年，新闻出版总署开始实施农家书屋试点工作，全国第一家农家书屋在甘肃建成。2006 年，农家书屋工程被写入《国家"十一五"时期文化发展规划纲要》，列入国家文化建设重点工程。2007 年，作为全国公共文化服务建设的五项重大工程之一，农家书屋工程在全国全面推开。2012 年 8 月，新闻出版总署宣布，农家书屋工程全面竣工，5 年共建成农家书屋 60.0449 万家，基本覆盖了全国所有具备条件的行政村。农民人均图书拥有量达到 1.13册，人均报刊拥有量达到 0.65 份。从 2005 年农家书屋建设试点起，7 年时间，中国农民人均图书拥有量增加了 10 倍。这一历史

---

　　①　陈晨：《读书声与强国路》，《学习剪报》第 34 本，2012 年。

性成就解决了农民长期以来读书难、看报难的问题。农民缺书少报的现象基本成为历史，可谓政府推行的一项影响深远的"文化惠民"工程。农家书屋对培育文明新风尚、造就大批新型农民发挥了怎样的积极影响？在海南省海口市红旗村，以前村民是"宁可挑大粪，不愿学理论"。2007 年村里建了农家书屋后，农村逐渐兴起了学习热。一批中青年村民通过读书学习，掌握了生产科技，打开了致富之门。村民李荣吉办起了一个年出栏 5000 头猪的养猪基地，曾广武承包了 1200 亩水塘养鱼……"农民群众亲切地称农家书屋为身边的'文化粮仓'、'文化氧吧'……是学科学、快致富的'加油站'。"家门口的农家书屋点燃了农民的读书学习热情，在丰富农民文化生活的同时，也培育了农村学习先进文化的新风尚。农民编了顺口溜说："如今农民跟时代，钢笔本子随身带；不打麻将不摸牌，有空就到书屋来。"陕西省对已建成的部分农家书屋阅读使用情况的调查显示，大多数农家书屋自建成以来图书借阅次数都在 1000 人次以上。云南省昆明市晋宁县普达村农家书屋管理员夏侯珺武评价说："农家书屋简单吗？简单，不过是一间小屋，几张桌椅板凳，1000 多本书；农家书屋难吗？难！中国农民足足等了几千年！历朝历代哪个王朝想过要给农民送书看？只有在共产党领导下的政府做到了！"[①] 7 年时间，60 多万家农家书屋，无数散发着墨香的书报流淌在中国农村，必将汇成乡村文化繁荣发展的壮阔海洋。

　　然而，给农民建书屋配书报毕竟只是农家书屋文化惠民的基础工程，是历史性跨越，也是实践探索中的新事物，必然要经历在实践中逐步完善的调适过程。一些媒体回访报道建成的农家书屋存在利用率不高、来看书的农民不多、选配图书不符合农民需

---

①　张贺：《我国农村文化建设取得历史性突破　60 万农家书屋基本覆盖所有行政村》，《学习剪报》第 36 本，2012 年；张贺：《农家书屋：重建"耕读传家"传统》，《学习剪报》第 59 本，2015 年。

求等实际问题，有的报道甚至用"门可罗雀"来形容农家书屋的境遇。① 是农民不需要不习惯看书，还是农村书屋建设和管理存在弊端？农民的阅读兴趣与学习习惯如何能够激发和形成？农家书屋怎样才能充分利用发挥作用？农家书屋工程要真正见效，最大的难处在什么地方？硬件建设工程政府调控一定的物质资源即可实现，然而，物质形态的书屋如何真正转化为农民的精神文化生活，融入形而上的乡村文化生活？和大多数政府政策一样，农家书屋工程真正的难处也在有效落地，各地农村的实施效果必然存在很大的差异。Z 书记从注重实践的认识出发，充分关注和思考了农家书屋的有效运作与制度建设完善的问题。

从 2007 年下半年开始，华中师范大学中国农村问题研究中心和南方农村报社合作开展实验，在广东建设了三个乡村书屋。但半年后，随着外部帮扶力量的撤离，书屋无一例外相继以失败告终，其原因"不完全是缺钱的问题"。Z 书记深入学习到，"文化下乡，特别是现代文化下乡，要形成长效机制，让村庄能够自我管理，自我运行，离不开两个支撑点：一是文化兴趣，现代农村村民的兴趣很多元，既有现代的，更多的还是传统的，必须将文化下乡寓于传统文化形式中，找准需求。二是组织化，书屋建起来容易，运转起来难，特别是要农民对它保持长期的兴趣、开展持久的活动更难，必须要有一定的组织动员能力，将需求转化为行动，并且合理分担成本"。"文化下乡，组织为先。现在村庄文化之所以这么薄弱，根本上是村庄组织力、动员力的薄弱。"② 如何提高乡村文化建设中的村庄组织动员能力？首先要引导组织村庄内部的文化精英，推动他们成为乡村文化建设的组织者，持续开展切合农民需求的文化活动。

---

① 张贺：《农家书屋：重建"耕读传家"传统》，《学习剪报》第 59 本，2015 年。
② 贺林平：《文化下乡，如何入乡——南农图书馆的困惑与探索》，《学习剪报》第 32 本，2012 年。

文化下乡，组织为先。关键是充分动员与组织乡村文化精英群体，选拔好的书屋管理员，依靠管理员去服务与引导农民读者群，使物质形态的书屋真正"活"起来。陕西农村调查发现，"农家书屋办得好坏的关键在管理员。凡是管理员有文化、有责任心，书屋的管理就规范，开放时间就有保证，在村民中的口碑就好，反之则差"。农家书屋管理员是一个非常值得敬佩的群体。他们中的绝大多数人没拿政府一分钱报酬，都是在义务奉献。汉阴县调查发现，一般由退休干部、教师担任管理员的书屋都办得比较好，"能做到全天候随时开放，随叫随到，同时还能送书上门，组织阅读活动以及指导群众读书"。在调查组成员、人民文学出版社总编辑刘国辉看来，老干部、老教师就是当代的"乡贤"，他们在书屋管理中所做的工作就是在接续耕读传家的乡贤文化。"但不能永远叫人家无私奉献吧"，国家应该考虑成立专门的农家书屋管理员队伍，或者列支专项经费聘人管理。① 可见，建书屋送书报之后，政府力量和乡村社会的自治力量相结合，培育优秀的书屋管理员队伍，建立激励机制，是农村公共文化服务体系长效机制建设需要进一步探索、解决的问题，也是文化下乡工程的"最后一公里"问题。

农家书屋的利用率和农民的阅读需求、阅读习惯以及农村人口结构有紧密的关系，调查研究这些实际情况，对有针对性地解决农家书屋有效运作中存在的问题大有裨益。记者调查陕西华县和汉阴县两家农家书屋后发现，根据《农家书屋图书借阅登记簿》的原始记录，村民借阅人口约占常住总人口的15%。这一数据与中国新闻出版研究院第十一次全国国民阅读调查结果基本一致，15.6%的村民每月至少使用一次农家书屋。事实表明，仅仅依据农家书屋阅览室不经常开放或里面见不到读书的村民，就断言农家书屋不受农民群众欢迎，是不准确的，应该考虑农民的阅读习

---

① 张贺：《农家书屋：重建"耕读传家"传统》，《学习剪报》第 59 本，2015 年。

惯和图书外借阅读的情况。从《农家书屋图书借阅登记簿》记录的时间看，即使在一年农活最忙的日子里，农民也会抽时间借书看书。汉阴县月河村农家书屋管理员解释说："如今农村青壮年大都外出打工去了，家里只有妇女和老人带着孩子生活，他们很少有时间能在书屋的阅览室里看书，大部分人都会把书借回家看。"这就是农民的生活条件和阅读习惯。那么，为什么其他多数农民没有使用过农家书屋呢？调查认为，"农民缺少阅读习惯是主要原因"。记者在陕西华县、安康等地入户调查时发现，农民家中几乎见不到藏书。有意思的是，在农村一些新建住房的大门上，仍然镶嵌着醒目的"耕读传家"瓷砖。① 此外，现在农村留守人口主要是老人、妇女。他们对看书学习兴趣不大，更喜欢跳广场舞娱乐身心。那么，农家书屋的读者群如何定位和开发，尤其是如何将年轻妇女组织起来读书学习？这是一个大问题。

　　既然农民的阅读习惯是影响农家书屋有效利用的重要因素，那么，农民的阅读习惯如何才能有效培养和形成？这给农家书屋建设提出了怎样的要求？陕西省新闻出版广电局印刷发行处处长张光荣说："农民缺少阅读习惯不是他们天生就不爱看书，而是从小没有机会接触图书，没有养成阅读习惯。""正因为农民缺少阅读习惯，我们才更应该加大农家书屋的建设力度"，培育农民的阅读习惯。全国政协委员朱永新长期从事阅读研究，他指出："一个人如果在12岁之前没有养成阅读习惯，以后爱上看书的可能性就很低了。阅读要从娃娃抓起，是国际公认的阅读规律。"一些农家书屋管理员和村支书反映，在农村，"小孩子最爱往书屋跑"。因此，"农村少年儿童的阅读状况给人以希望"。建设农村书屋，从小培养农民子弟的阅读兴趣，意义重大。然而，"我国少年儿童平均每年大概读3到5本书，而西方发达国家一般都在13本到15本，差距很大"。基于这一调查分析，国家新闻出版广电总局大幅

---

① 张贺：《农家书屋：重建"耕读传家"传统》，《学习剪报》第59本，2015年。

度提高了少儿类图书在《农家书屋重点出版物推荐目录》中的比重，从 2008 年的 10.2% 大幅度提高到 32.3%，成为推荐目录中数量最多的第一大类。① 就是说，"公共文化服务应该尊重老百姓的多元化需求，向精准化方向发展"，这样才能最大限度地发挥社会效益。②

　　加强乡村文化建设，培育文明乡风，需要从优秀传统文化中汲取文化资源，这就需要树立正确的历史文化观。Z 书记学习到，2014 年 2 月，习近平同志在主持中共中央政治局第十三次集体学习时指出："要认真汲取中华优秀传统文化的思想精华和道德精髓，大力弘扬以爱国主义为核心的民族精神和以改革创新为核心的时代精神，深入挖掘和阐发中华优秀传统文化讲仁爱、重民本、守诚信、崇正义、尚和合、求大同的时代价值，使中华优秀传统文化成为涵养社会主义核心价值观的重要源泉。要处理好继承和创造性发展的关系，重点做好创造性转化和创新性发展。"这一重要论述，阐述的正是当今时代我们应该坚持的历史文化观。"不忘本源才能开辟未来，善于继承才能更好创新。""现代与传统是紧密相连的。现代化的本质是在传统基础上适应现代发展趋势而不断创新。"③ 我们应结合时代条件继承和发扬中国优秀传统文化，赋予其适应现代社会的新内涵。坚持正确的历史文化观，就要辩证处理好五个关系："精华与糟粕""批判与继承""文化与政治""动力与阻力""本土与外来"。④ 关于处理好"本土与外来"的关系，在经济全球化的大趋势下，"孤立的民族文化是难以存在的，单一的全球文化是不可思议的"。"我们应以中华文化丰富世界文化，不断提升中华文化的影响力"，"以中华文化丰富世界文化，

---

① 张贺：《农家书屋：重建"耕读传家"传统》，《学习剪报》第 59 本，2015 年。
② 李亚楠：《文化下乡要服水土》，《学习剪报》第 61 本，2016 年。
③ 何星亮：《民族复兴需要文化自信》，《学习剪报》第 58 本，2015 年。
④ 王殿卿：《我们要有正确的历史文化观》，《学习剪报》第 56 本，2015 年。

应坚持中华文化的自主性".①

　　Z 书记学习到，优秀文化成果具有超时代性。中国传统文化中的"中正仁和""仁义礼智信"等价值观，"天下为公、以民为本、与时俱进、知行合一、修身自省、和而不同、居安思危"等思想，都具有超时代性和重大价值。中国优秀传统文化可以为今天的人们认识和改造世界提供有益启迪，可以为治国理政提供有益启示，可以为思想道德建设提供有益启发。②

　　大力培育社会主义核心价值观，是文化建设的重要内核。以中华优秀传统文化涵养社会主义核心价值观，我们要继承和弘扬哪些文化精华？Z 书记深入学习了儒家的"仁爱"思想。他学习到，"仁"是儒家学说的核心，仁爱思想对中国社会和中华文化产生了深远影响。儒家的仁爱思想在当今时代仍具有广泛适用性。"'仁'是德性的实践和行动，是儒家文化的精髓，也是儒家道德价值的根本。""'爱'是一种真挚的情感，是人类社会的崇高价值，任何社会都应把爱作为基本道德，核心价值规范。"儒家提出"'以爱己之心爱人则尽仁'，即爱人如己才能体现仁的本质。这种仁爱思想应在现代社会大力弘扬"。"儒家的'爱人'作为'仁'的内涵和体现，具有普遍的价值。它主张人们从内心深处去关心、爱护和帮助他人，为社会大众服务，而不是把个人凌驾于他人和社会之上。这种价值观在当今社会仍具有重要意义，应大力推广。"③

　　中华优秀传统文化中，家教家训文化底蕴深厚，尤其值得重视。近年来，传承和弘扬优良家规、家训、家教、家风的活动在全国很多地区开展起来，成为培育和践行社会主义核心价值观的重要路径。Z 书记在学习中，对家风建设给予了很多关注和思考。中国传统文化强调，"天下之本在国，国之本在家"。家国命运，

①　袁行霈：《为世界文化发展做出更大贡献》，《学习剪报》第 56 本，2015 年。
②　何星亮：《民族复兴需要文化自信》，《学习剪报》第 58 本，2015 年。
③　陈荣照：《儒家仁爱思想的现代意义》，《学习剪报》第 60 本，2015 年。

息息相关。治国平天下，必须从家庭做起。"家庭是社会的细胞，儿女是父母的镜子。""父母生育了孩子，除了从生活上抚养他们长大成人，还应该对他们的人生道路负责"，这就需要良好的家庭教育。"《三字经》说：'养不教，父之过。'父母是孩子的第一任老师，也是对子女影响最大的老师。"家庭对人的教育和熏陶，主要是通过有形的家规、家训和无形的家风实现的。中国古代的家训，是家庭教育的重要载体。这些家训，没有空话废话，即使是文化程度不高的人，也多能背诵些家训中的名言警句，作为为人处世秉持的原则。"家训是中国传统文化中的奇葩。"家训自发孕育于民间，又根植于民间。家训"以儒家的仁义礼智作为思想核心，以修身做人作为立身之本，将与人为善、勤俭持家作为基本美德，以自我教育为主要形式"，从而实现家族文化传承与家庭教育功能。家训经过数代传承，即可形成优良的家风。家风是一个家庭或一个家族的文化基因，由上一代传给下一代，在潜移默化中传递、延续。家风好不好，关系到家庭的社会形象，决定着一个家庭或者家族的未来走向。"治家勤为本，立身孝当先。""好家风带来妻贤子孝"，"坏家风则致'妻离子散'"。"家教不好、家风不正的家庭，会受到四邻八舍的轻视"，甚至连媳妇都不好找。"有什么样的家风，往往就有什么样的做人做事态度、为人处世伦理。""家风的形成，无关家庭贫富，亦无关父母文化程度，所关涉的乃是父母的德行素养。""培育和弘扬家风是学习和践行社会主义核心价值观的重要方面，是社会稳定、家庭和谐、生活幸福的基石。""一个最美家庭，是一个故事；十个最美家庭，是一种力量；成千上万个最美家庭，铸就一个城市的良好形象。"实践证明，一些地方开展的"最美家庭讲好家训"活动，是一种群众讲核心价值观的好形式、好载体。"越来越多的家庭由'旁观者'变成'参与者'，越来越多的好家训由'抽象'化为'具体'，形成了千万家庭身体力行社会主义核心价值观的生动局面。""家风是一种德行传承，更是关系党风、连着政风、影响民风的根本风气。"注重把握好家庭这个道德源头，则"家风好，民风淳"；"家风正，政风清"。在全社会都在热议、焦虑于道德、价值观的今天，可以从培育优良家训、家风起步，涵养社会风气。在"纠结于不正之风的源与流时，正家风也应成为我们的正本清源之举"。①

关于弘扬传统家庭教育的优秀传统，Z 书记还学习了林则徐的教子联："子孙若如我，留钱做什么？贤而多财，则损其志；子孙不如我，留钱做什么？愚而多财，益增其过。"② 就是说，父母如果为子孙长远计，则当使其贤而聪慧，而非为其聚富集财。弘扬这种清醒的家庭教育观，在当今物质财富日益丰裕的现代社会，有很大的现实意义。

家是中国传统社会结构的基础。在社会快速现代化的历史进程中，在中国传统的道德本位、情意优先的价值观受到冲击后，人们更加珍视家庭和家庭伦理，更加渴求浓浓亲情、良好家风、和睦家庭。人们常说"家和万事兴"，这也代表中国人对幸福生活的一种标准和追求。那么，现代社会如何建设和谐家庭？时代呼唤继承创新传统家庭伦理，重建适应现代社会的家庭伦理道德。Z 书记学习到，"为了家和，必须修德。修身是齐家的基础，每一个家庭成员都应重视亲情的价值，恪尽自己的人伦义务，父慈子孝，尊老爱幼，夫妻恩爱，有情有义。家庭伦理的本质是'情义'二字。情是联结家庭关系的纽带，对于父子来说是亲情，对于夫妻来说是爱情。不仅有情，更要有义，就是要各尽义务，各尽规则，各担责任"。"父母应尽养教子女之责，子女要尽爱敬父母之道，夫妻则要相互忠贞、互爱互尊。恪守重情义的家庭伦理，就要求人们不能'见利忘情'、'见利忘义'，在利益面前守住底线，不让利

① 彭林：《延续我们的"家风文化"》，《学习剪报》第 50－1 本，2014 年；陈小红：《"家风"可正源头清》，《学习剪报》第 50－2 本，2014 年；郑海鸥：《家风好，传家宝》，《学习剪报》第 62 本，2016 年。
② 余清楚：《教子当如林则徐》，《学习剪报》第 56 本，2015 年。

益亵渎情义。"如此家庭才能和睦，个人才能幸福，社会才会稳定。①

　　尊老敬老是中华民族的传统美德。近年来，在中国农村，人口老龄化、社会快速转型冲击着传统家庭养老模式，而新型社会养老保障制度尚未完善建立。在多重因素作用下，养老问题日益凸显。如何继承弘扬传统养老文化的精华，从伦理道德建设路径助力农村养老事业？Z书记认真学习了以下内容：要发展好养老事业，首先必须在全社会大力弘扬尊老敬老的美德。"只有先做到敬老，然后才可能做好养老。"孔子对敬老问题有精辟的论述："今之孝者，是谓能养。至于犬马，皆能有养；不敬，何以别乎？"这强调，养老是一种人伦道德实践，而不仅仅是维持老年人的生存。那么，如何理解敬老？孝敬父母，怎样才是"孝到根上、敬到心里"？Z书记进一步学习到，"万宠不如一懂"。要明白老人所需，才能做好孝敬，使老人感到"受尊敬"。具体来说，第一，"陪伴就是孝敬"。尤其对"进门一盏灯，出门一把锁"的空巢老人来说，没有陪伴，心里容易失落，感情容易孤独，精神容易抑郁。第二，"宽容理解就是孝敬"。第五届全国孝老爱亲道德模范周淑琴说："孝敬老人，一颗宽容的心很重要。""孝敬老人，多一些换位思考，就会多一份理解；多一些视老如幼，就会多一份耐心。孝敬老人，基础在养，重点在敬。养是物质上的保障，敬是精神上的慰藉。而慰藉精神，离不开一颗包容的心。"第三，"守纪上进就是孝敬"。"让父母不操心、多安心，就是孝敬。"如何营造尊老敬老的社会氛围？基层的县乡党政部门和村"两委"责无旁贷。"应高度重视精神文明建设工作，倡导乡风文明，使敬老意识深入人心。"②

　　综上所述，从Z书记结合乡村文化建设实际需要，对文化建

---

① 肖群忠：《以"情意"守护家庭》，《学习剪报》第52本，2014年。
② 彭电子：《弘扬敬老意识至关重要》，《学习剪报》第23本，2010年；李秦卫：《夕阳里，享受"最美好的特权"》，《学习剪报》第59本，2015年。

设深入系统的学习可以看出，这位优秀的基层党支部书记在全面建设现代化新农村的奋斗中，真正坚持物质文明和精神文明一起抓，弘扬中华优秀传统文化，培育社会主义核心价值观，加强农村思想道德建设，加强乡村公共文化服务体系建设，以广泛深入的读书学习活动提升农民精神文化生活，提高乡村社会文明程度，助推乡村振兴。N 村正是通过高度重视、大力加强文化建设，成为村风正民风淳的和谐村、文明村、敬老爱幼模范村，大大推动了乡村全面协调发展。

4. 学农村社会建设

社会建设是中国特色社会主义事业"五位一体"总布局的重要内容。2004 年 9 月，党的十六届四中全会通过的《中共中央关于加强党的执政能力建设的决定》提出，要不断提高构建社会主义和谐社会的能力。这标志着社会建设的理论命题和建设任务首次被正式提出。2006 年 10 月，党的十六届六中全会作出《中共中央关于构建社会主义和谐社会若干重大问题的决定》，这是中国共产党执政以来第一个关于社会建设的纲领性文件。深入学习社会建设理论，加强社会建设，对农村社会和谐稳定发展具有重要意义。

如何在党的领导下加强社会建设？Z 书记学习到，"推进社会建设，要以保障和改善民生为重点，着力解决人民最关心最直接最现实的利益问题"。要坚持发展为了人民、发展依靠人民、发展成果由人民共享的根本原则推进社会建设，努力使全体人民"学有所教、劳有所得、病有所医、老有所养、住有所居"。[①] 社会建设为什么要以保障和改善民生为重点？Z 书记深入学习到，战略是对全局性、长远性重大问题的谋划，社会建设所要着力解决的民

---

① 胡锦涛：《在庆祝中国共产党成立 90 周年大会上的讲话》，《学习剪报》第 29 本，2011 年。

生问题就是战略问题。这主要体现在三个方面："民生问题是关系解决好我国社会主要矛盾的全局性问题。""民生问题是关系社会和谐稳定、国家长治久安的长远性问题。""民生问题是关系坚持党的宗旨和巩固党的执政地位的根本性问题。"①

2011 年 2 月，胡锦涛同志指出，要"扎扎实实提高社会管理科学化水平，建设中国特色社会主义社会管理体系"。5 月，中共中央政治局召开会议，研讨加强和创新社会管理问题。② 关于社会建设的这一重要内容，Z 书记学习到，加强和创新社会管理，要注重从三个角度完善思路。"从人的角度看，应努力满足人的各种合理需求。"社会主义社会一切社会活动的出发点和归宿都是满足人民的合理需求。"从社会的角度看，应努力维护社会公平正义。""要维护社会有效运行，就必须不断协调社会关系，规范社会行为，解决社会问题，化解社会矛盾，应对社会风险，维护社会秩序。"维护社会公平正义是加强和创新社会管理的一项重要任务。在社会管理实践中，尤其要把握好以下几个方面："一是健全和完善利益协调机制、诉求表达机制、矛盾调处机制、权益保障机制等，做好群众工作，化解社会矛盾。二是合理调节收入分配关系，健全和完善社会保障体系、基本公共服务体系，努力缩小贫富差距，加快实现基本公共服务均等化。三是加强法治建设，特别是维护司法公正，把法治精神贯穿于社会管理的全过程。"从制度的角度看，"要坚持百姓为本、民生为主、服务为先、基层为重"，健全创新完善社会服务和管理体制机制。③

人类对真理的追求永无止境，社会建设规律的探索也无止境。Z 书记学习到，"社会治理是社会建设的重大任务，是国家治理的

---

① 庞元正：《从战略高度看待民生问题》，《学习剪报》第 27 本，2011 年。
② 范铁中：《协同参与：非政府组织与社会管理》，上海大学出版社，2015，第 2 页。
③ 傅铁铸：《完善加强和创新社会管理的思路》，《学习剪报》第 34 本，2012 年。

主要内容"。① 从社会管理到社会治理,是中国共产党社会建设理论的重大创新和与时俱进的发展。但是,从"管理"到"治理"的转变,并不是很容易就可以实现,其难度主要在于思考和操作的思维方式不同。② 关于创新社会治理,Z 书记学习到,"治理和管理一字之差,体现的是系统治理、依法治理、源头治理、综合施策"。"要创新社会治理体制,改进社会治理方式。"坚持系统治理,加强党委领导,发挥政府主导作用,鼓励和支持社会各方面参与,实现政府治理和社会自我调节、居民自治良性互动。"要正确处理社会矛盾,维护社会大局稳定。""要推进平安建设,保障人民安居乐业。"基础不牢,地动山摇。社会治理的重心必须落到城乡社区,社区服务和管理能力越强,社会治理的基础就越实。③

加强社会建设要关注社会发展中出现的重大现实问题,解决好基层社会治理中的难题。在快速现代化和城镇化的浪潮中,中西部农村"空心化"成为一个比较普遍的社会问题。Z 书记在学习中对这一社会问题给予了很多关注与思考。

Z 书记学习到,现在有些农村是"老屋没人住,荒地杂草生"。荒凉中透露出"空心化"了的农村的尴尬与无奈。所谓"空心村",主要有两层面含义。一是居住空间层面的"空心",即村庄住宅用地"外扩内空"、一些住宅常年"人走屋空"的现象,这主要牵涉农村的土地利用规划等问题。二是村庄内在资源层面的"空心",即农村劳动力、人才、资金等流入城市,进而造成农村发展资源匮乏、农业生产萧条、公共事业衰败等现象。2010 年第六次全国人口普查数据表明,"我国流动人口从 2000 年的 1.2 亿快

---

① 《〈习近平总书记系列重要讲话读本〉七、让老百姓过上好日子——关于改善民生和创新社会治理》,《学习剪报》第 52 本,2014 年。

② 黄建钢:《概念辨析:国家治理体系和治理能力现代化》,杨海蛟、程竹汝主编《国家治理现代化论丛》,上海人民出版社,2017,第 118 页。

③ 《〈习近平总书记系列重要讲话读本〉七、让老百姓过上好日子——关于改善民生和创新社会治理》,《学习剪报》第 52 本,2014 年。

速增长到 2010 年的 2.2 亿，增幅高达 83%"。2012 年全国外出农民工总量有 1.6 亿多。"中国人口流动主要流向是从农村流向城镇，而且转移速度在不断加快。"因此，"从资源的角度上讲，可以说村庄空心化已成为我国中西部农村普遍存在的现象"。① 记者对山东省昌乐县部分村庄调查发现，有的村 2/3 的人口进城工作，1/3 的房子常年空置。一位 52 岁的村党支部书记笑着说自己在村里绝对算得上是"年轻人"，凡是"上墙爬屋"的活都得干。"40 岁以下的基本上都出去了，剩下的除了老人孩子，就是身体不好走不了的。"② "空心"的农村成为一部分弱势群体留守的农村、不再有生机活力的农村。

城镇化必然会造成农村"空心化"吗？造成农村"空心化"的主要原因是什么？Z 书记学习到，第一，造成内在发展资源"空心"的主要原因还是农村产业发展不足，效益不高，对农业的支持保护力度不够。村民尤其是新生代农民，觉得传统农业既少"钱途"又无"前途"，自然不愿扎根农村。第二，"城乡教育文化资源落差太大，为了下一代，明知城市生活不易也拼命往里挤"。③ "农村'空心化'表面上是大量农房闲置，实质则是农村集体建设用地没有得到合理利用，根源是农民的生存发展权利如何得到有效保障。"④

农村"空心化"会给中国发展带来哪些社会问题？Z 书记学习到，"一是农业从事人员素质下降，危害到国家粮食安全；二是资源外流可能加剧城乡二元结构，危害中国经济的长远发展；三

---

① 陆娅楠、朱剑红：《"人口家底"怎么看》，《学习剪报》第 27 本，2011 年；冯华：《关键是培育新型农民》，《学习剪报》第 43 本，2013 年。

② 卞民德：《空心村，落寞中的守望——山东省昌乐县部分村庄调查》，《学习剪报》第 43 本，2013 年。

③ 冯华：《关键是培育新型农民》，《学习剪报》第 43 本，2013 年；张昱：《留住乡村的"精气神"》，《学习剪报》第 59 本，2015 年。

④ 卞民德：《空心村，落寞中的守望——山东省昌乐县部分村庄调查》，《学习剪报》第 43 本，2013 年。

是留守人员带来很多问题，影响农村社会稳定；四是由于缺乏人才继承，乡村传统文化衰败，影响国家的文化振兴"。① 此外，"空心化"还会造成村庄公共生活衰落，影响村民自治的有效运行和基层政权稳定。这就是说，村庄"空心化"造成的社会问题是综合性和系统性的，需要综合治理才能解决。

农村留守人口带来的社会问题，引起了社会各界极大的关注。Z 书记学习到，2010 年，全国农村留守儿童约 5800 万人，其中 14 周岁以下的农村留守儿童约 4000 万人。很多农村"基本上变成了老人、孩子和狗的农村，很难看到青壮农家儿女的身影"。"农村变成了老人和儿童的留守处。"这样的农村是非常寂寞的农村，也是非常缺乏生机和人气的农村。农村空巢老人"虽然大多年事已高，但都忙碌在田地里、集市里"。"只要干得动，就会一直干下去，为自己也是为了子孙。""空巢老人"最缺亲情，经常感到孤独。中国老龄科学研究中心的一项调查表明，"我国农村有 10.2%的老人感到不幸福，有 35.1%的老人经常感到孤独"，69%的空巢老人感到孤独寂寞。② 高度重视、系统解决好农村"空心化"带来的社会问题，事关民生幸福，事关国家长治久安。基层政府应承担一定的责任，加强组织引导，调动和利用好老年群体自我服务的能力。"村里退休的老干部、闲下来的能人，让他们组成老年人协会。村委会旧的房屋、老旧小学的校舍都可以利用起来为他们服务，让他们组织空巢老人信息互通、生活互助、精神共娱。"③

落寞的乡村如何重生？如何破解村庄"空心化"的难题？Z 书记学习到，"激活农村，要靠发展动力，也靠外来活力"。"既要形成新的产业支撑，又要有村容村貌和公共服务水平的提升，空心村才能再聚人气。""核心是要培育出真正在村的'人'。"让乡

---

① 冯华：《关键是培育新型农民》，《学习剪报》第 43 本，2013 年。
② 郭嘉、陶倩、胡昊：《建设新农村，明天在哪里？》，《学习剪报》第 24 本，2010 年；朱磊：《别让老人"空巢"又"空心"》，《学习剪报》第 27 本，2011 年。
③ 朱磊：《别让老人"空巢"又"空心"》，《学习剪报》第 27 本，2011 年。

村生活有意义、生产有价值，不少新生代农民工就愿意回村发展。在山东省昌乐县农村，一位在城里跑运输，回乡后专心经营 14 亩果园的青年农民说："在家挺好，钱不少挣，住的也好，平时还自由，不会再出去打工了。"让吸引更多受过教育见过世面的年轻人、创业者走进田野，让现代思维在这里获得嫁接，引导乡村拥有新的发展又不丢掉它根本的形态，既是农业、农村、农民在迈向现代化过程中亟须解决的问题，也是当前基层治理的最大难题。①

　　加强社会建设，最根本的出发点和落脚点就是满足人民对幸福生活的向往。Z 书记学习到，"每个人心中都有一个梦，都有追求幸福生活、享受幸福生活的权利"。他温习了习近平同志在当选中共中央总书记后强调的奋斗目标："我们的人民热爱生活，期盼有更好的教育、更稳定的工作、更满意的收入、更可靠的社会保障、更高水平的医疗卫生服务、更舒适的居住条件、更优美的环境，期盼孩子们成长得更好、工作得更好、生活得更好。"② 让乡村生活能够吸引人，让老百姓生活更美好，就是基层党员、干部带领农民建设社会主义新农村的奋斗目标。

三　向实践和群众学习

　　实践是理论的来源，又是理论学习的目的。群众是实践的主体。尊重实践、尊重群众，理论与实践相统一，是马克思主义的根本观点，也是马克思主义的优良学风。Z 书记在学习中传承与发扬了这一优良学风。他学习到，党员干部在学习中要避免一些不好的倾向，如"忙于应酬不勤学，装点门面不真学，浅尝辄止不

---

　　① 卞民德：《空心村，落寞中的守望——山东省昌乐县部分村庄调查》，冯华：《关键是培育新型农民》，《学习剪报》第 43 本，2013 年；张昱：《留住乡村的"精气神"》，《学习剪报》第 59 本，2015 年。
　　② 冷溶：《什么是中国梦，怎样理解中国梦》，《学习剪报》第 42 本，2013 年。

深学，学用脱节不善学"。"建设学习型党组织，优良学风是灵魂。"
"要引导党员干部把向书本学习、向实践学习、向群众学习统一起
来"，紧密联系改革发展的新情况新问题来学，紧密联系群众生产
生活的现实关切来学，紧密联系自身改造和提升执政能力来学，
真正做到"学以立德、学以增智、学以创业"。"学无止境，学习
型党组织建设永远都不是'完成时'，而是'进行时'。"① 这样的
学习观，为基层党员干部有效、深入开展学习指明了正确的方向。

　　向实践学习，向群众学习，最重要的途径就是深入基层，深
入调查研究，解决群众和实践提出的实际问题。这一点不仅对领
导机关的干部是重要的，对任何担任领导职务的党员干部都是重
要的。Z 书记学习到，领导机关的干部下基层干什么？总结起来就
是三件事："一是调查研究，二是解决问题，三是总结经验。""要
了解实际情况、掌握第一手资料、检验工作实效。"多听听群众怎
么说，多问问群众怎么看，多请教群众怎么干，力求获得平时难
以听到、不易看到、意想不到的新情况，真正抓住制约发展的
"结"、群众闹心的"难"、基层工作的"忧"。"要解决实际问题、
拿出实招新招、给群众带来实惠"；"要总结基层经验、完善政策
措施、推动面上工作"。② 只有深入基层，到群众中去，才能求真
务实领导群众开创工作新局面。

　　Z 书记担任党支部书记后，能够深入群众，做事与群众商量，
听群众讲真话，因而开展各项工作有力量、有方向，N 村党员干部
队伍重新获得了该村群众的信任和支持。他在总结自己深入群众
开展工作的经验时说道：

　　　　村支书不能把自己当作官，要把自己始终看作是群众的

---

① 评论员：《为乐学勤学善学提供不竭动力——论提高学习型党组织建设科学化
　水平》，《学习剪报》第 32 本，2012 年。
② 仲祖文：《下基层干什么——二谈提倡领导机关干部下基层》，《学习剪报》第
　34 本，2012 年。

一员，和群众画等号。言谈举止不能有任何特殊迹象，要和
群众打成一片，时时刻刻要站在群众的立场，为群众着想，
讲话不打官腔，面前不扎闲势，做事与群众商量。农民最不
怕官，最见不得指手画脚。他不求你的贤，不借你的钱，不
靠你发工资，不靠你评职称，不靠你搞调动，所以谁在农民
面前扎势，谁就丢人。不扎闲势，就是说我们要低调做人。
开上小车接触群众虽然速度快，但开不到群众心里；步行慢，
但却可以踏入群众心田。指手画脚和群众接触，群众瞧不起
你，不给你讲真话。手拉手，肩并肩，以手势助说话，对话
效果不一样。前者是怕和你说话，后者是有说不完的话。只
有和农民画等号，简单行事，让水就喝，见位就坐，扎根在
他们中间，他才会把你当作自己人，有心里话愿意给你掏心
窝，有不同意见才敢提。这样你的根在群众中扎得就会更深，
收获就会更大，干事才有力量、有方向。我们讲的群众路线，
不是用嘴说出来的，不是用手写出来的，是用脚走出来的，
是用和群众面对面、口对口、心对心产生出来的。[1]

　　正是基于这种和群众画等号、和群众打成一片、在群众中扎
根、用脚走群众路线的思想认识，Z 书记虽然作为一名返乡乡贤，
对农村工作没有任何经验，任职之初担心自己"是一张白纸，占
着这个位子，工作搞不好，到头来对不起党组织对我的希望，对
不起广大党员群众对我的期盼"，最终却依靠群众的力量和智慧，
干出了一番事业，彻底改变了 N 村的落后面貌，成长为非常优秀
的村支书，得到了从县级到市级各级领导的高度肯定。

　　Z 书记注重向群众和实践学习。他 2007 年 4 月 15 日当选为村
支书，第二天即在工作日记中记下这样的工作思路："坚持实事求
是的工作作风；做好调查研究，事事心中有数；工作立足点始终

---

　　[1]　《Z 书记工作与学习经验交流稿》第 136 本，2015 年。

面向广大群众。"① 为了了解村情，选拔任用得力的村组干部，谋求发展思路，他密集走村入户，与村中正直干部、能人、乡贤深入交谈，听取他们的建议。4 月 19 日晚，他与两位思想境界比较高的村干部深入交谈，研究解决承包地问题，果库、村部、砖厂等历史遗留问题，党内存在的拉帮结派问题，党员队伍党性原则和思想教育问题以及村民小组长人选等问题，听取他们对实际情况的了解和解决建议。特别是关于党员队伍的建设问题，他了解到，"党员内部思想确实混乱，有部分党员党性原则丧失，拉帮结派，搞小集团，对支部工作起着消极拖腿的作用"。② 党员队伍不过硬，正是 N 村工作滑坡、各种矛盾积聚的重要原因。因此，抓班子、带队伍的工作突出地摆在了他的面前。

为了推动经济发展、带领农民致富，上任第九天的晚上，Z 书记走访村中致富能人，深入讨论交流，就 N 村生产发展问题，提出要成立科协，引进新苹果品种，改良换代，统一规划，统一指导，执行规范化管理。同时就发展大棚杏存在的问题进行深入分析，认为突出的问题是科学管理的问题，果农掌握种植管理技术的问题。经过认真讨论分析，得出今后大棚杏发展的看法和举措。发展大棚杏对农民来讲是好事，关键是如何掌握技术。如果技术到位，今后每家果农应再多发展一个大棚，增加经济收入。③

对于村上的各项工作和干部的工作作风，Z 书记非常注意征求群众意见，及时发现问题，改进工作，把好事办得使群众满意。例如，村上组织老年人协会，评比表彰"和谐家庭"，这是构建和谐新农村、培育文明新风的重要举措。评选名单向村民公布，接受群众舆论监督。名单公布后，Z 书记及时关注群众反响。村民对其中一个和谐家庭有意见，主要原因是："家庭矛盾没有解决，大

---

① 《工作思路》，《Z 书记工作日记》第 1 本，2007 年 4 月 16 日。
② 《交谈》，《Z 书记工作日记》第 1 本，2007 年 4 月 19 日。
③ 《与吴某某交谈》，《Z 书记工作日记》第 1 本，2007 年 4 月 24 日。

儿子和父亲经常吵架，且多年没有来往，不说话，在群众中影响不好。"① 为什么这样一个矛盾家庭能够评选为"和谐家庭"？群众反映，村"老协委员中有个别不称职，思想境界不高，处事坚持原则不够，办事不公道，造成影响不好"。同时，群众反映村干部队伍也存在一些问题，主要表现是"个别村干部胆小怕事，不坚持原则，得过且过，遇事不及时处理，使问题成堆，影响干群关系，影响整体工作正常进行"。② Z 书记将这些情况一一记录在工作日记中，及时加以研究和解决，使村里的各项工作具有较好的群众基础。群众支持，工作就好开展。

村委会换届选举是农村基层政治中的大事，是村民依法行使民主自治权利，选举能够带领自己建设美好家园的村干部队伍的民心工程。各级领导部门对换届选举高度重视。Z 书记严格按照选举法，领导组织选举工作在风清气正的氛围中顺利完成。2012 年 1 月 8 日下午，县委组织部在镇党委书记和组织员的陪同下，到村采访换届有关事宜。Z 书记介绍道，整个选举过程风清气正，充分发扬了民主，尊重民意，产生了一批爱干事、会干事、会把事干好的农村基层干部，是群众放心的信得过的带头人。群众对换届选举的反应很好，称赞今年的换届选举风清气正，没有拉帮结派的，没有裙带联合的。村民出于公心，关心集体，在能人中挑选能人，选出来的干部村民满意，积极拥护，使村民看到了过上好日子的希望。③

然而，对于换届选举工作这一大事，作为一名注重深入群众、调查研究、实事求是、认真听取群众意见建议改进各方面工作的优秀基层领导干部，Z 书记并没有热衷于场面上的采访汇报，博取名誉了事。采访 3 天之后，他用一上午时间，深入五个村民小组，

① 《意见征求》，《Z 书记工作日记》第 32 本，2010 年 1 月 1 日。
② 《群众反映》，《Z 书记工作日记》第 32 本，2010 年 1 月 4 日。
③ 《采访》，《Z 书记工作日记》第 67 本，2012 年 1 月 8 日。

调查走访村民对村委换届及未来开展工作的意见和建议，一一认真记录在工作日记中，总结经验，改进工作。他记录道：第一，绝大多数村民对上届村委会工作较为满意，认为应由原班人马继续干，不要换得太勤，不然会把他们的计划打乱。第二，个别村民认为村上的财务透明度不够。今后要按上级的要求办事，定期向群众公布账目，给干部一个清白，给村民一个明白。第三，有些社（指村民小组）的村民对本社社长有意见，主要是办事不公道，表现在低保、照顾上最为突出，提出要更换社长。第四，有个别人想当社长，已经组织联络。这些想当的人，不是说想把集体搞好，而是为自己打着小算盘而已。① 可以看出，村民反映的村委会任期问题、村财务公开问题、村委会换届后与之相关的村民小组长人选问题，以及村干部竞选动机与办事公道问题，是基层治理中需要面对与解决的群众关切的普遍问题。经常听取群众呼声，发现问题主动，解决问题及时，乡村就会得到比较好的治理。

　　2018 年 5 月 23 日上午，笔者在 S 县城与 Z 书记进行了深入的访谈交流。他明确将自己的学习方式和途径概括为三条：一是向书本学习；二是向群众学习，经常征求群众意见，吸收群众的思想火花和智慧；三是向工作实践学习。他强调，贯穿三种学习方式的灵魂，是实事求是精神。早在延安时期，伟大的无产阶级革命家习仲勋同志就讲："我们常讲党性，我看实事求是就是最大的党性。"② 作为党员、干部，如果不能将实事求是的精神自觉贯穿于学习活动，用学习的内容自觉改造主观世界，灵活运用于实际工作，开创工作的新局面，实现群众的根本利益，那么，学习再多都是流于形式的，对于执政为民益处不大。

① 《走访村民》，《Z 书记工作日记》第 67 本，2012 年 1 月 11 日。
② 庄启东：《实事求是就是最大的党性——习仲勋在延安》，任文主编《我所亲历的延安整风》（下），陕西师范大学出版社，2014，第 112 页。

四　学习、创新、实干：依靠学习推动乡村振兴

马克思和恩格斯作为马克思主义理论的伟大创立者，为马克思主义理论奠定了鲜明的实践品格。他们强调："哲学家们只是用不同的方式解释世界，问题在于改变世界。""人的思维是否具有客观的真理性，这不是一个理论的问题，而是一个实践的问题。人应该在实践中证明自己思维的真理性，即自己思维的现实性和力量，自己思维的此岸性。关于思维——离开实践的思维——的现实性或非现实性的争论，是一个纯粹经院哲学的问题。"① 列宁作为伟大的马克思主义理论家和革命导师，在领导俄国革命实践和建立无产阶级政权的过程中反复强调："我们的学说不是教条，而是行动的指南，我想我们应当首先和特别注意这一点。"② 毛泽东在领导中国革命的实践中也着重强调："对于马克思主义的理论，要能够精通它、应用它，精通的目的全在于应用。"③ 这些经典作家的重要论述反复说明，马克思主义理论不是经院哲学，不是书斋里的学问。作为党员、干部，作为马克思主义者，我们的理论学习，一定要和行动、和实践发生紧密的联系，在推动社会的发展中，在实现人民群众根本利益的行动中，展现马克思主义真理性，展现马克思主义的"现实性和力量"，这样才能获得人民群众的衷心拥护和支持，而这也正是马克思主义的生命力所在。

Z书记在学习中自觉坚持了马克思主义学习观的精髓，学习成

---

① 马克思、恩格斯：《关于费尔巴哈的提纲》，中共中央马克思恩格斯列宁斯大林著作编译局编译《马克思恩格斯选集》第 1 卷，人民出版社，2012，第 134、136 页。

② 列宁：《在莫斯科党工作人员大会上关于无产阶级对小资产阶级民主派的态度的报告》（1918 年 11 月 27 日），中共中央马克思恩格斯列宁斯大林著作编译局编《马克思主义是发展的理论：马列著作专题文集》，中央编译出版社，2002，第 305 页。

③ 《整顿党的作风》（1942 年 2 月 1 日），《毛泽东选集》第 3 卷，第 815 页。

果极大地武装了自己和村党支部，推动 N 村面貌发生了从落后村
到先进典型村的"蝶变"。自 2007 年 4 月担任村党支部书记至今，
Z 书记不负组织和群众的重托，勇于学习创新，带领"两委"班
子和村民上下一心，共谋发展。昔日的"烂杆村"、"问题村"、基
层组织软弱涣散村，如今成为广受好评的先进典型村。该村先后
获得的重要荣誉有"全国示范农家书屋"、"陕西省服务农民、服
务基层文化建设先进集体"、"全省关心下一代工作先进村"、"学
习创新型先进基层党组织"（市级）、"关心下一代工作示范村"
（市级）、"创先争优、升级晋档、科学发展示范村党支部"（县
级）、"'五个好'先进党支部"（县级）、"平安村"（县级）、"文
明村"（县级）、"卫生先进村"（县级）、"新优矮化苹果新建园建
设先进单位"（县级）、"反季节水果大棚杏示范建设科学技术奖一
等奖"（县级）、"敬老模范村"（县级）、"基层老龄工作先进集
体"（县级），村党支部书记也被市委评为"党员标杆"。

　　N 村的"蝶变"和这些成就的获得，关键靠党性坚定、善于
学习创新的基层党支部书记的带领。Z 书记立足乡村发展实践学习
积累、萃取出的丰富系统的学习资料，是广大农村基层党员干部
加强学习、提升自我的宝贵财富。N 村学习型党组织建设和党员干
部学习活动取得的显著成效，对于中国中西部农村学习型基层党
组织建设具有借鉴意义，对于助推乡村振兴战略的实现也有现实
意义。

　　具体而言，Z 书记学习的显著成效，集中体现在 N 村探索的
"党建强村、经济兴村、文化活村"的发展之路与发展成就之中。

（一）党建强村：建设学习型、服务型党组织

　　基层干部队伍是乡村治理与建设的中坚力量。Z 书记走上领导
岗位之后，面对本村班子不团结、闹派性，一部分党员党性丧失，
干部队伍不过硬，导致各项工作无法推进、群众怨声载道的现状，
认识到"干好 N 村的事，首先要抓班子、带队伍、求和谐、聚人
心"，"最要害的是解决村干部带领群众增收致富的本领不高的问

题"，大力加强基层党建和干部队伍建设，带领 N 村强起来。①

在治村实践中，Z 书记如何加强基层党建和干部队伍建设？

首先，大力加强学习型党组织建设，开展"三带"活动，以此改造、提高党员、干部队伍的思想境界和工作能力，最终带出学习型党支部、村委会和学习型村干部。如前所述，关于学习型党组织建设，Z 书记进行了深入的学习。"干部只有学得好，才能干得好"，② 是他对学习型党组织建设重大意义的质朴认识。如何在党员和村组干部中有效开展学习活动？就是建立读书学习制度，并通过"领导带干部、干部带党员、党员带群众"的"三带"活动，层层示范带头推动，使读书学习制度真正有效运作起来，取得实效。这一工作机制和根本方法，与他在剪报中学习的"坚持领导带头，关键就是一级做给一级看，一级带着一级干"是根本一致的。③ 领导过硬，领导和各级干部发挥示范带头作用，是做到"打铁必须自身硬"的先决条件，是把各级党组织建设成为坚强战斗堡垒的根本经验。

其次，开展学习型、服务型党组织一体化建设。"学得好"是为了"干得好"，是为了强村富民。Z 书记以学习型党组织建设打造坚强的党员干部队伍，贯彻了理论与实践相统一的优良学风。通过学习，"真正做到学以立德、学以增智、学以创业"，推动事业发展。④ 为此，他进一步建立了党员干部承诺制，将学习进一步转化为服务群众、推动发展的能力和行动。村党支部通过"承诺、示诺、践诺、评诺"四个工作环节及相关制度机制，围绕群众最关心、最亟须办的实事，要求每个党员根据自己的兴趣、特长、能力，每年至少承诺为村民办一项或一件实事、好事。村党支部

---

① 《Z 书记群众工作经验总结》，第 1 页。
② 《Z 书记群众工作经验总结》，第 5 页。
③ 评论员：《把领导带头贯穿始终》，《学习剪报》第 44 本，2013 年。
④ 评论员：《为乐学勤学善学提供不竭动力——论提高学习型党组织建设科学化水平》，《学习剪报》第 32 本，2012 年。

和村委会在年初也向全体村民作出工作承诺、提出奋斗目标，并制成巨幅宣传牌，竖立在村办公院大门口。党员个人承诺经支部大会讨论通过，在全村范围内进行公开"示诺"，接受群众监督。党支部建立"践诺"事项落实管理台账，完成的及时注销，没有按时完成的及时提醒和督促。年终对照承诺内容，开展"双评"活动，即党员评议支部、民主评议党员。根据得分多少，评选出优秀党员。对没有完成承诺任务的党员，由支部对其进行批评教育。党员干部承诺制的实施，党务公开和群众监督作用的发挥，有效调动起党员干部服务群众的积极性，学习型、服务型党组织一体化建设取得显著成效。一件件群众看得见、摸得着的实事办好了，让全村群众打心眼里高兴。村党支部由一个软弱涣散、失去战斗力的支部，转而重新获得了群众的信任和支持。群众说："这一任干部，是书记像书记，村长像村长，干部像干部，党员像党员，确实是为群众办实事、办难事、办好事的好队伍。"① N 村服务型党组织建设的这一重要机制，我们可以从 Z 书记在剪报中重点学习的中共汉中市汉台区委在农村推行的党员履职纪实管理制度中找到制度渊源——党员公开承诺、建立履职纪实台账、纪实管理、群众监督、星级评议，N 村结合实际，对这一制度进行了灵活运用。②

（二）经济兴村："四轮驱动"发展经济新路径

"四轮驱动"即抓苹果、建大棚、养生猪、搞劳务。苹果种植业是当地的农业支柱产业，将抓苹果主导产业放在首位，是发展经济、带领农民致富的重点工作。为促进苹果产业的发展，N 村采取了"支部+协会+群众"的产业扶持模式，即"支部包建、党员包抓、群众参与"。这一产业扶持模式可以从 Z 书记在剪报中学

---

① 《Z 书记群众工作经验总结》，第 8 页。
② 楚晓龙、卓九成、耿薇：《凝聚农村基层党组织的"正能量"——汉中市汉台区对农村党员实施"履职纪实管理"调查》，《学习剪报》第 42 本，2013 年。

图 5 - 1　村"两委"工作承诺监督牌

习的"培育新型农业经营主体",采取"支部 + 协会 + 农户"等形式优化果园经营中找到渊源。

在"支部 + 协会 + 群众"的苹果支柱产业扶持模式下,如何扶持?重点扶持什么?这就是抓苹果品种结构调整,改造老园,培育新园,引导群众将果树乔化变矮化,合理分布早、中、晚熟果品结构,逐步发展以红富士苹果为主体的优质果园。经过几年的扶持和发展,2014 年,该村优质果园面积发展到 3000 亩,全村人均果业收入由 2006 年的 2700 多元增加到 2013 年的 6000 多元。2015 年该村党支部、村委会抓苹果主导产业的工作承诺目标是优质果园总面积达到 3500 亩,人均 2 亩,创建无公害、高科技、新品果示范园 80 亩。在提高果园管理的科技含量、发展优质果园的基础上,该村针对近年来有机苹果市场销售好、经济效益高、农民增收多的发展趋势,决定走"农牧结合、循环利用、一举多赢"的产业发展路子,大力发展生猪养殖业,延伸产业链条,实现"果—畜—沼"生态循环发展。为了大力发展生猪养殖业,2010 年,该村通过招商引资千万元,兴建了规模化生猪繁殖基地,以此带动果农发展家庭养殖业。2014 年，繁殖基地生猪存栏规模达到 750 头，年产猪仔 1.5 万头，全部以最低价格供应给农户，并实行免费防疫、成本价供应饲料和提供沼液施用服务，对困难农户实行仔猪、饲料赊购，大大促进了"果—畜—沼"一体化产业发展，实现了果农减少化肥施用和经济投入、提高土壤有机质、提高果品品质、提高果业收入、增加养殖收入等一举多赢的经济效益。① 从该村苹果主导产业优化发展的路径来看，其与 Z 书记在剪报中学习的围绕苹果主导产业，以"果品升级、果业增效、果农增收"为目标，发挥现代科技优势，大力发展现代农业，由绿色、无公害苹果向有机苹果发展，走"果—畜—沼—草"一体化的生态循环经济发展模式是高度一致的，是对该县优化农业产业结构、促进现代农业发展决策的有力贯彻实施。

在发展反季节大棚金寿杏方面，该村这一决策的制定既有村干部对市场的调研，也有从剪报学习中捕捉到蒲城县龙阳镇东王村将其作为重要产业发展，100 棚金寿杏为村上带来 200 万元经济收益信息的启发。经过深入调研和思考，村领导班子认为反季节大棚金寿杏不仅价格高、收益大，亩收入是苹果的 5—7 倍，而且上市早、劳动强度低，劳作期恰好是苹果生产的休闲时间，不仅和苹果管护不冲突，还能使农户一年四季有事干，初夏深秋有钱赚。因此，N 村决定将发展大棚杏作为留住农民、创业农田的发展大计，计划三年内发展到 50 棚，最终建成 100 棚的生产规模。面对金寿杏前期投资大、村民望而却步的担忧，Z 书记带领村干部一方面联系信用联社为村民办理贴息贷款，另一方面积极寻求该村在外企业家的大力支持，争取到投资 150 余万元。2014 年已建成大棚 34 座，仅此一项产业全村农民人均可增收 1000 多元。② 该村因此获得县政府颁发的"反季节水果大棚杏示范建设科学技术奖

---

① 《Z 书记群众工作经验总结》，第 10—11 页。
② 《Z 书记群众工作经验总结》，第 10 页。

一等奖"。

劳务输出是很多农村地区促进农民充分就业、增加农民收入的重要途径。N 村在大力发展现代化农业产业的同时，针对该村距离县城 5 公里的区位优势，鼓励青壮年到县城务工。据统计，2014 年该村有 300 多人到县城务工，全村人均务工收入 2000 多元。这些村民说："我们早出晚归，种了地、打了工，照顾了老人、管了娃。"① 这种近距离务工的劳务输出，既发展了经济，又不会造成留守人口的社会问题。这与 Z 书记在剪报中学习的"以苹果产业为核心、以畜牧养殖为支撑、以劳务经济为辅助"的经济发展思路是一致的。②

Z 书记刚担任村党支部书记时调查村情认为，过去这个村之所以"烂"，群众有怨言，关键是"穷"，村干部缺乏带领群众发家致富的能力，没有找到让群众增收致富的路子。经过几年农业产业发展的探索和大力扶持，目前 N 村已形成抓苹果、建大棚、养生猪、搞劳务"四轮驱动"发展经济的新路子，具有一定竞争力和可持续发展能力的产业规模日益壮大，效益不断提高。群众的口袋逐渐鼓起来了，日子好过了，对这一届班子非常满意，对村里的发展充满希望。2007 年 Z 书记上任时全村人均收入是 2700 元，其 2018 年退职时达到 9000 多元，同期全县农民平均收入是 8000 多元。Z 村从一个落后村逐步赶上了全县农村的发展步伐。村民高兴地说："还是书记本事大，我们的好日子还在后边哩！"③

（三）文化活村：建设书香村，培育新农民

建设社会主义新农村，实现新时代乡村振兴，归根到底要靠新农民。培育社会主义新农民，归根到底要靠大力加强乡村文化建设。Z 书记在剪报学习和实际工作中，对农民文化生活的贫乏及

---

① 《Z 书记群众工作经验总结》，第 11 页。
② 潘磊、王云龙、井智军：《组织争先进位　党员建功立业　S 县给力"双万"　农民增收新目标》，《学习剪报》第 24 本，2010 年。
③ 《Z 书记群众工作经验总结》，第 11 页。

其对乡村治理、乡村发展的消极影响深有感触，特别是他学习到
这样一个观点："农民闲下来"是个问题。这引起了他的高度重视
和深入思考。"农闲时间多了，农民都在做什么呢？"农村的实际
是，"家长里短的事多了，参与赌博的人多了，封建迷信活动也多
了"。农民"想过上更好的日子，首先就要忙起来"。村看村，户
看户，群众看干部。让农民忙起来，农村干部是组织者、引导者、
教育者，还要带好头。① 在加强乡村文化建设、培育新农民的实践
中，Z书记对这一观点可谓深有共鸣，反复思考教育农民之策。

2007 年 4 月 Z 书记上任伊始，经过入户走访，多方听取意见，
深入分析村情，他得出结论，N 村之所以村子烂、人心散，很重要
的原因是干部群众思想混乱，大家的心不能凝聚在一起谋发展。
他总结说："村风不正、民风不好，村里稳定呀、发展致富呀，什
么事情也难以统一思想，什么事情也办不成。"因此他认为，干好
村里的事，"最当紧的是端正村风民风，最关键的是要把传统农民
改造成新型农民"。他认为，"管好一个村，首先对农民要有正确
的认识"。他用农民最熟悉的种地说明道理："农民的素质犹如一
块地，不种庄稼，就会杂草丛生。只有把地及时耕种了、种好了，
庄稼才能枝繁叶茂，修成正果，全村才能百花争艳，引人入胜。"
他还说："农闲生余事。一定要把农闲这段时间占领了，其他歪门
邪道就没有了空间。"在 Z 书记心里，农民群众的闲暇时间就是村
党支部、村委会的主阵地，必须很好地耕种起来，才能培育出新
型农民和文明新风。那么，如何把农民的闲暇时间充分耕耘好，
提高农民素质呢？他提出，"要想村里好，群众活动不可少"，要
经常有效开展能够端正村风民风，培育新型农民的各种文化活动。
那么，这些积极健康的群众文化活动如何才能有效开展起来呢？
他的办法就是，树立标杆、典型引路，充分发挥党员、干部和积
极分子的组织者、引导者、教育者作用，带领群众建设物质文明

---

① 汪晓东：《"农民闲下来"是个问题》，《学习剪报》第 58 本，2015 年。

和精神文明协调发展的新农村。他称这一方法为"滚雪球"，即"先把一部分党员、干部和积极分子动员起来，让他们再动员周围的一部分群众，一传两，两传三，群众活动就一步一步开展起来了"。在党员、干部和积极分子的带动下，开展群众活动，树立标杆，积极健康的文明新风就逐步培育起来了。他说："村上有什么人什么事，就开展什么活动，就树什么标杆。因为每一件事都有先进，都有标杆。只要在农村不停地开展活动，把所有事情的先进人物都找出来，处处有模范，人人有出息，这样才能把大家的心紧紧地凝聚在一起，正能量就产生了。"① 他本人就被市委评为"党员标杆"，是农村基层党员队伍中的一面旗帜。

那么，在村党支部和村委会的领导、组织下，N 村究竟深入开展了哪些富有成效的文化活动，进而实现"文化活村"，建设文明乡村？

首先，适应新的时代条件，在年青一代中开展孝敬父母的"四关心"活动，在老年人中开展做明白老人的"四个一样"活动，创造性地继承与弘扬了传统孝道。Z 书记在剪报学习中认识到，"文化的核心内容是价值观念"，中国特色社会主义文化发展的一个突出特点，就是把社会主义核心价值观的培育和践行作为其核心内容。② 那么，如何将社会主义核心价值观的培育落小、落细、落实，融入农民的日常生活？Z 书记认为，"社会主义核心价值观具体到农民身上，就是做好人生四件事，即孝敬父母、育儿养女、干好自己事、处好邻里事"。他将孝敬父母放在第一位，这也是农民千百年来传承的"百善孝为先"的核心价值观念。特别是针对村上出现的嫌弃老人、不赡养老人，甚至打骂老人的现象，Z 村在年青一代中大力开展了孝敬父母的"四关心"活动，即关心身心、关心生活、关心出行、关心爱好。特别是关心老人爱好，

---

① 《Z 书记群众工作经验总结》，第 2 页。
② 郝立新：《文化建设的价值维度》，《学习剪报》第 49 本，2014 年。

结合新的时代条件明确地倡导了孝敬父母不仅在于物质赡养，更有生活与精神层面的关爱，让老人生活得更有人生乐趣。Z 书记说："老人有老人的爱好，只让老人吃饱不算孝顺，保证老人身体健康只是基本的孝顺，只有满足了老人的爱好，才算是真正的孝顺。""四关心"活动开展以后，年青一代不仅做到了给老人做体检、有病及时医治、出行亲自护送、生日节日回家团聚等，而且初步形成了关心老人爱好、满足老人爱好的自觉行动。老人爱学习的给订报刊，爱打麻将的就让打小一点、打的时间短一点，有益身心健康。同时，在现代社会，要让年青一代发自内心地孝敬父母，父母一代也需要改变传统观念，更加公平地对待子女，特别是要抛弃家长权威、重男轻女等根深蒂固的传统价值观念。为此，N 村在老年人中开展了做明白老人的"四个一样"活动，即对儿对女一个样，对儿子对女婿一个样，对女儿对儿媳一个样，对里孙对外孙一个样。Z 书记认为，对一个家庭来说，引发矛盾的地方有时候因儿女不够孝顺，有时候因老人不够公平。因为老人存在偏爱偏向，儿女常常有怨言。老人一碗水端平了，关心关爱老人的儿女就多了，老人的晚年生活就更加幸福了。① 在大力开展"四关心"活动和"四个一样"活动的基础上，N 村每年在农历六月初九隆重举行"尊老爱幼节"，对各项活动中树立起来的标杆和模范进行表彰，发布"大红榜"，其中就包括"和谐家庭""敬老好媳妇""明白老人"，进一步树立与弘扬良好的村风民风。

　　其次，开展"三带四学五进村"活动，推动先进文化在乡村传播，在全体村民中弘扬学习氛围，建设"书香村"。Z 书记是教育工作者出身，对读书学习情有独钟，因此也深刻认识到，只有让农民充分利用闲暇时间，善于乐于学习先进文化，并使之逐步成为一种新的生活方式，才能培育出新型农民。他在大力建设全民学习的"书香村"实践中，仍然首先是党员、干部带头，以党

① 《Z 书记群众工作经验总结》，第 2—3 页。

员干部的学习制引领村民，达到"领导带干部、干部带党员、党员带群众"的目的。在党员干部的带动下，在全体村民中开展"学政策、学科技、学文化、学保健"活动，通过"四学"活动，逐步把传统农民培育为会生产、会生活、有文化、懂政策的新型农民。Z书记认为，"农村文化总体贫乏，如果不用先进文化占领群众的头脑，打麻将的陋习就会盛行起来，说是道非的现象就会多起来，必须用学习占领村民的空闲时间，用知识和文化占领村民的思想阵地"。"四学"活动就是占领农民空闲时间和思想阵地的主渠道。在学习剪报过程中，Z书记对国家文化重点工程农家书屋工程及其建设给予了深入关注与学习思考。2008年开始，N村借助国家对农村公共文化建设投资大幅度增加的有利机遇，多方筹资18万元，建起了农家书屋。以农家书屋为依托，以"三带""四学"活动为驱动，N村农家书屋建设风生水起。在农民群众中，看书交流形成浓郁的文化氛围，"看谁学的知识多，看谁学的知识新，看谁学的知识全，看谁学的知识活"蔚然成风，涌现出很多学习典型。一位70多岁的老党员被誉为"四个天天"，即天天想、天天学、天天写、天天干，并坚持给党员讲党史、讲政策，是村里有名的义务理论宣讲员。一位年轻党员农忙务农、农闲打工，还能坚持学习不间断，累计写了8本学习笔记，内容有科学社会主义、农业有机化学、农业实用技术和散文阅读等，并通过自学考取了农业技师证和建筑监理证，拓宽了就业门路。村民张某通过学习果业科技，2013年12亩苹果卖了17万元，比上一年多卖了2万元，成为致富带头人。生猪养殖户张某，不仅学会了自己配饲料、自己防疫，甚至通过对照书本、对照病情，硬是将一头病猪从死亡线上拉了回来。村民王某50多岁，患有先天性心脏病，通过自学心脏保健知识，一举告别了50年生活不能自理的窘境，还学会了拔罐、刮痧等中医保健技术，成为受村民赞誉的义务保健员。"四学"活动中这一桩桩活生生的事例，让农民们切实感受到"知识就是美好生活，知识改变命运"，进一步增加了学习的动力。N村通过"四学"活动将农家书屋用好了、用活了，因此真正发挥了国家文化下乡工程的良好效益。与依托农家书屋开展的"四学"活动相联系，"五进村"活动则依托丰富生动、深入浅出的文化下乡讲座报告会，增强对群众的教育效果。"五进村"就是干部进村讲政策、模范进村讲道德、名人进村讲文化、专家进村讲科技、医生进村讲保健，仍是围绕全面培育新农民的文化建设目标展开。N村以"三带四学五进村"群众文化活动为载体，组织、动员村民广泛参与到学习活动中，丰富精神文化生活，培育新农民，建设全民学习型"书香村"，取得了显著成效。村里学习的人越来越多，打麻将和挖坑的人越来越少，"时时都有借书人，处处听到读书声"的"书香村"正一步一步变为现实。① Z书记在剪报中学习的"读书声就是强国路"，在这里生动地实践为"读书声就是强村路"。2012年9月，村农家书屋被国家新闻出版总署评为"全国示范农家书屋"，这对一个昔日经济文化发展滞后、连村部都卖了的落后农村，简直是一个不敢想象的奇迹。但是，只要有好的带头人和合适的环境，农民群众总是会创造历史的奇迹。

最后，N村还多方筹资40余万元，修建了占地6亩、建筑面积450平方米的村级办公场所和群众文化娱乐广场，用多种形式丰富村民的文化娱乐生活。昔日的N村因为贫穷，连村部都卖了，更别提为群众提供文化娱乐广场。2007年Z书记上任后，立即通过主动争取上级项目支持、走家串户动员村民自筹、多次跑企业寻求扶助，筹资建成了村级办公场所和文化广场，并配了体育健身器材。以此为活动阵地，组织了"三队""两班"群众文娱组织，开展群众文化娱乐活动，以群众喜闻乐见的形式丰富农民的文化娱乐生活，与"书香村"建设相互补充，相得益彰。在此基础上，Z书记又多方筹资修建了"轩德楼"，每逢村里的尊老爱幼节或其他大型节日节庆，村民利用这个舞台可以表演传统戏剧等大型节目，成为

---

① 《Z书记群众工作经验总结》，第5—7页。

村里的文化盛典。

正如 Z 书记所总结的，"只要搭好台，就有唱戏人"。现在的 N 村，"文化活村"成为一大亮点。群众文化活动组织、形式、场地的系统化建设，将广大村民有效带领进了健康丰富的文化生活中，"农村文化生活总体贫乏"的状况得到了根本改变，村风民风和农民的精神面貌发生了翻天覆地的变化，全面发展的社会主义新农村已经展现在我们面前。

Z 书记的学习剪报资料，系统勾勒出农村基层党员干部在学习型、服务型、创新型党组织建设的制度和时代环境下，深入学习报刊资料，并将其灵活运用于乡村治理与乡村振兴的生动实践，推动了发展落后型农村的"蝶变"，取得了丰硕的学习成果。这充分证明，以求真务实精神扎实、有效推进学习型、服务型、创新型党组织建设，是引领乡村发展的火车头，是推动乡村振兴的发动机，具有重大时代意义。

正如 Z 书记在剪报中学习并身体力行的那样，做一个优秀的基层领导干部，就要"白天走干讲""晚上读写想"，善于学习，善于开动脑筋思考，善于实践创造。"干部干部，先干一步。"白天要"走下去、干起来、讲出水平"，用自己的模范行动和动员、组织，将党的方针政策变为群众的生动实践。晚上要"耐心读、勤于写、创造性地想"，不断提升自己的理论水平和创造性干事的能力。[①]"学习成为常态，工作才能进入状态。""学习成为终生，自己才能走好人生。""学习最终落在工作上，就会把工作当学问做好；学习最终落在人生上，就会把人生当本书写好。"把工作当学问做，就能掌握运用规律，推动事业不断发展。人生如同一本书，人人天天都在写。学习好了，人生之书才能写得精彩。[②] Z 书记正是值得农村基层领导干部学习的一个学习型干部楷模。他正是通

①　叶小文：《白天走干讲　晚上读写想》，《学习剪报》第 21 本，2009 年。
②　陈俊宏：《让学习成为常态》，《学习剪报》第 22 本，2009 年。

过善于学习，书写了精彩的事业和人生。他本来会成为一个普普通通的退休干部，安享晚年。然而，由于家乡建设的需要，他在繁忙的农村党支部书记岗位上干了 11 年，极大地改善了乡亲们的生活和农村的面貌，在群众中享有很高的威望，书写了人生第二个阶段不平凡的价值。当他因劳累过度突发心脏病住院抢救时，先后有 100 多位村民到医院看望他，送去最质朴的关心和感激。他的名字注定要被铭刻在 N 村的历史上，铭刻在 N 村的民心里。对事业而言，他通过学习，外行变内行，将一个"烂杆村"变为一个获得县、市、省、国家级各种荣誉的全面发展的新农村。市委书记亲自到村调研他的群众工作经验。这些不平凡的业绩是 N 村发展历史上绝无先例的。社会主义中国农村现代化的史诗是人民群众创造的，尤其是优秀的农村基层党员干部带领农民创造的。基层人民群众创造的不平凡历史，值得我们农村研究工作者去研究、去感悟、去书写。

在领导中国革命的过程中，毛泽东同志非常注重发挥报纸的力量。他指出："报纸的作用和力量，就在它能使党的纲领路线，方针政策，工作任务和工作方法，最迅速最广泛地同群众见面。"[①]今天，在对 Z 书记学习剪报和 N 村巨变的深入研究中，我们仍然确信党报的巨大力量。Z 书记学习剪报的丰富内容及治村的成功实践充分证明，党报中不仅有马克思主义理论，有党的纲领路线、方针政策，也有流传最广的中华文化精华，有人民群众创造的典型经验和工作方法。对农村基层党员干部来讲，学透党报，勇于创新实践，可以修身治村，这就是本章的核心观点。本章系统梳理与研究的 Z 书记学习剪报资料，是他积累十年，从自己服务群众的立场和振兴乡村的实践需要出发，吹尽狂沙始到金一般阅读思考过滤留下的精华内容。这与没有农村实际工作经验的读者能

---

① 《对晋绥日报编辑人员的谈话》（1948 年 4 月 2 日），《毛泽东选集》第 4 卷，人民出版社，1991，第 1318 页。

够阅读和体悟到的内容有根本的不同。因此，这些精华内容，是值得农村基层党员干部认真深入学习的宝贵资料，是经过实践检验的"治村宝典"，是 Z 书记经年累月持之以恒阅读思考后给我们留下的一笔宝贵精神财富。这是本研究成果的最大价值。学好、学透、用活这些内容，学好、学透、践行他的学习精神和方法，实现乡村振兴就不是什么艰难的事业了。

结语 学习、创新、实干，实现乡村振兴

中国共产党是一个极为重视学习教育和理论武装的政党。中共党史研究中，不仅要重视政党指导思想的学理阐释，也须充分重视政党思想理念对党及其领导事业的引领与形塑，揭示其运作机制、实践逻辑和深刻影响，进而总结历史经验，在与时俱进中创新政党思想理念形塑的长效制度机制，推动党和人民事业的发展。

然而在一定时期，受研究理论视角所限，党史学界对记录基层党组织、基层党员干部群体和人民群众历史活动的民间史料的收集、研究未能充分重视，基于民间史料和田野调查对中共思想理念在基层社会的传播、形塑与建构的研究，总体上是较为薄弱的研究领域，进而影响了从基层党员干部和民众的思想史、心灵史、生活史的视角及深度，认识与阐释中国共产党引领下的社会变革史。"政党思想理念—社会变革"之间缺乏一个极为重要的中介解释变量。

本书研究聚焦中共思想理念在农村基层的运行与实践，在研究路径与方法上试图做到以下几点：首先，将社会史研究与历史人类学研究中重视从基层社会看大历史、重视田野调查的研究方法和学术潮流引入中共党史研究，探索与实践"田野党史学"的研究理念和路径；其次，在走向田野的党史研究实践中，花大力气调查、收集、抢救、保存党史民间史料，特别是农村基层档案

和党员干部的日记、笔记资料，为中共基层党史党建研究发展奠定坚实的史料基础，也为持续深入开展党史田野调查拓展出更广阔深邃的历史空间。

本书试图秉持鲜明的基层视角、实践视角、历史创造主体即实践的人的视角研究基层党史，凭借新发掘、收集的党史民间文献，在"中共思想理念与乡村社会互动"的分析框架下，对中共思想理念在农村基层社会的传播、学习、形塑与实践这一较新的课题进行深入研究，呈现出"政党思想理念—社会变革"之间生动鲜活的实践图景，推动中共思想理念研究从经典理论文本的阐释研究、领导人著作研究、党的政策文件解读研究，向政党思想理念形塑下基层党员干部"活的思想""主体性实践的思想"研究推进，向"中共思想理念的实践形态与实践逻辑"研究推进。

在研究内容的具体展开上，本书在党史民间文献的解读中选取一些具体而影响重大的历史问题作为切入点，重点考察在学习毛主席著作运动、干部下放农村劳动锻炼、党的群众路线教育活动、农村基层学习型党组织建设等重要社会变革进程中，中共思想理念在农村基层党员干部群体中是如何下达、传播、学习、理解、接受、创新、实践的，这一形塑与互动过程在具体历史情境下是如何表达与展现为历史活剧的，基层党员干部群体在这一过程中体现了怎样的主体性和创造性，存在什么困境和冲突，中共思想理念在农村基层传播与实践的机制、逻辑、规律是什么，最终对推动乡村变革产生了何种深刻影响，对农村基层党组织建设和乡村发展振兴有什么现实启示。在研究与回答这些问题的过程中，基层党史与乡村社会史研究的深度融合，基层党员干部的阅读史、学习史、思想史、心灵史、生活史的研究视角的引入，立足基层党员干部群体这一历史创造主体对相关丰富历史内容的"深描"、理解与阐释，是笔者探索的方向。

在基于新的研究理论视角描绘与揭示"政党思想理念—基层实践—社会变革"中介解释变量和历史图景的基础上，本书得出以下主要理论观点。

第一，中国乡村变革关键要靠党组织引领，基层党组织建设关键要靠创新制度机制选任德才兼备的带头人。党员干部带头的动员与示范是中共思想理念成功渗入与形塑乡村社会的核心机制。这一关键点从集体化时代的学习毛主席著作运动，到改革开放时代的学习型党组织建设实践成效看，从未改变。保障党员干部群体发挥带头动员与示范作用，毛泽东时代靠中共中央发动持续的政治运动和广泛但缺乏制度规范的群众政治参与；改革开放时代，主要依靠中共中央发动学习教育活动和科层组织压力型督查机制，群众制度化的有序深入的政治参与和民主监督显得有所不足。因此，党员干部群体带头的动员与示范作用存在较大的差异性。在科层组织压力型督查机制外，需要健全完善群众制度化的有序深入的政治参与和民主监督机制，从而总结两个时代的历史经验，真正构建起党员干部带头的动员与示范长效实现机制。

政党思想理念建构中实现理论与实践相统一、用制度机制保障群众的主体性参与和公开性监督是基本规律与根本保障机制。学习毛主席著作运动中的"讲用会"，以及党的群众路线教育实践活动和学习型党组织建设中的党员干部学习制、承诺示诺践诺评诺制，都是反映这一规律并被长期实践证明有效的制度机制，要与时俱进地坚持、创新和发展。主要依靠科层组织压力型督查机制搞党建，面临落入官僚主义和形式主义泥潭的巨大风险，导致一部分基层组织长期出现督查能过关，维持现状不出事，战斗力和引领发展振兴能力不足，难以实现保障党和人民群众的血肉联系、推动与引领乡村社会变革的党建核心功能。

第二，基层党员干部和农民群众对于政党思想理念的传播、学习、理解、接受和实践，始终具有很强的主体性、选择性和创造性。在深化对"政党思想理念—社会变革"中介解释变量的研究时，需要充分关注政党思想理念的实践主体——日常生活与社会网络中的鲜活的人。在集体化时代，基层党员干部对中共思想理念既有积极响应、理解、践行的一面，也存在深刻的矛盾、纠葛与挣扎，作出了自己的理性选择与应对，这正是新革命史研究中需要揭示与书写的纷繁纠葛、丰富立体的历史场景。这一矛盾存在和上演的根源在于这一时期的国家意识形态建构过于追求革命的崇高与浪漫情怀，一旦失去了强大的政治动员体制与能力，往往会迅速崩解和消散。因此，只有在社会理想追求与具体的历史的乡村日常生活需求之间找到微妙的平衡，国家意识形态建构才具有持久旺盛的生命力。

第三，在"政党思想理念—社会变革"的中介作用机制下，基于实践、适应实践、引领实践的有效的政党思想理念学习与践行机制，是基层党组织保持旺盛生命力和创造波澜壮阔社会变革历史的秘诀。学习、创新、实干，才能推动与实现乡村振兴。立足现实，在实现社会主义现代化的关键历史时期，对于将适应时代的政党思想理念形塑的努力，普遍、有效地转化为实践层面的学习型、创新型、实干型、奉献型党组织建设，并以此为推动与引领乡村振兴的核心驱动力，农村基层党组织优秀领导人才的选任和乡村发展政策制度的供给，两者的作用相辅相成；在政治路线和国家政策正确领航的宏观环境下，前者又具有决定性意义，而且是乡村治理与振兴中需要解决的关键问题。现代乡村治理制度文明归根到底是人才创造的。只要基层党组织有了德才兼备的优秀领导人才，那么，有效的政党思想理念形塑、全面加强基层党组织建设、因地制宜地创造和完善治理与发展的制度机制，都会成为现实，进而实现乡村的全面发展与振兴。因此，不断总结历史和实践经验，创新吸纳有党员身份的体制型乡贤回归领导乡村治理与振兴的制度机制，广开渠道培养选任优秀的基层党组织带头人，对推动实现乡村振兴、实现中华民族伟大复兴具有重要意义。

2019 年 3 月全国"两会"期间，习近平总书记看望了参加全国政协十三届二次会议的文化艺术界、社会科学界委员，并参加联组会。他勉励广大哲学社会科学研究工作者，"要多到实地调查研究，了解百姓生活状况，把握群众思想脉搏，着眼群众需要解疑释惑、阐明道理，把学问写进群众心坎里"。① 这正是本书研究中所追求的学术理念。本研究秉持鲜明的"田野党史学"的研究理念，并未局促于书斋里做学问，而是走向田野、走向基层、走向民众，从他们的鲜活历史与实践经验中捕捉问题意识与研究课题，从基层民众的历史与实践经验出发提炼并论证理论假设，这必然使研究问题与人民实践的联系更为紧密，更具现实关怀和人文关怀。而研究所揭示的具有党员身份的体制型乡贤领导乡村治理与振兴的基层党组织带头人选任制度创新、干部带头的动员与引领机制、党员干部学习制和承诺践诺评诺制、富有实效的群众活动和社会互动的治理机制等，都是经过实践经验检验的推动实现乡村发展振兴的良好制度机制，反映着乡村治理与发展的规律。本书基于优秀村支书大量一手学习成果资料对优秀基层党组织带头人学习活动及学习内容精华的系统梳理与深入研究，贴近农村党员干部群体的实际需求，为广大农村基层党员干部依靠学习推动事业大发展提供了榜样。希望可以为当代中国乡村研究学者和从事农村基层实际工作的党员干部提供有益的借鉴和启示。

① 《首次"到团组"，习近平讲了4个非常重要的问题》，新华网，http://www.xi-nhuanet.com/politics/xxjxs/2019－03/05/c_1124194062.htm，2019年3月5日。

主要征引文献[*]

一 史料

《马克思恩格斯选集》第 1 卷，人民出版社，2012。

《毛泽东选集》第 2—4 卷，人民出版社，1991。

《毛泽东文集》第 6 卷，人民出版社，1999。

《毛泽东文集》第 8 卷，人民出版社，1999。

《邓小平文选》第 2 卷，人民出版社，1994。

《邓小平文选》第 3 卷，人民出版社，1993。

《胡锦涛文选》第 3 卷，人民出版社，2016。

《习近平谈治国理政》第 1 卷，外文出版社，2018。

习近平：《在纪念毛泽东同志诞辰 120 周年座谈会上的讲话》，人民出版社，2013。

习近平：《决胜全面建成小康社会夺取新时代中国特色社会主义伟大胜利——在中国共产党第十九次全国代表大会上的报告》，人民出版社，2017。

国务院法制办公室编《中华人民共和国法规汇编》第 8 卷，中国法制出版社，2014。

---

* 书中所有未刊文献的引用，依据学术惯例，以及考虑便于后续对现实性问题的深入研究，对真实的人名、地名、文献名，尽量作了技术性处理，此处仅列举征引的主要公开出版文献。

河南人民出版社编《整风学习资料》第 2 辑，河南人民出版社，1957。

湖北人民出版社编《下放干部在农村》，湖北人民出版社，1957。

湖北人民出版社编《致下放干部》，湖北人民出版社，1958。

《教学与研究》编辑部编《下放干部劳动锻炼的收获和体会》，中国人民大学出版社，1958。

任文主编《我所亲历的延安整风》（下），陕西师范大学出版社，2014。

上海人民出版社编《下放干部在农村》，上海人民出版社，1958。

中国青年出版社编《论又红又专》，中国青年出版社，1958。

中共重庆市委下放干部工作委员会编《劳动锻炼》，重庆人民出版社，1959。

中共浙江省委组织部办公室编《怎样做一个“又红又专”的干部》，浙江人民出版社，1958。

中共中央文献研究室编《建国以来重要文献选编》第 4、10、11、20 册，中央文献出版社，2011。

中共中央文献研究室编《改革开放三十年重要文献选编》（上），中央文献出版社，2008。

中共中央文献研究室编《十八大以来重要文献选编》（上），中央文献出版社，2014。

中共中央组织部等编《中国共产党组织史资料》第 8 卷，中共党史出版社，2000。

中共中央文献研究室、中国延安干部学院编《延安时期党的重要领导人著作选编》（下），中央文献出版社，2014。

中共中央组织部办公厅编《改革开放 30 年组织工作大事资料摘编》，党建读物出版社，2009。

中共中央文献研究室编《毛泽东年谱（1949—1976）》第 6 卷，中央文献出版社，2013。

中共中央文献研究室、中共中央党校编《刘少奇论党的建设》，中央文献出版社，1991。

中国法制出版社编《中国共产党农村基层组织工作条例》，中国法制出版社，2019。

二　著作

〔英〕伯克：《什么是文化史》，蔡玉辉译，北京大学出版社，2009。

陈刚：《学习型政党理论与实践》，中共中央党校出版社，2011。

〔美〕杜赞奇：《文化、权力与国家：1900—1942年的华北农村》，王福明译，江苏人民出版社，1996。

范铁中：《协同参与：非政府组织与社会管理》，上海大学出版社，2015。

何祥林等：《建设马克思主义学习型政党研究》，人民出版社，2015。

〔美〕贺萧：《记忆的性别：农村妇女和中国集体化历史》，张赟译，人民出版社，2017。

黄道霞等主编《激荡中国农村的变革：纪念十一届三中全会十周年》，光明日报出版社，1988。

〔美〕李怀印：《乡村中国纪事：集体化和改革的微观历程》，法律出版社，2010。

李伟：《毛泽东与中国社会改造》，中央文献出版社，2006。

卢先福、龚永爱主编《农村基层党建历程》，湖南师范大学出版社，2011。

罗平汉主编《中国共产党群众路线思想史》，人民出版社，2013。

马俊军：《农村基层民主法律保障机制研究》，广东人民出版社，2012。

王长江主编《党政关系研究》，中共中央党校出版社，2015。

吴仁宝口述，彭维锋整理《吴仁宝箴言》，光明日报出版社，

2010。

俞吾金：《意识形态论》，上海人民出版社，2014。

杨海蛟、程竹汝主编《国家治理现代化论丛》，上海人民出版社，2017。

中共中央党史研究室编《中国共产党历史》第 2 卷（上），中共党史出版社，2011。

中共中央党史研究室编《两个历史问题的决议及十一届三中全会以来党对历史的回顾》，中共党史出版社，2013。

中央党校采访实录编辑室编《习近平的七年知青岁月》，中共中央党校出版社，2017。

张思等：《侯家营：一个华北村庄的现代历程》，天津古籍出版社，2010。

三　论文

耿化敏、房颖：《中国共产党意识形态研究的议程、热点与趋向》，《教学与研究》2019 年第 4 期。

韩钢：《近三十年来党史资料的整理、编纂和利用》，《中共党史研究》2010 年第 7 期。

黄道炫：《政治文化视野下的心灵史》，《中共党史研究》2018 年第 11 期。

李冉：《中苏关系的调整与中共意识形态的变迁——一项中共意识形态变迁的历史考察》，《甘肃社会科学》2008 年第 5 期。

李金铮：《土地改革中的农民心态——以 1937—1949 年的华北乡村为中心》，《近代史研究》2006 年第 4 期。

李金铮：《再议"新革命史"的理念与方法》，《中共党史研究》2016 年第 11 期。

刘学申：《改革开放以来中国共产党意识形态的包容性建设》，《甘肃理论学刊》2016 年第 1 期。

王英：《大公无私：新中国革命改造中的爱情与家庭》，《二十一世纪》（香港）2012 年 10 月号。

王永华：《百万干部下放劳动始末》，《党史纵横》2009 年第 12 期。

吴汉全、王炳林：《以社会史为基础深化中共党史研究的再思考》，《中共党史研究》2014 年第 9 期。

吴家虎：《响应与挣扎：下放农村劳动锻炼女干部的心灵世界》，杨凤城主编《中共历史与理论研究》第 8 辑，社会科学文献出版社，2020。

吴家虎：《学"毛著"运动中的乡村基层政治精英——以山西省阳城县为中心》，《党史研究与教学》2014 年第 1 期。

岳奎：《农村基层马克思主义学习型政党建设面临的问题与对策——以中部某省×村为个案》，《学习与实践》2010 年第 8 期。

杨建：《一段难以忘却的历史——当年广东开展的学"毛著"运动》，《广东党史》2008 年第 6 期。

张静如：《以社会史为基础深化党史研究》，《历史研究》1991 年第 1 期。

张湘富、耿洪彬、张森林：《建设学习型农村基层党组织的调查与思考——以吉林省推进学习型农村基层党组织建设为例》，《探索》2012 年第 4 期。

中央文献研究室调研组：《农村基层学习型党组织建设问题与对策》，《党建》2012 年第 3 期。

图书在版编目（CIP）数据

　　中共思想理念在乡村的传播与实践：基于晋陕苏乡村民间文献的考察／吴家虎著. -- 北京：社会科学文献出版社，2022.2
　　ISBN 978 - 7 - 5201 - 8505 - 9

　　Ⅰ.①中… Ⅱ.①吴… Ⅲ.①中国共产党 - 农村 - 基层组织 - 党的建设 - 研究 - 山西②中国共产党 - 农村 - 基层组织 - 党的建设 - 研究 - 陕西 Ⅳ.①D267.2

　　中国版本图书馆 CIP 数据核字（2021）第 144724 号

中共思想理念在乡村的传播与实践
——基于晋陕苏乡村民间文献的考察

著　　者／吴家虎

出 版 人／王利民
责任编辑／邵璐璐
责任印制／王京美

出　　版／社会科学文献出版社·历史学分社（010）59367256
　　　　　　地址：北京市北三环中路甲29号院华龙大厦　邮编：100029
　　　　　　网址：www.ssap.com.cn
发　　行／社会科学文献出版社（010）59367028
印　　装／三河市尚艺印装有限公司

规　　格／开　本：787mm×1092mm　1/16
　　　　　　印　张：17.75　字　数：237千字
版　　次／2022 年 2 月第 1 版　2022 年 2 月第 1 次印刷
书　　号／ISBN 978 - 7 - 5201 - 8505 - 9
定　　价／98.00 元

读者服务电话：4008918866